공화주의의
이론과 실제

공화주의의 이론과 실제

사단법인 한국정치평론학회 엮음

인간사랑

서문

공화주의에 대한 관심이 최근 우리 사회에서 크게 증가하기 시작했다. 1970년대 유신체제를 이끌던 집권당이 자신의 당의 약칭을 '공화당'으로 사용하고, 다른 한편 공산주의체제인 북한이 자신의 국가를 '공화국'이라고 칭함으로써, '공화'라는 용어가 한동안 우리에게 껄끄러웠던 때도 있었다. 하지만 오늘날 자유주의가 신자유주의로 진행되면서 우리들이 무기력한 개인으로 전락하고, 민주주의가 도가 지나쳐 비효율적이고 혼란만 가중시키는 한편, 포퓰리즘이나 민족주의가 정치적 동원에 이용되는 현실 속에서, 이에 대한 반성으로 공화주의가 다시 주목받기 시작한 것이다.

그런데 원래 공화주의가 자유주의나 민주주의와 전혀 다른 종류의 것은 아니다. 고대 아테네의 아리스토텔레스가 이상으로 삼은 정치체제가 바로 공화정이며, 키케로가 자부심을 가졌던 고대 로마도 공화정이었고, 근대 시민혁명의 기치도 공화정의 국가를 건설하는 것이었다. 또한 오늘날 우리의 지지로 설립된 자유민주주의 체제도 사실은 자유주의와 민주주의 외에 공화주의 관점도 함께 어우러져 성립된 체제인 것이다.

이는 미국의 건국을 보면 금방 알 수 있다. 주지하다시피 제퍼슨이 초안한 1776년 〈독립선언서〉는 주권재민이라는 민주주의 기본 정신에 자유주의적 관점을 대변하고 있지만, 연방헌법을 제정할 때 작동한 것은 바로 연방제, 법치, 공공선, 시민의 덕성 등과 같은 공화주의적 관점이었다. 미국 건국에 공화주의적 가치가 반영된 것은 영국으로부터 건너온 초기 이민자들이 영국에서는 소수파에 속했던 공화주의적 관점을 새로운 국가를 건설하는 데 사용했기 때문이다. 따라서 오늘날 미국과 영국으로 대변되는 서구식 자유민주주의라는 것은 자유주의와 민주주의 외에 공화주의가 함께 어우러진 형태인 것이다.

물론 자유주의, 민주주의, 공화주의 사이에는 차이가 있다. 자유주의는 각자가 주체로서 외부로부터 간섭받지 않는 것을 최대의 가치로 생각하며, 민주주의는 모든 인민이 주체가 된다는 평등의 관점이 강조되고, 공화주의는 자유를 추구하는 여러 사람들 사이의 통합을 위해 법치를 중요시한다는 특징이 있다. 하지만 이 세 관점은 서로 충돌하는 것이 아니라 상호보완적이다. 왜냐하면 어느 하나의 관점만으로는 정치의 이상을 담아낼 수 없기 때문이다. 따라서 우리가 보다 성숙한 정치를 원한다면, 그리고 우리가 지지하는 자유민주주의가 온전히 작동하기를 원한다면, 자유주의, 민주주의, 공화주의는 함께 고려되고 결합되어야 한다.

그런 점에서 본 저서는 그동안 상대적으로 등한시되어왔던 공화주의를 좀 더 널리 알리고자 하는 의도에서 기획되었다. 그리고 공화주의가 이론적으로 어떤 의미를 담고 있는가에 대해서 뿐만 아니라, 실제로 공화주의적 관점이 어떻게 작동되고 있는지에 대해서도 보여주고자 하였다. 이러한 취지에서 본 저서는 (사)한국정치평론학회의 기획을 통해, 그리고 이선근 민생연대 대표의 후원을 받아 이번에 출판하게 된 것이다. 출간에 공헌을 한 기획자, 후원자, 필진들과 출판을 기꺼이 수락해 준 인간사랑 출판사 관계자들에게 깊은 감사의 마음을 전한다.

2019년 7월

이동수

경희대 공공대학원 교수

(사) 한국정치평론학회 부회장

격려사

사단법인 한국정치평론학회에서 기획하여 출간한 책인『공화주의의 이론과 실제』가 세상에 나오게 된 것에 대해 기쁘게 생각합니다. 이렇게 격려사를 하게 된 것에 대해 영광으로 생각하며, 수고하신 학회 운영진에 감사드립니다. 지난 1년간 집필진 세미나에 참가하여 집필자들의 원고발표를 듣고, 토론하는 것을 지켜보면서 많이 배웠습니다.

이 책이 나오기까지 여러 사람들의 노력이 있었습니다. 먼저 이 책을 함께 만들자고 제안해 주신 한국정치평론학회의 김대영 회장님께 감사드립니다. 그리고 실제로 책이 출간될 수 있도록 열심히 집필진을 이끌어 주신 연구책임자인 이동수 학회 부회장님께 감사드립니다. 그리고 집필진으로 참가하여 좋은 원고를 써주신 김경희 교수, 김동규 박사, 신철희 박사, 채진원 박사에게 감사드립니다. 저 역시 이렇게 좋은 책을 만드는데 조금이나마 후원을 하게 되어 기쁩니다.

아무쪼록 한국정치평론학회가 이번 책 출간을 계기로 한국 사회를 더

좋게 만드는데 꼭 필요한 좋은 담론과 정책을 생산하여 주시길 요청드립니다. 저 역시 공화주의가 우리 사회에 뿌리내리고, 실천할 수 있는 운동노선으로 정립되도록 노력할 것입니다.

80년대 군부독재 시절, 저는 '전국민주노동자연맹'과 '전국학생연맹'에 참여하며 청춘을 보내면서 '학림사건'으로 고초를 겪었습니다. 소련 사회주의가 붕괴한 이후 척박한 한국 사회의 변화를 위해 '경제민주모임'과 '민주노동당 경제민주화운동본부'를 만들어서 경제민주화 운동을 시작했습니다.

현재 저는 '민생연대를 위한 경제민주화연대'와 '공정거래회복 국민운동본부'에 참여하여 甲(갑)의 위치에 있는 재벌과 건물주들의 횡포로부터 乙(을)의 위치에 있는 소상공인과 세입자 등 시민들의 권리보호를 위해 활동하고 있습니다. 활동을 하면서 경제민주화와 공화주의는 매우 친화적이라는 것을 깨닫고 있습니다. 대한민국이 진정한 민주공화국으로 가기 위해서는 공화주의와 경제민주화가 동전의 양면처럼 함께 진행될 필요가 있다고 생각됩니다.

올해는 3·1공화혁명 100주년이 되는 해입니다. 1919년 민주공화국을 선포한 대한민국 임시정부는 500년을 유지한 군주정을 사실상 버리고 공화정을 선언케 한 점에서 충분히 영국 크롬웰의 공화국 선언이나 미국의 독립전쟁에 버금가는 '공화혁명'이라고 불러도 무방하다고 생각됩니다.

공화주의는 인간의 비지배적 자유를 바탕으로 사회를 구성한다는 것이 기본 원칙입니다. 어떤 인간이든 다른 인간을 지배하는 자유는 인정하지 않는다는 것입니다. 즉 어떠한 경우에도 타인에 대한 갑질을 허용하지 않는다는 사상입니다. 이러한 공화주의는 구성원들인 국민들의 애국심을 최대한 고양시키고 담대한 시민정신을 함양하여 민주적이면서도 강력한 국가를 형성케 하는 사상이라고 보입니다.

3·1공화혁명이 100년을 맞는 2019년, 이 나라에서는 이러한 공화주의의 모습은 찾아볼 수 없습니다. 대기업들이 중소기업과 소상공인, 노동자들을 공화국의 시민으로 대하기는커녕 잔인한 지배와 착취의 대상으로 전락시키고 있기 때문입니다. 함께 공존하고 동반성장의 길을 걸어야 할 대기업과 하도급업체, 소상공인, 노동자들이 지배와 착취의 대상이 된 것은 시장경제의 공정한 잣대를 적용해 갑과 을 사이의 마찰을 줄여야 할 공정거래위원회가 수십 년 동안 대기업으로 편향된 행정과 심판을 해온 까닭일 것입니다.

현재 우리나라는 경제 총량 확대에도 불구하고 '을'에 속하는 소상공인 숫자만 700만 명에 달하는 등 신분제 사회가 부활하며 봉건사회로 회귀하고 있다고 보여집니다. 이것은 비지배적 자유를 보장해야 한다는 공화주의 사상에 역행하는 일이고, 3·1운동이 이룬 100년 공화정신을 거부하는 정치라고 생각됩니다. 소상공인·노동자·경영계·정부 등이 참여하는 사회적 대타협기구를 설치하는 등 민생정치를 강화하는 것만이 '을'의 반란을 막을 수 있는 공화정신이라고 생각됩니다.

다시 한 번 『공화주의의 이론과 실제』 출간을 기쁘게 생각합니다. 이 땅의 공화주의자들과 함께 축하드립니다. 아무쪼록 한국정치평론학회의 무궁한 건승을 빕니다. 감사합니다.

이선근(민생연대/공정거래회복 국민운동본부 대표)

차례

1부 공화주의의 이론

1장 공화주의와 빈부갈등*

김경희(이화여자대학교)

Ⅰ. 빈부갈등의 문제

프랑스의 유류세 및 자동차세 인상으로 촉발된 '노란조끼' 운동은 빈부격차에 대한 불만과 결합되어 주변국으로 번져가고 있는 형국이다. 빈부격차의 문제는 이미 세계 각국의 핵심적인 갈등요인으로 자리 잡았다. 미국 발 금융위기와 유럽의 재정위기는 이 문제를 잘 보여주었다. 월가의 금

* 이 글은 『한국정치연구』 22권 1호(2013년)에 실린 "갈등해결의 정치학: 아리스토텔레스, 마키아벨리 그리고 빈부갈등"을 일부 수정하여 옮긴 것이다.

융 엘리트들이 보여준 극단적인 사익추구욕구와 더불어 공적 자금의 투입이 이루어졌음에도 불구하고 고액의 성과급을 챙겨가는 행태는 일반 시민들의 분노를 폭발시켰다. 그들의 무책임한 행위는 비용과 책임은 공적으로 해결하고, 이익은 사적으로 취하는 모습을 보여주었고, 이는 '짝퉁 자본주의'(Ersatz capitalism)라는 말로 불리게 되었다.[1] 시민들은 그들의 분노를 '점령하라'(occupy) 운동으로 표출하였고, 1 대 99, 즉 1프로의 상류층과 나머지 99프로의 일반 시민들 간의 대립이라는 구호로 분출하였다. 이러한 시민사회의 분열과 극단적인 대립의 모습은 유럽에서도 나타났다. 그리스 재정위기를 극복하기 위한 해결책으로 제시한 긴축재정안에 격렬히 저항하는 시위대와 어떤 정책이 나오더라도 상관하지 않는 일부 부유한 시민들 간의 분열된 모습은 유럽 국가들에 뿌리 내린 갈등의 모습을 그대로 보여주고 있었다.

분열된 시민사회의 모습에 대한민국 또한 예외가 될 수는 없다. 특히 현재 한국사회에는 세대갈등, 지역갈등, 계층갈등, 남녀갈등 등 가히 갈등의 포화상태라 할 정도로 많은 갈등의 양상들이 나타나고 있다. 이런 갈등 중에서도 빈부격차로 인한 사회의 양극화와 그로 인한 계층 간의 갈등이 날로 심화됨을 여실히 보여주고 있다.[2] 신자유주의의 높은 파고와 경제위

1 Joseph Stiglitz, "Obama's Ersatz Capitalism," *The New York Times*, March 31, 2009.

2 물론 양극화 현상이 한국에만 국한된 현상은 아니다. 세계화의 진행 등 여러 가지 요소가 상호작용한 측면이 있다. 기획재정부 보도 자료에 의하면 이러한 현상은 "무역자유화, 기술진보, 자본자유화, 고령화 등이 복합적으로 작용한 것으로 풀이"된다고 말한다. 아울러 이러한 양극화 현상은 전 세계적으로 일어나고 있으며, 예전과 달리 경기순환으로 해소되지 않고 있고, 개인,

기 속에서 가장 피해를 보는 쪽은 저소득층이며 사회의 하층을 이루고 있는 사람들이다. 빚을 갚을 여력이 없어 마지막 수단으로 자살을 택하는 30대 남성의 이야기나 이미 OECD 국가 중 최고에 이른 자살률 등 우리 사회 곳곳의 암울한 이야기들은 경제여건의 악화와 그 속에서 소외된 빈곤층 그리고 그것을 낳게 한 양극화에서 찾아지고 있다.[3] 특히 한국의 경우 다른 OECD 국가들에 비해 소득불평등 구조가 급격히 악화되고 있다는 최근 보도가 잇따르고 있다. 이러한 소득불평등과 양극화의 핵심에는 중산층이 차지하고 있는 부분이 급격히 줄어들고 있는 현상이 자리 잡고 있다. 현대경제연구원이 통계청의 가계 동향 조사 자료를 바탕으로 분석한 자료를 통해 1990년부터 2010년까지 20년간 한국의 중산층 변화를 분석한 결과를 보면 이는 더 명확해진다. 75.4%이던 1990년의 중산층 규모는 2010년 67.5%로 7.9%가 감소하였다. 여기서 중산층은 일반적으로 도시가구 월평균 소득의 50~150% 범위에 있는 계층을 말하는데, 통계청에 따르면 2010년 2인 이상 도시가구 중산층 월평균 소득은 약 322만 원이었다. 지난 20년간 가구 월평균 소득의 150%를 초과하는 고소득층의 비율은 17.5%에서 20%로 증가한데 비해, 가구 월평균 소득의 50% 미만을 차지하는 저소득층의 비율은 7.1%에서 12.5%로 증가하였다고 한다. 양극화가 심해지고 있는 것이다.[4] 여기에 더 심각한 문제는 "중산층 가구주의

산업, 국가 간 동시다발적으로 일어나고 있다고 말한다(기획재정부 2011년 9월 2일 보도자료 '세계적 양극화 현상 및 시사점' 참조).

3 "South Korea: An economy divided," *Financial Times* 2011년 5월 30일 참조.

4 "대한민국 중산층 20년간 줄고 늙고 고단해졌다…현대경제연구원분석"(《동아일보》 2011년 8월 29일) 참조.

평균 연령은 1990년 37.5세에서 2010년 47세로 열 살 가까이 늘었으며", "같은 기간 맞벌이 비율도 15%에서 37%로 급증했다"는 것이다. 다시 말해 "중산층이 되려면 더 높은 학력과 더 오랜 경제활동 기간이 필요하고, 부부가 동시에 벌어야 한다는 얘기다."[5] 중산층에 진입하기가 예전에 비해 훨씬 어려워 진 것이며, 중산층에서 탈락하기는 그만큼 더 쉬워졌다는 것이다. 이에 대해서는 늘어나는 가계부채의 증가, 고용 없는 성장, 비정규직의 문제, 사교육비의 과다한 지출 등 여러 가지 이유를 제시할 수 있을 것이다.[6] 아울러 사회취약계층에 대한 복지지출의 증가 및 가계부채의 축소를 위한 주택가격이나 전·월세 대책 그리고 사교육비 지출을 줄이기 위한 공교육 강화 정책 등 여러 가지 해결방안들이 제시되고 있다. 양극화라는 경제·사회적 문제를 정책, 즉 정치적 개입을 통해 해결하려는 노력들인 것이다. 하지만 이러한 양극화와 빈곤의 문제가 정작 정치적 문제이며 그것이 어떤 정치적 결과를 가져올 수 있는지에 대한 본격적 논의가 부족한 것이 사실이다.[7] 이에 이 글에서는 빈부격차와 양극화의 문제를 정치적

5 "대한민국 중산층 20년간 줄고 늙고 고단해졌다…현대경제연구원분석"(《동아일보》 2011년 8월 29일) 참조.

6 한국은행 산하 경제연구원이 2012년 초 발표한 '한국의 경제성장과 사회지표'에서도 소득격차의 심화와 더불어 중산층의 감소와 소득 하위층의 배에 가까운 증가를 언급하고 있다. 여기에 고소득층과 저소득층 간의 교육비 차이는 해마다 큰 폭으로 벌어지고 있는데, 이는 "소득악화→교육악화→고용악화→소득악화로 이어지는 악순환의 고리가 만들어질 가능성이 높다"고 지적하고 있다(《한겨레신문》, "불평등 코리아, 브레이크가 없다," 2012년 1월 10일).

7 양극화와 빈부격차의 문제가 심각해지면서 이 문제를 경제문제뿐만이 아니라 정치문제로 바라보는 시각이 늘어가기 시작했다. 기획재정부 2011년 9월 2일 보도자료 '세계적 양극화 현상 및 시사점'에서는 양극화 현상이 국가 체제에 대한 도전으로 발전할 가능성이 있다고 보고 있다. 이는 양극화 및 빈곤 문제의 정치적 효과에

인 관점에서 다루어 보고자 한다.

이를 위해 '가난' 혹은 '빈부(貧富)'의 문제를 정치의 핵심적인 문제로 파악했던 서양 정치사상의 대표적인 두 사람을 중심으로 논의를 전개하고자 한다. 그들은 서양 고대 정치사상의 대표자인 아리스토텔레스(Aristoteles, BC 384–BC 322)와 근대 정치사상의 시조라 불리는 마키아벨리(Machiavelli, 1469–1527)이다. 고대 정치사상을 대표하는 아리스토텔레스와 근세 초기의 정치적 문제의식을 대표하는 마키아벨리의 사고방식은 분명히 다르다. "선의 단일성 및 윤리와 정치의 불가분성"을 주장하는 아리스토텔레스와 정치와 윤리의 영역을 구별하는 마키아벨리는 엄연히 서로 다른 사상체계를 가지고 있다.[8] 하지만 이 두 정치 사상가들은 정치, 특히 정치체제의 형성을 바라보는데서 동일한 관점을 보여준다. 공동체의 구성 및 그 구성 세력들 간의 관계가 바로 정치의 핵심관건이라는 것이다. 두 정치 사상가들에게 공동체를 구성하는 두 주요 세력은 바로 '빈자(貧者)'와 '부자(富者)'이다. 이 두 세력 간의 갈등과 상호관계 속에서 서로 다른 정치체제가 나타난다. 하지만 두 사상가들은 빈자나 부자만의 권력 독점을 비판한다. 그것은 정치체제 나아가 국가를 혼란과 몰락으로 이끌기 때문이다. 따라서 빈자와 부자들에게 공히 정치의 공간을 제공해야 함을 역설한다. 가난으로 인해 정치적 의견이나 이익을 대변할 수 있는 공간을 빈자들이 상실한다거나 부로 인해 과도한 정치적 권리를 부자들이 가지면 안 된다는 것이다.

대한 언급이라고 볼 수 있다.

8 샹탈 무페, 『정치적인 것의 귀환』(서울: 후마니타스, 2007), 65 참조.

아리스토텔레스와 마키아벨리에게 있어 부의 집중과 그로 인한 빈익빈 부익부 현상은 개인의 문제가 아닌 정치적 문제였다. 그것은 빈자와 부자가 시민으로서 동질성을 유지하는 것이 아니라, 부자는 지배자로, 빈자는 피지배자로 만드는 것이기 때문이다. 동등한 시민이라는 이름만 남고, 실질적으로는 지배와 피지배 관계가 고착화될 때, 갈등은 증폭되고 이는 혼란을 가져와 국가를 약화 시키게 된다. 빈부격차의 문제는 개인의 사적인 경제문제가 아니라, 정치문제인 것이며, 체제유지의 핵심 관건이 되는 문제이다. 그것은 사회통합을 저해하여 공동체의 몰락을 가져오기 때문이다.

빈부격차는 건전한 사회를 부패하게 만든다. 부패는 동료 시민들 간의 불평등으로 인해 연대성이 사라지고, 지배와 복종 그리고 시기와 미움만이 남을 때 나타난다. 공적인 공간과 관계는 부자들의 파당화로 인해 그들에 의해 독점되고 배타적으로 지배되어 사유화된다. 파당화된 부자들은 자신들의 사익만을 위해 법질서를 무시하게 된다. 권력과 경제적 자원 등의 불평등한 소유와 지배로 인해 동료 시민들 간의 관계는 평등한 관계가 아니라, 주인과 노예의 관계로 전락하게 되는 것이다. 이럴 때 건전한 시민문화와 법질서 나아가 신뢰관계에 기반 한 정치질서는 무너지게 된다. 이하에서는 부자와 빈자들 간의 갈등을 정치의 핵심문제로 파악하고 그 해결방안을 제시한 아리스토텔레스와 마키아벨리에 대해 살펴볼 것이다.

Ⅱ. 아리스토텔레스와 빈부갈등

1. 아테네 정치변동의 원동력으로서 빈부갈등

아리스토텔레스는 고대 아테네의 정치변동과 정치발전의 문제를 부자와 빈자들 간의 대립과 반목의 관점에서 파악하였다.[9] 『아테네 정치제도사』에서 아리스토텔레스가 보여준 아테네 정치제도의 변화 과정은 부자와 빈자들 간의 갈등관계에 그 원동력이 있었다. 아테네 민주주의의 발전에 초석을 놓은 사람은 솔론(Solon)이었다. 그가 행한 정책의 핵심은 부자들의 전횡에서 피폐해지는 가난한 이들을 보호한 것이었다. 당시 부자들은 가난한 자들에게 토지를 임대해주었고, 그 대가로 경작물의 6분의 1을 받아갔다. 이러한 과도한 부담은 그 부녀자들과 아이들까지도 부자들 밑에서 일하게 만들었다. 아울러 이들은 "제 몸을 담보로 돈을 빌려 채권자들의 처분에 자신을 맡겨 더러는 고향에서 노예가 되고 더러는 외국에 노예로 팔려갔다."[10] 부자들은 토지를 독점하고 가난한 자들을 자신들의 예속 하에 두었다. 하지만 예속이 계속되자 평민들은 부자들에게 저항하기

9 아테네 민주정의 발달과정에 대해서는 W. G. Forrest, 2001. 김봉철 역, 『그리스 민주정의 탄생과 발전』(서울: 도서출판 한울, 2001) 및 양병우, 『아테네 민주정치사』(서울: 서울대 출판부, 1976) 참조. 아울러 솔론에서 페리클레스 개혁기까지에 대한 간략한 분석으로는 서병훈. "아테네 민주주의에 대한 향수–비판적 성찰", 전경옥 외 지음, 『서양 고대·중세 정치사상사; 아테네 민주주의에서 르네상스까지』(서울: 책세상, 2011) 참조.

10 플루타르코스, 천병희 역, 『그리스를 만든 영웅들』(서울: 도서출판 숲, 2006), 99.

시작했고, 사회는 분열과 혼란에 빠졌다. 이러한 혼란을 극복하고자 아테네인들은 중재와 해결을 솔론에게 일임하였다. 이에 솔론은 우선 몸을 담보로 돈을 빌리는 행위를 금지하였고, 부채를 삭감해주었다. 아울러 부자들의 전횡을 제어할 수 있는 여타 법제도를 만들었다.

아테네 민주정의 발전과정은 부자들의 전횡에서 민중들을 보호하고 정치공동체를 안정화시키려고 하는 과정이었다. 솔론은 "억울한 처지의 사람을 위하여 원하는 사람이 구제조치를 취할 수 있도록" 하였으며, "재판소에서 상소심 재판을 하도록 하였다."[11] 이는 공적 제도를 확립하고자 한 솔론의 의도를 엿볼 수 있다. 때문에 아리스토텔레스는 그를 "자신의 욕심보다는 다수의 이익과 도시의 안전을 위하는 사람"으로 평가한다. 왜냐하면 그는 부자와 가난한 자, 양편 중 그 어느 쪽의 편도 들지 않았기 때문이다. 어느 한쪽의 손을 들어 주었다면 그들의 지지를 얻어 참주가 될 수 있었음에도 불구하고 "나라를 구하고 최선의 법을 만들기 위해 양편 모두의 적의를 얻는 길을 택"했기 때문이다.[12]

솔론에 이어 클레이스테네스(Cleisthenes)가 민중을 대변하였다. 클레이스테네스는 도편추방제를 도입한 것으로 유명하다. 이는 참주정치의 폭정을 방지하기 위해 유력자를 제어하기 위한 장치였다. 하지만 이보다 더 중요한 것은 행정구역의 개편이었다. 클레이스테네스는 기존의 혈연, 지연 중심의 4부족을 10개의 공적인 새로운 행정구역으로 재편하여 폴리스 중

---

11 아리스토텔레스, 최자영 역, 「아테네 정치제도사」, 『고대 그리스정치사 사료. 아테네·스파르타·테바이 정치제도』(서울: 도서출판 신서원, 2002), 59.

12 아리스토텔레스, 최자영 역, 「아테네 정치제도사」(2002), 60.

심의 공동체로 묶으려 하였다. 부족중심이 아니라 폴리스라는 공적인 공동체를 중심으로 시민들을 재편한 것이었다.

이러한 공적 제도의 확충을 통해 아테네는 견실한 국가로 성장할 수 있었다. 그것은 외적의 침입에 효과적으로 대처할 수 있었던 아테네의 군사력에서 드러난다. 페르시아의 침입을 막아내고 마라톤 전투에서 이길 수 있었던 원동력은 중무장 보병에 있었다. 그들은 자신의 무기를 스스로 구비할 수 있었던 중산층 농민계층에서 나왔다. 부자와 가난한 민중들 사이에서 중산층이 성장하였기에 가능한 것이었고, 이는 앞서 언급했던 공적 제도의 완비를 통해 가능했다. 그런데 아테네 정치제도는 아테네가 해상제국으로 성장하면서 변화를 겪게 된다. 살라미스 해전 이후 아테네는 그리스 국가들의 맹주로 자리매김하였다. 이에 전쟁은 아테네가 주도하게 되고, 다른 그리스 동맹 국가들은 그 재정을 보조하는 역할을 맡게 된다. 그런데 동맹의 군사부분을 담당하게 된 아테네의 군대는 육군에서 해군 중심으로 재편되고 그 중심에는 수병이 자리 잡게 된다. 삼단노선을 운영하기 위해서는 노 젓는 이들이 많이 필요하게 되고 그들은 일용직 노동자 등 하층 계급인 테테스로부터 충원된다. 해군 중심으로 재편된 아테네 군대의 영향으로 힘이 세진 테테스 계층은 아테네의 정치에 적극적으로 관여하게 되며, 동맹국들로부터 들어오는 재화는 아테네 민주정의 강화에 사용된다. 정치에 시민들의 참여를 독려하는 정책들로, 민회에 참여하거나 재판정에 배심원으로 참석할 때 보수가 지급되었는데, 이는 그러한 재화로 인한 재정적 후원 없이는 불가능한 것이었다. 아울러 군사업무에 복무함으로써 급여를 받아 생활하였던 테테스 층들은 민회에 적극적으로 참여하여 자신들의 이해관계에 부합하는 호전적인 정책을 결정하였다.[13]

따라서 이들은 스파르타와의 전쟁인 펠로폰네소스 전쟁에서 페리클레스(Pericles)의 사망 이후 무분별한 전투를 계속해서 감행하게 된다. 이는 결국 시칠리아 전투의 패배를 가져오게 되고 아테네는 펠로폰네소스 전쟁에서 지게 된다. 이러한 패전의 경험은 많은 아테네 사상가들로 하여금 자신들의 정치체제와 정치를 다시 생각하게 하였다. 데모스가 자신들의 사익만을 위해 지배하는 체제를 가리키는 고대 민주주의에 대한 부정적인 평가는 이로부터 기인한 것이다. 테테스는 당시 민중들의 대부분을 이루었기에 이들이 자신들의 이익만을 위해 행했던 정치가 데모스(Demos)가 지배(Kratia)하는 민주주의(Demokratia)로 불리었던 것이다.

중무장 보병이라는 중산층이 정치의 중심에 서서 균형을 잡아주지 못하게 되자, 부자들과 가난한 자들의 대립과 반목이 심해지게 된 것이다. 가난한 자들과 부자들의 갈등이 증폭되면서 정치는 이성을 잃고 합리적인 결정을 내리기 보다는 서로의 이익에 눈이 먼 결정을 내려 결국에는 파국으로 치닫게 되었다는 것이다. 이하에서는 이러한 부자와 가난한 자들의 갈등을 자신의 정치사상의 핵심으로 수용하면서 그것을 극복하기 위해 중산층에 중심을 둔 정치체제와 혼합정론을 전개한 아리스토텔레스에 대해 살펴볼 것이다.

---

13 이로 인해 심해진 아테네의 빈부갈등에 대해서는 김봉철, "아테네의 역사," 김진경 외 지음, 『서양 고대사 강의』(서울: 한울아카데미. 1996), 44 참조.

2. 갈등해결의 방안으로서 중산층 정체와 혼합정체

아리스토텔레스는 도시국가 즉 폴리스의 삶이 자급자족의 상태일 때 최선이라고 말한다. 그런데 인간들은 먹고 살기위해 노동을 하고 재산을 획득하는데 그것에는 자연적인 것과 관습적인 것이 있다. 문제는 관습적인 것에서 등장하는데 그것은 화폐의 사용을 통한 재산의 필요이상의 축적이 가능해지면서 나타나게 된다. 각자가 먹고 살기에 필요한, 즉 자급자족하기에 충분한 것을 뛰어넘는 부(富)를 증식하는 것이 화폐를 통해 가능해 지면서 빈부의 격차가 생겨났던 것이다.

그런데 고대 아테네에서는 국가를 시민들의 모임으로 생각하였다. 다시 말해 국가는 시민들로 구성된 복합체라는 것이다. 시민들의 구성에 따라 국가의 성격이 규정된다는 것이다. 이것은 아리스토텔레스의 유명한 정체 구분에서 잘 드러난다. 부자가 우위를 지니고 있으면 과두정이며, 가난한 자들이 권력을 잡으면 민주정이 되는 것이다. 그러나 아리스토텔레스는 여기에 사회 윤리적 가치를 기준에 추가한다.[14] 지배자의 수가 많든 적든 공동의 이익을 위해 통치하면 그것은 좋은 정체가 된다. 반면 지배자들이

14 누가 지배하는가와 무엇을 위해 지배하는가에 따라 아리스토텔레스는 정체를 다음의 6가지로 나누고 있다. 일인이 지배하는데, 공익을 위해 통치를 하면 그것은 왕정(basileia)이라 불리며, 반면 지배자 일인의 사익만을 위해 지배하면 그것은 참주정(tyrannis)이 된다. 소수의 뛰어난 인물들이 공익을 위해 지배하면 귀족정(aristokratia)이고, 그들의 사익만을 위해 통치를 하면 과두정(oligarchia)이 된다. 마지막으로 다수의 사람들이 공익을 위해 지배하면 혼합정(politeia)이라 불리며, 그들만의 이익을 위해 정치를 운영하면 민주정(demokratia)이 되는 것이다(아리스토텔레스, 천병희 역, 『정치학』(서울: 도서출판 숲, 2009), 151–152). 여기서 소수는 일반적으로 부자를, 다수는 빈자를 가리킨다.

자신들의 사익만을 위해 지배하면 그것은 나쁜 정체가 된다. 국가는 그것을 구성하는 시민들의 자족적인 삶을 목표로 하기 때문에 타인들을 배제한 일부의 사적 이익을 위해 통치하는 것은 최악의 정치체제가 되는 것이다. 그런데 이러한 사적 이익을 위한 통치는 국가를 동등한 시민들 즉 자유민들의 공동체로 만드는 것이 아니라, 예속적이고 전제적인 국가로 만들어낸다.[15] 또한 이러한 사익추구의 정치는 시민들 간의 권력 및 재산의 불균형을 만들어내고 이는 불평등과 분열을 불러일으킨다.

앞에서 보았듯이 아리스토텔레스는 아테네의 정치혼란과 정체변동의 원인을 국가 구성원들 간의 파쟁에서 찾는다. 그리고 그 파쟁의 원인은 불평등에 있었다.[16] 불균형과 분열은 파당을 만들어내고 이는 정체변혁의 핵심 원인으로 작용한다. 아울러 파당의 대립은 뛰어난 한 인물에 자신들의 이해관계 해결을 전적으로 의지하고, 전권을 위임하는 결과를 불러올 수도 있다. 이런 경우 나타나는 것이 참주 독재정이다. 부자와 가난한 이들 간의 대립은 이러한 문제를 일으킬 수 있는 핵심적인 요소이다. 빈부의 격차가 심해져 가난한 이들이 자유시민의 지위를 누릴 수 없게 될 때, 그들은 파당을 결성하고 부자들과 대결하려 할 것이다. 그러나 여러 가지 점에서 부족하고 힘이 없는 그들은 부자들을 누르기 위해 자신들의 이해관계를 대변하는 한 인물에 전적으로 의지하고 그를 참주로 만드는 것이다. 그러나 이러한 참주정치는 자유가 부재하고, 법보다는 적나라한 폭력이 우선한다는 점에서 올바른 정치는 아닌 것이다.

15 아리스토텔레스, 『정치학』(2009), 150.
16 아리스토텔레스, 『정치학』(2009), 262.

이러한 정치의 혼란을 예방하기 위해 아리스토텔레스는 중산층을 기반으로 한 혼합정을 주장한다. 아리스토텔레스가 보기에 부자와 가난한 자들은 자신들만의 이익을 추구하는 성향이 강하기 때문이다. 또한 한쪽은 지나치게 오만하고 다른 한쪽은 비굴할 수 있다. 하지만 중간계층은 그 물적 배경으로 인하여 중용지도(中庸之道)를 가질 수 있으며, 이성적이 된다. 따라서 부자와 가난한 자들 간의 해소되기 힘든 불화와 반목을 중재하기에는 중간계층의 중립성이 최선이라고 볼 수 있는 것이다.

> 모든 국가에는 세 부분이 있는데, 매우 부유한 자들, 매우 가난한 자들, 그리고 세 번째로 그 중간계급(hoi mesoi)이 그것이다. 그런데 중도와 중용이 최선이라는 것이 인정된 만큼, … 중간상태가 최선임이 명백하다. 이런 상태에 있는 사람들이 이성에 가장 잘 복종하기 때문이다. 반면 지나치게 아름답거나 지나치게 힘이 세거나 지나치게 집안이 좋거나 지나치게 부유한 자라든가, 반대로 지나치게 가난하거나 지나치게 약하거나 지나치게 한미(寒微)한 자는 이성에 복종하기가 어렵다. 이 가운데 전자에 속하는 자들은 무뢰한이나 대형 범죄자가 되고, 후자에 속하는 자들은 불량배나 경미한 범죄꾼이 되는 경향이 있다. 한쪽은 교만한 마음에서, 다른 쪽은 악의에서 불의한 짓을 저지른다. 이것은 둘 다 국가에 유해하다.[17]

이렇듯 아리스토텔레스는 국가의 구성원들을 세 계층으로 구분한다. 부유한 자들은 복종하려는 의지도 복종하는 법도 모른다. 왜냐하면 어려서부터 부와 권력에 길들여졌기 때문에 복종하는 습관을 배우지 못한 탓이다. 반대로 가난한 이들은 지배할 줄 모르고 노예처럼 지배만 받으려 한다는 것이다. 따라서 이들은 자유민의 도시 즉 교대로 공무를 담당함으로써 번갈아 지배하고 지배받는 자유로운 국가에는 어울리지 않다. 한 국가 내에서 부자와 빈자간의 격차가 심해지면 그 곳에서는 주인과 노예의 국가가 생겨나 시민들 간의 유대감은 사라지고, 시기와 경멸의 관계가 형성된다. 이럴 때 국가를 안정화시키는 시민들 간의 우애로서 유대감은 사라진다. 동등한 자들 간에 생겨나는 유대감은 주인과 노예 관계 속에서는 나타날 수 없다. 유대감이 사라진 곳을 파고드는 것은 적대감 속에서 나오는 미움과 반목뿐이며, 파쟁(派爭)만을 낳을 뿐이다.[18]

국가를 이러한 파쟁과 분란으로부터 자유로울 수 있게 만드는 것은 바로 "동등하고 대등한 자들"인 중산계급이다. 그들은 "빈민들처럼 남의 재물을 탐하지도 않거니와, 빈민들이 부자의 재물을 탐하듯, 아무도 그들의 재물을 탐하지 않기 때문이다. 또한 남들도 그들에게 음모를 꾸미지 않고, 그들도 남들에게 음모를 꾸미지 않으므로 그들은 안전하게 살아가는 것이다."[19] 중산계급이 많아 우위를 점한 국가에서는 시민들 사이의 반목과 파쟁이 일어날 가능성이 현저히 줄어든다는 것이다. 앞서 언급했듯이 그

17 아리스토텔레스, 『정치학』(2009), 230. 아리스토텔레스는 『니코마코스 윤리학』에서도 행복한 삶의 전제로서 중용에 대해 칭송하고 있다. 이때 중용은 "두 악덕, 즉 지나침에 따른 악덕과 모자람에 따른 악덕 사이의 중용이다."라고 언급하고 있다(아리스토텔레스, 강상진·김재홍·이창우 옮김, 『니코마코스 윤리학』(서울: 도서출판 길, 2011), 66).

18 J. Patrick Dobel, "The Corruption of a State," *The American Political Science Review*, Vol. 72. No. 3(1978), 230 참조.

19 아리스토텔레스, 『정치학』(2009), 231.

들은 적당한 재산의 소유로 인해 이성을 사용하여 중용적인 삶을 살 수 있기 때문이다. 이러한 중용의 삶은 서로 불신하는 부자와 빈자들 사이에서 "중재자"의 역할을 수행할 수 있게 해준다. 때문에 아리스토텔레스는 중산계급이 중심에 선, 다시 말해 "중산계급이 다른 두 계층을 합한 것보다, 또는 둘 중 어느 한 쪽보다 수가 많은" 경우를 최상의 정치체제로 선호하고 있다.[20]

하지만 아리스토텔레스는 중간계층에 기반 한 정체의 실현이 어려움을 토로한다. 대부분의 국가에는 중산계층의 수가 적어서 부자와 빈자의 대립 속에서 민주정과 과두정이 나타날 수밖에 없음을 이야기한다. 아울러 그리스에서는 부자와 빈자들의 뿌리 깊은 불신 등으로 인해 파쟁과 대립이 발생할 수밖에 없다는 것이다. 이것은 민주정 아니면 과두정이라는 서로 한쪽에게만 유리한 정체를 만드는 분위기 조성하였고, 여기에 강력한 두 나라였던 아테네와 스파르타는 서로에게 유리한 정체를 인접 도시국가들에 세우려고 노력하였다.[21] 따라서 아리스토텔레스는 좀 더 현실적인

---

20 아리스토텔레스, 『정치학』(2009), 236.

21 아리스토텔레스, 『정치학』(2009), 233. 이는 아리스토텔레스가 당시의 아테네와 그리스 국가들의 상황을 염두에 둔 것이다. 이런 의미에서 아리스토텔레스가 중산계층에 기반 한 정체를 옹호한 것을 과거 회귀적 즉 솔론의 개혁과 클레이스테네스 시대의 중무장 보병 중심의 정체를 기반으로 한 것이며, 이념형으로서 상정하는 학자들이 있다(G. J. D. Aalders, *Die Theorie der gemischten Verfassung im Altertum*(Amsterdam: Verlag Adolf M. Hekkert, 1968); Peter Spahn, *Mittelschicht und Polisbildung*(Frankfurt/a.M; Peter Lang, 1977); Peter Spahn, "Aristoteles", Iring Fetscher und Herfried Münkler(hrsg), *Pipers Handbuch der Politischen Ideen, Bd. 1, Frühe Hochkulturen und Europäische Antike*(München; Piper, 1988). 아울러 중간계층의 다수화에 대한 현실적인 어려움은 팔레아스가 제안한 정책을 아리스토텔레스가 비판하는 데서도 찾아볼 수 있다. 모든 파쟁의 원인을 재산문제에

대안으로 부자들과 빈자들을 혼합한 혼합정이 필요함을 역설한다.[22]

아리스토텔레스는 부자와 빈자들의 대립이 극단으로 치닫는 것을 막으려고 하였다. 부자들만이 지배하는 정치는 과두정이 되고, 빈자들만이 지배하는 정치는 중우정이 된다. 한쪽이 다른 쪽을 배제하게 될 때, 그 국가는 미움과 분노의 표출을 막아낼 수 없고 그 귀결은 내란과 음모 나아가 몰락으로 가는 것이다. 이러한 대립의 파국을 막아내기 위해 아리스토텔레스는 혼합정체를 주장한다. 모든 정체가 무너지게 되는 핵심 요인은 어느 한 층이 다른 층보다 너무 크도록 놔두는 데 있기 때문이다.[23] 공동체를 이루는 두 중요한 층인 부자와 빈자들 사이의 불균형과 극단적 관계를 막기 위해서는 부자와 빈자들이 공히 정치체에 참여할 수 있는 체제를 만드는 것이다. 국가에 자신들의 부분을 가지게 해주는 것이다.[24] 민주정과 과두정의 방법을 혼합하는 것이다. 이에는 크게 세 가지 방법이 있을 수

서 보고 재산의 평준화 혹은 균등화를 추구하는 팔레아스에 대해 아리스토텔레스는 산아제한 및 욕구제한의 필요성과 더불어 배운 자들은 이러한 평등에 불만을 품기 때문에 그 현실화 가능성이 지극히 어렵다고 말한다(아리스토텔레스, 『정치학』(2009), 89–95).

22 아리스토텔레스의 혼합정과 중산층에 기반 한 정체/혼합정의 관계에 대한 논의는 굉장히 모호하고 난해한 것으로 여겨져 왔고, 오랫동안 동일한 것으로 취급되어 왔다. 하지만 이 둘을 구분하는 굉장히 설득력 있는 논의들이 있으며 본 논문에서는 그것들에 기반을 두려고 한다(Dolf Sternberger, *Drei Wurzeln der Politik*, Vol. 1(Frankfurt am Main; Insel Verlag, 1978); Wilfried Nippel, *Mischverfassungstheorie und Verfassungsrealität in Antike und Früher Neuzeit*(Stuttgart: Klett–Cotta, 1980); Curtis Johnson, "Aristotle's Polity: Mixed or Middle Constitution?" *History of Political Thought*, vol. IX, No. 2.(1988).

23 아리스토텔레스, 『정치학』(2009), 295.

24 참여(participation; teilhaben)의 의미는 실로 모두(all)를 가지는 것이 아니라, 부분(part; teil)을 가지는 것이다.

있다. 우선 양 체제의 법규를 다 같이 취하는 것이다. 예컨대 가난한 자가 법정에 출석하면 수당을 지급하고, 부자가 불출석하면 벌금을 부과하는 것은 민주정과 과두정의 방법을 혼합하는 것이 된다. 두 번째는 두 체제의 상이한 법규의 중간을 취하는 것이다. 민회에 참여하는 데 민주정은 재산요건이 없거나 낮고 과두정은 높다. 이 경우 그 중간을 취하는 것이다. 세 번째는 각각에서 일부를 취하는 것이다. 민주정에서 공직자는 자격의 재산요건 없이 추첨으로 뽑지만, 과두정에서는 재산요건과 더불어 선거로 뽑는다. 재산 요건을 무시하고 선거로 뽑으면 이는 각각에서 일부를 취하는 것이 된다.[25] 혼합정은 이렇게 가난한 자와 부자들의 참여를 공히 이끌어 냄으로써 국가에 같이 복무토록 하는 것이다. 혼합을 통한 참여를 통해 파쟁을 제어하고 국가의 안정을 꾀할 수 있는 것이다.

> 제대로 된 '혼합정체'는 민주정체의 요소와 과두정체의 요소를 모두 포함하는 것처럼 보이면서 동시에 그중 어느 쪽 요소도 포함하지 않는 것처럼 보여야 한다. 그리고 그것은 외부의 지원이 아니라 자력으로 살아남아야 한다. 또한 그 '자력'이란 대다수가 정체의 존속을 원한다는 데서가 아니라 — 나쁜 정체에서도 그런 일이 일어날 수 있기 때문이다 — 국가를 구성하는 어떤 부분도 다른 정체를 원하지 않는다는 데서 나와야 한다.[26]

25 아리스토텔레스, 『정치학』(2009), 225.
26 아리스토텔레스, 『정치학』(2009), 226.

아리스토텔레스가 보기에 빈부격차의 문제는 경제의 문제가 아니라, 정치의 문제 나아가 국가존립의 문제였다. 빈부격차로 인해 빈자와 부자간의 대립이 격해지면 서로 정치를 독점하여 상대를 배제하고, 자신들만의 이익을 추구하는 정치를 수행하려 하는 것이다. 그런데 이것은 국가를 위한 이성적인 행위 대신 자기 파당의 이익만을 위한 극단의 정책을 추진하게 된다. 펠로폰네소스 전쟁에서 무리한 전투를 벌여 결국 전쟁에서 패배하게 된 것도 가난한 자들이 지배한 중우정(衆愚政)의 영향이었다. 이를 극복하기 위해서는 자족적이기에 이성적이고 중용의 도를 수행할 수 있는 중산층이 다수를 차지하는 정체가 최선일 것이다. 하지만 그것이 어려울 때에는 부자와 가난한 자들이 공히 국가에 복무할 수 있는 혼합정을 만들어야 하는 것이다. 혼합을 통한 통합을 이루어내야 하는 것이다.

Ⅲ. 마키아벨리와 빈부갈등

1. 국가와 공적 질서를 무너트리는 빈부격차

마키아벨리에게 빈부격차의 심화는 한 국가의 몰락을 가져오는 핵심문제 중 하나였다. 이는 로마 공화국의 몰락을 가져왔던 핵심적인 계기를 농지법 개혁을 두고 일어난 귀족과 인민들 간의 대립과 투쟁에서 찾고 있는데서 잘 드러난다.[27] 귀족에 의한 토지 소유의 독점과 그것으로부터 배제되고 경작할 토지를 가지지 못해 점차 가난해져 갔던 인민들 사이에서 그락쿠스(Gracchus) 형제는 인민의 편에 서게 된다.[28] 토지 소유를 제한하는 조항과 적으로부터 빼앗은 토지를 인민에게 분배한다는 조항으로 이루어진 농지법은 부자인 귀족들의 불만을 사고 있었다. 이러한 귀족들의 불만은 이전부터 지속되어 오던 인민들과 귀족들의 대립과 갈등에 중첩되어 나타나게 되었다. 이는 평민파를 한편으로 하고 귀족파를 다른 한편으로 하는 파당들을 만들게 하였다. 마리우스(Marius)와 카이사르(Caesar)는 평민파의 우두머리였으며, 술라(Sulla)와 폼페이우스(Pompeius)는 귀족파의 수장이었다. 결국 이러한 평민파와 귀족파 간의 대립은 농지법을 둘러싼 재산문제로 인해 그 극단으로 치닫게 되고, 양쪽은 더 이상 합법적인 수단에 의존하지 않고 무력충돌을 일으켜 로마 공화국을 몰락시키는 방향으로 나아가게 된다. 다시 말해 한쪽이 다른 쪽을 제어하기 위해 지도자를 선출하고 그에게 전권을 맡기게 됨으로써 자유가 아닌 지배의 체제, 즉 카이사르에 의한 참주정을 받아들이게 된다.

여기서 마키아벨리는 부자인 귀족들의 야망과 지배욕이 국가에 해가 됨을 지적하고 있다: "만약 도시가 다양한 수단과 방식으로 부자들의 야망을 억누르지 않는다면, 그것은 즉시 그 도시를 파멸에 빠뜨릴 정도로 위험한 것이다."[29] 이렇게 부를 쌓은 귀족은 자유를 같이 향유하는 동료 시민들보다는 자신들에게 복종하는 신민들을 가지고 싶어 한다. 이러한 상

27 니꼴로 마키아벨리, 강정인·안선재 역, 『로마사 논고』(서울: 한길사, 2003), 189-193.

28 아테네에서 토지소유 귀족의 전횡을 제어하고자 했지만, 어느 편에도 서지 않았던 솔론과는 대비되는 일이다.

29 니꼴로 마키아벨리, 『로마사 논고』(2003), 193.

황을 마키아벨리는 당시 이탈리아에서 발견한다. 그는 자신들이 일해 번 수입이 아니라, 토지 소유에서 나오는 수입으로 사치스럽게 사는 사람들을 비판한다. 그들은 "모든 공화국은 물론 모든 나라에 위험한 인물들"이라는 것이다. 그런데 더 위험한 이들은 거기에 더해 '성곽'을 가지고 있고 거기서 그들에게 복종하는 신민들을 가진 이들이다. 이들은 동료 시민들 간의 자유로운 관계보다는 명령과 복종의 관계에 더 익숙하여 "모든 종류의 자유로운 정부에 적대적이기 때문이다."[30]

이렇게 부자인 귀족과 인민들 간의 빈부격차가 심해져 서로간의 불만과 불화가 쌓여가는 것을 막기 위해 마키아벨리는 국가는 부유하지만, 시민은 가난하게 만들어야 함을 강조한다. 시민을 가난하게 만들어야 한다는 말은 빈곤에 허덕이게 만든다는 뜻은 아니다. 여기서 가난은 먹고 살기 적당한 중산층 정도의 경제상황을 말하고 있다. 오히려 풍요롭고 사치스러울 때 시민들은 더 많은 것을 원해 탐욕스러워지고 나태해져 부패하게 된다는 것이다. 이렇게 적당한 재산에 만족하는 중산층 시민들이 넘쳐났던 나라가 고대 로마와 마키아벨리 당시에는 선량한 시민들이 많았던 독일이었다. 로마는 전쟁에서의 승리라는 명예를 전리품보다 더 귀중하게 여겼고, 가난이 명예를 얻는데 방해가 되지 않았기 때문에 시민들의 청빈함을 유지할 수 있었다. 독일인들은 법을 잘 준수하고 자유를 누리고 있었으며 공공재정이 필요할 때 기꺼이 세금을 납부하고 있었다. 이는 독일

30 니꼴로 마키아벨리, 『로마사 논고』(2003), 241. 르네상스 시기 이탈리아의 빈부격차 문제에 대해서는 퍼거슨·왈라스 클리퍼트, 『서양 근세사—중세에서 근대로의 이해』(서울: 집문당, 1989), 317과 Philip Jones, *The Italian City-State: From Commune to Signoria*(Oxford: Clarendon Press, 1997), 235 이하 참조.

이 인접국과 많은 교류를 갖지 않음으로써 가능했다. 즉 "그들은 자기 나라가 제공한 물자를 즐기고, 식량을 소비하며, 양모로 옷을 지어 입는데 만족"해 왔던 것이다.[31] 이들은 시민들 간 평등한 관계를 유지하여 귀족의 전횡을 용납하지 않았던 것이다.[32]

시민들을 가난하게 유지하는 것의 유용성은 재물을 통해 자신이나 동료 시민을 부패시킬 수 있는 여지를 제거하는 데 있다.[33] 시민들을 가난에 묶어 두지 못하여 재부(財富)를 축적한 자가 나타나 빈부의 격차가 심해지고, 그로 인한 권력의 불평등현상이 나타난다면 이는 국가질서를 무너트리는 첩경이 된다. 재산과 권력을 독점한 이들은 자신의 객관적 능력이 아니라, 재부와 사사화된 방법을 통해 명성을 얻으려고 할 것이다. 이는 다른 시민들의 불만을 초래하고, 그것은 파당을 만들어 혼란을 추동해낸다. 이러한 사적인 방법의 유해성에 대해 마키아벨리는 다음과 같이 묘사

31 니꼴로 마키아벨리, 『로마사 논고』(2003), 240.

32 마키아벨리는 『군주론』에서도 독일인들의 국고의 풍부함과 더불어 시민들의 넘치지 않는 자족적인 삶을 칭송하고 있다(니꼴로 마키아벨리, 강정인·김경희 역, 『군주론』(서울: 까치글방, 2008), 75.

33 마키아벨리에 의하면 부패는 평화 속의 나태 속에서 나타나는데, 그 직접적 계기는 부와 권력의 불평등한 소유에 있다. 이는 로마가 멸망한 원인을 농지법에 의해 야기된 투쟁과 최고 지휘권의 연장을 통해 분석한 것을 통해서도 알 수 있다(니꼴로 마키아벨리, 『로마사 논고』(2003), 513). 즉 전자는 부의, 후자는 권력의 불균등한 분배를 지적한 것이다. 이에 대해서는 J. Patrick Dobel, "The Corruption of a State"(1978), 963–964 참조. 아울러 마키아벨리의 타락개념에 대해서는 Rupert Breitling, "corruzione und virtù–zur Dialektik Machiavellis. Ein Essay," Breitling, Rupert/Gellner, Winand, eds. *Machiavellismus: Parteien und Wahlen, Medien und Politik. Politische Studien zum 65. Geburtstag für Professor Dr. Erwin Paul*(Gerlingen: Maisch + Queck, 1988), Maurizio Viroli, *Machiavelli*(Oxford: Oxford University Press, 1998) 4장 및 퀜틴 스키너, 강정인·김현아 공역, 『마키아벨리의 네 얼굴』(서울: 한겨레출판, 2010), 3장 참조.

하고 있다.

> 사적인 방법은 다양한 개인들에게 사사롭게 돈을 빌려주고, 그들의 딸을 결혼시키며, 행정관들로부터 그들을 보호하고, 그밖에도 사적으로 유사한 호의를 베풀어 시혜를 제공하는 것이다. 이것들은 사람들을 시혜자의 파당으로 만들고, 그들이 추종하는 사람에게는 공공을 부패시키고 법을 위반해도 무방하다고 생각할 수 있는 용기를 심어준다.[34]

이렇게 사적인 방법으로서 재부의 사용은 역량 없는 부(富)를 용인하는 것이다. 다시 말해 관직이나 어떤 공적 지위에 필요한 합당한 능력이나 역량이 없음에도 재부를 사용하여 그 직위나 지위를 차지하는 것이다. 능력이나 역량이라는 공적인 기준을 재력이나 그것을 가능케 하는 가문 등 사적인 기준으로 대체하는 것이다. 이렇게 될 때 국가 질서는 무너지고, 가진 자와 못 가진 자, 즉 부자와 가난한 자들 간의 반목과 대립은 격화되는 것이다.

국고는 부유하게 하고, 시민들은 가난하게 유지해야 한다는 마키아벨리의 말 속에는 개인들의 사적 부가 공적 질서의 기준으로 침투하는 것을 막아야 한다는 생각이 내포되어 있다. 다시 말해 관직을 얻어 명예를 얻는 등의 공적 행위와 평가의 기준이 그것에 합당한 역량을 가지고 있는가에 있어야 한다는 것이다. 이럴 때 부라는 사적 기준이 파고 들어올 여지를 없앨 수 있는 것이다. 나아가 부를 추구함으로써 생길 수 있는 시민들

34 니꼴로 마키아벨리, 『로마사 논고』(2003), 525.

의 부패의 경향을 제어할 수 있다고 보는 것이다: "나는 가난함이 어떠한 지위나 어떠한 명예든 당신이 거기에 이르는 길을 막지 않는다는 사실, 그리고 능력 있는 인재가 어떤 집에 살고 있든지 그 인재를 등용한다는 사실에 대한 사람들의 확고한 믿음보다 이러한 효과를 만들어내는 데 더 강력한 조건이 있다고 믿지 않는다. 그러한 사회 상태는 명백하게 부에 대한 소망을 덜 갖도록 만든다."[35] 부에 의해 공적 명예를 얻는 것이 아니라, 재능과 그에 따른 명예를 통해 부를 얻을 수 있을 때, 부는 더 이상 기준이 되지 않는 것이다. 이때 시민들은 가난을 명예롭게 생각할 것이며, 부당한 부의 추구를 멀리할 것이다. 그러나 이를 위해서는 빈부격차의 심화와 이로 인한 불평등의 문제를 제어해야 한다.

2. 갈등해결의 방안으로서 혼합정체

마키아벨리는 귀족과 인민들 간의 갈등과 대립 관계가 정치의 핵심문제라고 파악하였다.[36] 귀족은 그 재산과 권력 그리고 가문 등으로 인해 지배하려는 욕구를 지니고 있다. 반면 인민은 지배받지 않고 자유롭게 살기를 바란다. 한쪽은 지배하려 하고 다른 쪽은 자유롭게 살고자 하기 때문에 둘의 관계는 갈등할 수밖에 없는 것이다. 그러나 이 둘의 갈등 관계로 인해 법질서가 탄생한다고 말한다. 서로의 갈등을 직접적인 폭력이 아니

---

35 니꼴로 마키아벨리, 『로마사 논고』(2003), 515.

36 이에 대해서는 『군주론』 9장과 『로마사 논고』 1권 2장−5장 참조.

라 공적 제도를 통해 해결하는 것이다. 그런데 인간은 누구나 소유욕을 가지고 있기 때문에 재산문제가 이들의 갈등관계에 중첩되어 나타나면 그것은 어느 대립관계보다 더 걷잡을 수 없게 된다.[37] 그것은 로마의 농지법 문제를 통해 입증된 것이었다. 아울러 재산의 문제가 정치에 개입될 때 시민은 그 어느 경우보다 빨리 부패하게 된다고 말한다. 주어진 정치 문제를 객관적으로 판단하는 것이 아니라, 재물로 기쁨을 선사하는 이들에게 무조건 찬성하는 등 그 타락 속도는 타의 추종을 불허한다는 것이다. 이에 마키아벨리는 빈부격차가 심해지는 것을 통해 사적인 부를 추구하는 경향이 정치영역에 침투하는 것을 가장 경계하고 있다. 빈부격차는 가난한 자들에게 생존의 문제를 야기 시키고, 그것은 재물과 부의 추구를 모든 영역, 특히 정치의 영역에서 제1의 목표로 만들 수 있기 때문이다. 빈부격차는 정치를 사사화(私事化)하는 지름길을 제공하는 것이다. 정치를 부패시키는 가장 심각한 문제인 것이다.

이러한 빈부격차의 심화를 통해 야기되는 정치의 사사화를 방지하기 위해 마키아벨리는 부라는 기준이 정치의 영역에 들어오는 것을 막으려고 한다. 그것은 공적 질서에서 명예를 얻는 기준을 역량에 한정시키는 것이다. 행정관에 선출되는 사람은 그 직무에 합당한 자질과 능력을 가진 이들에 국한될 때, 역량이라는 기준은 준수될 수 있다. 그럴 때 사람들은 굳이 다른 무엇보다도 부를 추구하려는 노력을 하지 않는다는 것이다. 타인에

---

37 마키아벨리는 『군주론』에서 군주는 타인의 재산에 손을 대어서는 안 된다고 강력히 주장하고 있다. 왜냐하면 "인간이란 어버이의 죽음은 쉽게 잊어도 재산의 상실은 좀처럼 잊지 못하기 때문이다."(니꼴로 마키아벨리, 『군주론』(2008), 115).

게 인정받는 기준이 '부'가 아니라 '역량'일 때, 시민들은 부를 추구하지 않고, 가난을 부끄러워하지 않는다는 것이다. 그런데 이것은 어떻게 가능할까? 마키아벨리는 고대 로마가 모범을 보여준 혼합정에서 찾고 있다.

혼합정은 군주제, 귀족제 그리고 민주제의 요소를 혼합한 것이다. 로마의 경우에는 집정관, 원로원 그리고 호민관 혹은 민회를 통해 앞의 3가지 요소를 혼합할 수 있었다.[38] 그런데 이 혼합은 제도적인 측면을 이야기한 것이며, 그 실질적 내용은 국가를 구성하는 두 가지 층인 귀족과 인민들을 공동체 내에서 묶어내기 위한 것이다. 다시 말해 귀족들에게는 원로원이라는 공간을 주고, 인민들에게는 그들을 보호하고 대변할 호민관이나 민회를 제공하는 것이다. 국가 체제 내에 서로의 공간을 제공함으로써 두 계층의 국가에의 참여와 복무를 독려해 내는 것이다. 아울러 한 층에 의한 권력독점을 제어하고, 견제와 균형을 이루어낸다. 이를 통해 파당투쟁으로 혼란이 야기하는 것을 제어해 내는 것이다. 어느 한쪽을 국가체제에서 배제하는 것이 아니라, 각각의 공간을 제공함으로써 융합시키고 통합시켜 내는 것이다. 이러한 융합과 통합의 공간이 바로 공적인 법질서와 제도를 근간으로 하는 혼합정체인 것이다.

이러한 공공성을 유지하는 국가는 자유를 근간으로 한다. 여기서 자유는 획일적인 평등에 기반 한 자유가 아니라 국가질서에 참여할 수 있을 뿐만 아니라, 타인이나 타 계층으로부터 억압받지 않고 살 수 있는 자유를 의미한다. 공공성을 통해 담보되는 자유 질서에서는 공정한 경쟁과 그 속에서 개인이 가진 능력과 재능의 계발과 발휘가 가능하고 그것이 아무 제

38 니꼴로 마키아벨리, 『로마사 논고』(2003), 83.

약 없이 인정받게 된다. 이렇게 자유로운 국가체제를 갖추고 있는 나라는 큰 번영을 누릴 수 있음을 마키아벨리는 다음과 같이 표현하고 있다.

> 세계의 어느 곳에서나 자유를 누리는 모든 도시와 지방들은 매우 커다란 번영을 누린다. 이는 무엇보다도 인구가 증가하기 때문이다. 결혼이 사람들에게 보다 자유롭고 매력적인 것이 되고 각자 자신의 가산을 빼앗길 것이라는 두려움이 없게 되어 아이들을 기꺼이 낳아 키우기 때문이다. 또 사람들은 아이들이 노예가 아닌 자유인으로 태어난다는 사실뿐만 아니라 자신의 능력을 통해 뛰어난 인물이 될 수 있다는 사실도 알게 되기 때문이다.[39]

반면 앞에서 말한 공적 국가질서를 유지하는 혼합정 체제가 무너지면, 그것은 단순정체가 된다. 이는 어느 한 층이 지배권을 행사하는 것을 말한다. 다시 말해 귀족이나 인민 혹은 이들의 지지를 받는 폭군이 전권을 행사하는 경우를 말한다. 이때는 자유와 평등은 사라지고 노예상태만이 남게 된다. 지배하는 자와 복종하는 자만이 남는 것이다. 나아가 합의와 토론을 통해 통합의 정치를 펴기 보다는 자의적 지배를 행사하게 된다. 사적 폭력과 무법이 판치게 되며, 지배하는 이들에게는 오만과 방종이, 지배받는 자들에게는 굴종과 비굴함만이 남게 된다. 그리고 이러한 노예상태는 불만과 미움을 재생산하게 되어 음모와 모반이 끊이지 않는 항상적인 내전상태로까지 발전하게 된다. 이러한 무질서의 혼란상황은 다름 아닌

---

39 니꼴로 마키아벨리, 『로마사 논고』(2003), 278.

권력을 독점한 층이 정치를 사사화함으로서 나타나는 것이다.

이러한 사사화를 통한 정치와 권력의 부패는 혼합정을 통해 극복 가능한 것이다. 서로 다른 층들이 정치에 참여하고 자유롭게 쟁론하는 제도가 완비될 때, 서로 견제하고 균형을 맞추는 모습을 갖출 수 있다. 다름을 인정하고 그들 간의 견제와 균형을 통해 동질적인 집단이 행할 수 있는 권력의 독점과 전횡을 방지하려고 하는 것이 혼합정의 모습이다. 이러한 모습을 통해 빈부격차의 문제는 극복 가능해진다. 혼합정은 다른 계층 간의 공존(共存)과 공치(共治)를 꾀하기에 공정한 규칙을 핵심으로 삼는다. 불공정한 규칙은 어느 한 계층도 받아들이려 하지 않기 때문이다. 그런데 이 공정함이라는 기준은 공정한 법제도를 통해 자유로운 경쟁 하에서 능력발휘가 가능할 때 실현될 수 있다. 서로 감시하고 견제하는 것이 가능할 때 어느 누구도 불만을 제기할 수는 없다. 이렇게 볼 때 혼합정은 출발의 동등함과 경쟁의 공정함을 꾀한다. 그런데 빈부격차의 심화는 출발과 경쟁의 불공정함을 재생산한다. 혼합정의 이념과 근본적으로 대치되는 것이 바로 빈부격차의 문제인 것이다. 이런 의미에서 빈부격차의 문제를 제어하기 위해 마키아벨리는 국가는 부유하게 시민들은 가난하게 유지해야 함을 이야기하고 있다. 그리고 시민들의 가난함을 유지하기 위해 부가 유일한 기준이 되지 않는 상황을 만들려고 한다. 그것은 공적인 지위나 명예를 얻는 데 가문이나 사적인 관계가 아닌, 개인의 역량을 핵심 관건으로 만드는 것이다. 부를 중요시 여기지 않도록 만드는 것이다. 그것은 귀족과 인민이 서로 견제하고 균형을 이루는 가운데 공정한 법질서를 확립할 수 있는 혼합정 속에서 가능한 것이다.

Ⅳ. 빈부갈등과 우리

빈부격차 문제는 가장 심각한 정치문제이다. 빈익빈 부익부 현상은 부자에게는 오만을, 가난한 자에게는 굴종을 재생산시킨다. 그것은 자유를 고사시키는 것이다. 자유롭고 평등한 시민들 간의 관계가 무너지기 때문이다. 지배하려는 자와 기꺼이 복종하려는 자가 있다면 법질서는 무력화된다. 질서가 해체되는 것이다. 이는 국가의 근간을 무너트리는 것이다.

아리스토텔레스와 마키아벨리의 논의는 빈부격차의 정치학을 잘 보여주고 있다. 빈부격차는 결국 자유와 평등이 근간인 민주주의를 파괴하게 된다. 오만과 굴종의 문화는 재능과 자질 계발을 북돋는 자유의 공기를 질식 시킨다. 지배하려는 부자와 순종하려는 가난한 자 사이에는 동등하고 자유로운 시민들 간에 생기는 연대성의 정치는 나타날 수 없다. 연대성이 사라진 시민들은 모래와 같이 흩어지는 사이가 된다. 사상누각(沙上楼閣) 위에 국가가 세워지게 되는 것이다. 이러한 사상누각은 위기의 상황에 제 모습을 드러낸다. 위기의 시기에 가난한 자들 중 누가 부자를 돕겠다고 나서겠는가? 적군이 쳐들어왔을 때 누가 우리 모두의 조국이 아닌, 부자들만의 나라를 지키려 나서겠는가? 빈부격차로 인한 연대성의 상실과 대립의 격화는 '우리의 나라'가 아닌 '그들만의 나라'를 만듦으로써 무력(無力)한 국가를 만드는 것이다.

빈부격차가 심해져 부자와 가난한 자들 간의 대립과 파쟁이 심해질 때 나타나는 또 다른 위험 중의 하나는 독재정치 혹은 참주정치의 출현이다. 이것 역시 민주주의의 고사(枯死)를 가져온다. 미움과 시기가 만연해지고 좌절과 분노가 심해지면 그것은 이성과 합리가 통하는 판단을 불가능하게 한다. 상대방이 싫어 자신도 꺼려하는 일을 저질러 버리게 된다. 미운 사람에게 복수하기 위해 악마에게 자신의 영혼을 파는 일이 일어나게 된다. 그것이 바로 상대편을 제압하기 위해 자신의 이익을 대변한다고 생각되는 한 인물에게 모든 것을 위임하는 것이다. 이를 통해 독재이자 참주정이 출현하게 된다. 히틀러(Hitler)의 예에서 볼 수 있듯이, 1차 세계대전 이후 정치·경제 위기에 빠졌던 독일 국민은 투표라는 합법적 행위를 통해 자발적으로 그들을 구해 줄 영웅을 찾았다.

빈부격차의 심화가 심각한 정치문제라고 했을 때 이에 대한 대처방안은 아리스토텔레스와 마키아벨리에게서 조금씩 다르게 나타난다. 우선 아리스토텔레스는 중산층의 강화를 이야기 한다. 적당한 재산을 통해 자족하는 삶을 사는 중산층은 합리적이고 이성적인 판단이 가능한 계층이다. 아울러 부자들과 가난한 자들을 국가체제 내에 통합시키는 것이 중요하다. 이것이 아리스토텔레스가 강조했던 중간계층에 기반 한 혼합정론이다. 중산층이 존재함으로써 부자와 가난한 계층 사이에 일어날 수 있는 대립의 격화를 제어할 수 있는 것이다. 부자와 가난한 계층 사이에서 균형추의 역할을 함으로써 안정된 국가체계를 이룰 수 있다. 아울러 부자와 가난한 계층을 국가에 참여시키고 그들의 이해를 각기 대변하는 제도나 법규 등을 만들 때, 다시 말해 어느 한층은 배제시키고 다른 계층만의 이해관계를 대변하는 것이 아니라 그들 모두를 혼합시킬 때, 그들은 국가의 구성원이라는 연대감을 가질 수 있는 것이다. 이것을 통해 비로소 통합과 연대는 가능한 것이다.

마키아벨리는 빈부의 문제가 정치 영역에 들어오는 것을 제어하고자 한다. 빈부격차의 문제가 정치영역에 들어오면 그것은 정치의 사사화를 조장하여 공적인 국가질서를 부패시키고 몰락시키기 때문이다. 이를 극복하기 위해 마키아벨리는 역량이 중요시되는 정치질서와 문화를 만들고자 한다. 역량이 기준이 될 때, 부를 유일한 목적으로 추구하는 황금만능주의를 극복할 수 있고 귀족이나 인민, 공히 경제적인 부보다는 국가에 봉사할 수 있는 역량을 쌓고자 노력할 것이기 때문이다. 이를 위해 마키아벨리는 귀족과 인민의 갈등이 제도화되어 자유롭게 표출될 수 있으며, 그것을 통해 법질서의 지속적인 발전을 가져오는 혼합정체를 옹호한다. 서로 대립할 수밖에 없는 귀족과 인민을 국가질서에 통합시켜 견제와 균형을 내재화하려는 것이다. 이것을 통해 객관적이고 공적인 국가제도가 만들어질 수 있기 때문이다. 가문이나 부 같은 사적인 수단을 통한 권력의 재생산이나 공적인 명예의 추구가 견제와 균형을 통해 제어되기 때문이다. 이를 통해 빈부격차의 심화는 제어될 수 있으며, 국민들은 검소하지만 국가는 부강한 나라가 될 수 있는 것이다.

현재 대한민국은 활력과 고사의 기로(岐路)에 서 있다. 아쉽게도 고사의 과정이 곳곳에서 진행되고 있다. 한국의 대기업 지배 경제구조로 인해 아무리 수출이 많이 되어도 그 과실이 서민경제에까지 미치지 못하고 있다. 생산의 자동화와 자본의 국제화로 인해 일자리는 갈수록 줄어들어 실업률은 높아만 가고 있다. 가계대출은 이미 그 도를 넘어섰으며, 인구의 고령화는 실업률의 증가와 맞물려 실업자를 양산하고 있다. 아울러 고가의 사교육비는 공교육의 부실에 편승해 학부모들의 허리를 휘게 하고 있으며, 경제자본과 교육자본이 일치하는 현상을 낳게 하고 있다. 공부만 잘하면

개천에서 용이 날 수 있었던 시대는 가고 부자 부모를 두어야 좋은 대학을 갈 수 있는 시대가 되었다. 계층의 고착화를 낳고 있는 것이다. 이 모든 현상 속에 빈익빈 부익부 현상이 자리 잡고 있다. 가난하면 사교육을 받을 수도 없고, 그렇다면 좋은 대학에 가서 연봉이 많은 취직자리를 얻을 수도 없는 배제와 소외의 시대에 살고 있는 것이다. 대한민국의 빈부격차로 인한 시기와 질투 그리고 갈등은 증폭하고 있다. 방종과 오만으로 가득 찬 가진 자의 '갑질' 행위는 사회 도처에서 일어나고 있다. 또한 돈이라면 어떤 굴종적인 일이든지 할 준비가 되어 있는 젊은 층을 쉽게 찾을 수 있다. 자유롭고 평등한 시민간의 관계가 약해지면서 지배와 복종 그리고 불만과 분노가 그 자리를 차지하게 된다.

빈부격차로 인한 민주주의의 위기를 극복하는 첫 번째 길은 중산층을 육성하는 것이다. 아울러 오만과 굴종을 통해 사적 폭력 같은 사사화된 관계가 공적 관계를 침범하지 못하도록 법제도가 완비되어야 한다. 그런데 그러한 법제도는 합리적인 시민들이 있어야 가능하다. 합리적인 민주시민의 토대로서 중산층이 필요한 이유이다. 가진 자와 못가진 자의 예속관계와 그 관계의 폭력성은 그 어느 때보다 우리 사회에 잠재해 있다. 자신의 목소리를 낼 수 없는 약자들은 권력을 가진 자들 앞에서 속수무책이 된다. 그와 같은 나라는 더 이상 자유의 공화국이 아니다. 자유의 공화국을 만들기 위해서는 소외와 배제가 아니라, 연대와 통합의 정치가 필요하다. '배제의 정치'를 '통합의 정치'로 바꾸기 위해 혼합정의 문제의식을 적극적으로 수용할 필요가 있다. 가진 자들의 목소리를 담는 것도 중요하지만 지금 같이 균형추가 기울어져 있는 시기에는 가지지 못한 자의 목소리를 더 담아야 한다. 하나의 국가질서에 서로 혼합되어 자신들의 목소리와 이익을 대변해 줄 공적 제도가 정립되어 있을 때 서로 다른 계층 간의 통합은 가능한 것이다. 혼합을 통한 연대와 공감의 정치만이 분열과 배제를 극복하고 통합을 가능하게 할 수 있는 것이다.

참고문헌

기획재정부. "세계적 양극화 현상 및 시사점." 2011년 9월 2일 보도자료.

《동아일보》. "대한민국 중산층 20년간 줄고 늙고 고단해졌다…현대경제연구원분석." 2011년 8월 29일.

《문화일보》. "韓 소득불평등 OECD 중 '최고속' 악화, 10년 새 소득배율 3.83 → 4.78… 평균 보다 4배 빨라." 2010년 8월 2일.

《한겨레신문》. "불평등 코리아, 브레이크가 없다." 2012년 1월 10일.

Financial Times. "South Korea: An economy divided." 2011년 5월 30일.

Stiglitz, Joseph. "Obama's Ersatz Capitalism." *The New York Times*. March 31, 2009.

김봉철. 1996. "아테네의 역사". 김진경 외 지음.『서양 고대사 강의』. 서울: 한울아카데미, 13–48.

마키아벨리, 니꼴로. 강정인·안선재 역. 2003.『로마사 논고』. 서울: 한길사.

마키아벨리, 니꼴로. 강정인·김경희 역. 2008.『군주론』. 서울: 까치글방.

무페, 샹탈. 2007.『정치적인 것의 귀환』. 서울: 후마니타스.

서병훈. 2011. "아테네 민주주의에 대한 향수–비판적 성찰." 전경옥 외 지음.『서양 고대·중세 정치사상사: 아테네 민주주의에서 르네상스까지』. 서울: 책세상, 29–60.

스키너, 퀜틴. 강정인·김현아 공역. 2010.『마키아벨리의 네 얼굴』. 서울: 한겨레출판.

아리스토텔레스. 최자영 역. 2002.「아테네 정치제도사」.『고대 그리스정치사 사료. 아테네·스파르타·테바이 정치제도』. 서울: 도서출판 신서원, 49–114.

아리스토텔레스. 천병희 역. 2009.『정치학』. 서울: 도서출판 숲.

아리스토텔레스. 강상진·김재홍·이창우 옮김. 2011.『니코마코스 윤리학』. 서울: 도서출판 길.

양병우. 1976.『아테네 민주정치사』. 서울: 서울대 출판부.

퍼거슨, 왈라스 클리퍼트. 1989.『서양 근세사-중세에서 근대로의 이해』. 서울: 집문당.

포칵, J. G. A. 2011. 곽차섭 옮김.『마키아벨리언 모멘트』 전2권. 파주: 나남.

플루타르코스. 천병희 역. 2006.『그리스를 만든 영웅들』. 서울: 도서출판 숲.

Aalders, G.J.D. 1968. *Die Theorie der gemischten Verfassung im Altertum*. Amsterdam: Verlag Adolf M. Hekkert.

Breitling, Rupert. 1988. "corruzione und virtù – zur Dialektik Machiavellis. Ein Essay, Breitling, Rupert/ Gellner, Winand, eds. *Machiavellismus: Parteien und Wahlen, Medien und Politik. Politische Studien zum 65. Geburtstag für Professor Dr. Erwin Paul*. Gerlingen: Maisch + Queck. 127–148

Dobel, J. Patrick. 1978. "The Corruption of a State", *The American Political Science Review*, Vol. 72. No. 3. 958–973.

Forrest, W. G. 2001. 김봉철 역.『그리스 민주정의 탄생과 발전』. 서울: 도서출판 한울.

Jones, Philip. 1997. *The Italian City-State: From Commune to Signoria*, Oxford: Clarendon Press.

Johnson, Curtis. 1988. "Aristotle's Polity: Mixed or Middle Constitution?" *History of Political Thought*, vol. IX, No. 2. 189–204.

Nippel, Wilfried. 1980. *Mischverfassungstheorie und Verfassungsrealität in Antike und Früher Neuzeit*. Stuttgart: Klett–Cotta.

Pasquino, Pasquale. 2009. "Machiavelli and Aristotle: The anatomies of the city", *History of European Ideas*, 35:4. 397–407.

Spahn, Peter. 1977. *Mittelschicht und Polisbildung*. Frankfurt/a.M; Peter Lang.

Spahn, Peter. 1988. "Aristoteles", Iring Fetscher und Herfried Münkler (hrsg), *Pipers Handbuch der Politischen Ideen, Bd. 1, Frühe Hochkulturen und uropäische Antike*, München; Piper. 397–437.

Sternberger, Dolf. 1978. *Drei Wurzeln der Politik*, Vol. 1. Frankfurt am Main; Insel Verlag.

Viroli, Maurizio. 1998. *Machiavelli*. Oxford: Oxford University Press.

2장 공화정의 부패와 군주정의 탄생*

김경희(이화여자대학교)

Ⅰ. 메디치가와 피렌체

이탈리아 르네상스기를 대표하는 가문을 꼽으라면 아마도 많은 이들이 메디치 가문을 들 것이다. 메디치가는 피렌체 출신으로 금융업을 통해 세계적인 부를 축적하였다. 엄청난 부를 기반으로 예술과 학문에 투자하

* 이 글은 『한국정치연구』 27권 3호(2018년 10월)에 실린 글 "피렌체 메디치가 연구－공화정에 내재된 군주정의 계기"를 일부 수정하여 옮긴 것이다.

여 고대 문화 및 예술 그리고 철학의 부흥을 주도하였다. 이를 통해 메디치가는 이탈리아 르네상스를 활성화시킨 주역으로 이름을 드높이게 된다.[1]

최근 우리나라에서도 메디치가에 대한 관심이 꾸준히 증가하고 있다. 특히 뛰어난 경영술과 용인술로 막대한 부와 권력을 축적한 메디치가의 성공비결에 대한 관심이 주를 이루고 있다. 이는 급변하는 세계 정치·경제 상황에서 수많은 난관을 극복해야 하는 지도자나 CEO의 리더십이 주목받는 상황을 반영한 것이다. 중진국에서 선진국으로 발돋움해야 하는 대한민국의 상황은 뛰어난 경제인의 역할을 필요로 하고 있다. 아울러 몇 번의 경제위기를 통해 형성된 위기의식은 경제 리더십에 대한 관심을 한껏 높여 놓았다. 여기에 대한민국 특유의 재벌 중심의 경제구조는 소상공인이나 노동자보다는 대기업 및 그것을 경영하는 뛰어난 경영 능력에 대한 문제의식을 자연스런 것으로 받아들이고 있다. 이러한 상황들은 자연스럽게 메디치 가문에 대한 관심으로 이끌었다. 결국 우리나라에서 최근 불고 있는 메디치 가문에 대한 관심의 초점은 주로 그 경제적 역할이나 경제적 리더십에 맞추어지고 있다.[2]

---

1 현대에는 이러한 메디치 가문의 문화 예술 후원과 그것을 통한 르네상스의 부흥에 착안하여 '메디치 효과'(Medici Effect)라는 말이 만들어지기도 하였다. 메디치 가문이 한 것처럼 서로 다른 분야의 만남과 결합을 뛰어난 아이디어를 산출해 내고 그것을 통해 현대 경영에서 뛰어난 생산성을 이끌어 내는 것을 메디치효과라고 일컫는다. 프란스 요한슨, 『메디치 효과』(서울: 세종서적, 2015) 참조.

2 이렇게 경제와 경영의 관점에서 메디치가를 숭앙하는 분위기는 서구에서도 예외는 아니었다. 메디치의 금융 권력에 대한 수많은 저서들이 출간되었고, 우리나라에서도 일부 번역되었다. 팀 팍스, 『메디치 머니』(서울: 청림출판, 2005) 등 참조. 우리나라 학자의 글로는 김상근, 『사람의 마음을 얻는 법』(파주: 21세기북스, 2011) 참조.

하지만 메디치가는 금융업자였을 뿐만 아니라 정치인이기도 하였다. 메디치 가문은 축적된 부를 통해 피렌체의 유력한 가문이 되었고, 그 힘은 정치적으로 중요한 지위를 가지게 하였다. 그 결과 메디치 가문은 피렌체를 지배하게 되었고 결국은 피렌체 공화정이 무너지고 나서 토스카나 공국의 군주가문이 되었다.

사실 메디치 금융제국을 이룬 은행의 역사는 얼마 되지 않는다. 조반니 디 비치(Giovanni di Bicci)가 1397년 메디치 은행을 설립한다. 그리고 97년 후인 1494년, 그의 후손인 피에로(Piero de Medici)가 프랑스의 침입에 제대로 대처를 하지 못해 고국에서 쫓겨나며 메디치 은행은 문을 닫는다. 100년이 채 되지 않는 메디치 은행의 역사는 이미 '위대한' 로렌초 데 메디치(Lorenzo de Medici) 시기에 하락을 경험하고 있었다. 1478년 이미 밀라노와 아비뇽에 세워진 메디치 은행의 지점은 폐쇄되었다. 코지모 메디치(Cosimo de Medici)에 의해 정점에 도달한 메디치 은행은 그의 다음 세대부터 점차 쇠락의 길을 걸어간다. 조반니 디 비치나 코지모 메디치의 경우 금융업자로서 정치의 중요성도 잘 알고 있었다. 당시 세계에서 가장 큰 돈을 움직일 수 있었던 교황청과의 관계를 중요시 한다거나 각국의 정치지도자들과의 거래 관계를 중요시 여겼던 것은 메디치가가 돈의 흐름에 예민하여 성공한 금융업자임을 반증하고 있었다. 하지만 메디치가의 초기 세대는 항상 정치와 일정한 거리를 유지하였다. 그것은 피렌체 공화국의 혼란스런 정치상황에 연루되는 것을 막기 위한 것이었을 뿐만 아니라, 시민문화에 대한 통찰이 있었기에 가능했다. 공화국의 시민들은 자본을 축적한 유력 가문이 너무 강해지는 것을 좋아하지 않았다. 그것은 시민들의 공화국을 전복시킬 수 있기 때문이다. 하지만 메디치 가문의 후세대는 결국 정치에

적극적으로 개입하게 되고 피렌체 공화정의 몰락과 군주정의 수립에 핵심적 역할을 수행하게 된다.[3]

이 글은 메디치가의 경영 능력이나 그들이 이룩한 금융 제국이 아닌 정치 역정에 초점을 맞추고자 한다. 이를 위해 피렌체의 정치사상가인 마키아벨리의 논의를 중심으로 살펴볼 것이다. 마키아벨리는 피렌체가 공화정에서 군주정으로 이행하는 시기 공화정의 외교관이자 관리로 복무했다. 주지하다시피 그는 자신의 저서 『군주론』(Il Principe)과 『피렌체사』(Istorie Fiorentine)를 메디치 가문에 헌정하기도 하였다. 하지만 그는 공화주의자로서 메디치 가문에 대한 객관적인 평가를 내렸다.[4] 메디치 가문에 대한 언급은 그의 여러 저서에 나타나 있지만 주로 『피렌체사』에 많이 등장한다.[5]

---

3 G. F. 영, 이길상 역, 『메디치』(고양: 현대지성사, 1997), 크리스토퍼 히버트, 한은경 옮김, 『메디치가 이야기』(서울: 생각의 나무, 2001), Volker Reinhardt, *Die Medici. Florenz im Zeitalter der Renaissance*(München: Verlag C. H. Beck, 1998) 등 참조.

4 마키아벨리와 메디치가의 관계에 대한 연구로는 Alison Brown, *The Medici in Florence. The Exercise and Language of Power*(Firenze: Leo S. Olschki Editore, 1992), Humfrey Butters, "Machiavelli and the Medici." In John Najemy, ed. *The Cambridge Companion to Machiavelli*(Cambridge: Cambridge University Press, 2010), J. R. Hale, "Florence and the Medici." *The Pattern of Control*(N/Y: Thames and Hudson, 1977), Mark Jurdjevic, *A Great and Wretched City. Promise and Failure in Machiavelli's Florentine Political Thought*(Cambridge: Harvard University Press, 2014), John Najemy, "Machiavelli and the Medici: The Lessons of Florence History." *Renaissance Quarterly* 35(1982) 등을 참조.

5 『피렌체사』에 대한 연구문헌으로는 국내의 곽차섭, "자유와 예종 사이에서," 『서양사론』 111호(2011), 신철희, "마키아벨리 「피렌체사(Istorie Fiorentine)」 읽기: 파벌과 인민형성," 『정치사상연구』 제18집 2호(2012), 신철희, "마키아벨리의 역사사상–『피렌체사』와 메디치 가문," 『한국정치학회보』 제49집 제1호(2015) 참조. 외국문헌으로는 각주 4에서 언급된 글 외에도 Gisela Bock, "Civil Discord in Machia-

『피렌체사』와 메디치가에 대한 기존의 연구문헌들 중 나제미의 연구는 주목할 만하다. 그의 핵심 주장은 메디치 가문에 대한 마키아벨리의 평가가 변화했다는 것이다. 『피렌체사』를 저술하기 이전에는 『군주론』에서 나타나듯 군주를 개혁가 혹은 입법가로 그리면서 메디치 가문에 그러한 정치적 역할을 부여했다는 것이다. 하지만 『피렌체사』에서는 파당의 우두머리로 변화했다고 서술한다. 결국 정치체제의 바깥에 위치하면서 뛰어난 역량을 통해 변혁을 주도하는 개혁가에서 정치체제 내에서 파벌다툼을 벌이는 당파의 우두머리로, 군주에 대한 관점이 변한다는 것이다.[6] 메디치가를 군주로 상정하고, 군주관과 메디치가에 대한 평가가 변화한다고 보는 나제미와 달리 본고는 공화국의 정치과정 속에 내재하는 군주제로의 변화 가능성과 그 조건들에 초점을 맞추고자 한다. 마키아벨리는 메디치 가문이 처음부터 파벌의 우두머리로 나서지는 않았다고 보았다. 하지만 피렌체 공화국의 발전과정 속에 위기의 발생, 그것의 극복 그리고 인기의 획득 및 인민에 대한 지지와 그들의 전폭적 지지 획득 등을 거치면서 공화정 내에 군주정의 기틀이 마련되었다. 메디치 가문은 처음부터 군주가문이 아니었으며, 군주가 되고자 하지도 않았다. 하지만 공화정의 발전과정

velli's Istorie Fiorentine", In Gisela Bock, Quentin Skinner and Maurizio Viroli, ed. *Machiavelli and Republicanism*(Cambridge: Cambridge University Press, 1990), Felix Gilbert, *Machiavelli and Guicciardini. Politics and History in Sixteenth Century Florence*(NY: W. W. Norton & Company, 1984) 등 참조.

6 Najemy, "Machiavelli and the Medici: The Lessons of Florence History."(1982), 574. 이와 비슷하게 신철희도 그의 논문에서 『피렌체사』에 나타난 코지모와 로렌초의 당파 수장으로서의 역할을 강조하고 있다. 신철희, "마키아벨리의 역사사상–『피렌체사』와 메디치 가문"(2015).

속에서 내재된 군주정 발현의 계기들과 결합되어 군주가 되었다. 마키아벨리는 공화정내에 군주정으로 전환될 계기들이 항상 존재한다고 말한다. 그는 메디치 가문의 역사를 통해 공화정의 내적 아이러니를 설파한다. 다시 말해 군주정은 외부에서 공화정을 파괴하고 강제로 부여되는 것이 아니라, 공화정 내의 여러 계기들 속에 숨어 있음을 논구한다.

본문에서 언급되는 군주정은 공화정에 대비되는 일인 지배 형태를 의미한다. 마키아벨리는 일인 지배 형태로 군주정외에도 참주정 혹은 폭군정(tyranny)을 언급한다. 그리스 이래로 일인(一人) 지배 형태는 군주정과 폭군정으로 대별되어왔다. 특히 후자는 사익추구와 더불어 폭력과 억압의 행사를 특징으로 한다. 마키아벨리도 이러한 전통을 이어받아 폭군정을 군주정의 타락형태로, 윤리적 의미를 강조하는 경우 사용한다.[7] 하지만 이 글에서는 공화정에서 일인 지배체제의 배태 가능성에 초점을 맞추기에 군주정과 폭군정의 엄밀한 구분은 논외로 할 것이다.[8]

아래에서는 메디치 가문에 대한 마키아벨리의 논의를 코지모 데 메디

7 마키아벨리는 공화주의를 설파하는 그의 『로마사 논고』(Discorsi sopra la prima deca di Tito Livio, 이하 『논고』) 1권 2장에서 폴리비오스의 정체순환론에 기대어 군주정이 타락하여 폭군정으로 변한다고 말하고 있다(Niccolo Machiavelli, 강정인·안선재 역, 『로마사 논고』(파주: 한길사, 2003), 78).

8 폭군정의 일인 지배체제 형식뿐만 아니라 타락한 형태로서 그 윤리적 함의에 대해 언급하고 있는 글은 Giovanni Giorgini, "The Place of the Tyrant in Machiavelli's Political Thought and the Literary Genre of the Prince", *History of Political Thought*, Vol. 29. No. 2(2008) 참조. 마키아벨리의 폭군정 개념에 대한 연구로는 앞의 글 외에도 John P. McCormick, "Of Tribunes and Tyrannts: Machiavelli's Legal and Extra-Legal Modes for Controlling Elites," *Ratio Juris*. Vol. 28 No. 2(2015) 참조.

치 이전과 이후로 나누어 설명할 것이다.[9] 코지모 이전의 메디치 가문은 경제적 부의 축적과정에 집중하였다. 그 속에서 메디치가는 정치권력과 거리를 두는 나름의 지혜를 발휘하였다. 하지만 코지모 이후부터는 당파 싸움에 깊이 관여되고, 정치권력을 통해 정치·경제 권력을 장악하는 방향으로 나아간다. 마키아벨리가 보여주는 메디치 가문의 정치역정을 통해 공화국에 잠재해 있는 위험을 파악하고 더 나은 공화정을 만드는데 좋은 가르침을 얻을 수 있을 것이다.

Ⅱ. 메디치 가문-시민에서 군주로

1. 시민 메디치 가문

메디치가를 일으켜 세운 조반니 디 비치는 로마에 있는 사촌의 은행에서 경력을 쌓았다. 은행 업무를 충분히 익힌 후 그는 1397년에 피렌체에서 그의 은행을 연다. 이후 메디치 은행은 급격한 성장을 이룩한다. 1400

9 이 글에서 다룰 메디치 가문의 역사는 살베스트로 데 메디치(Salvestro de Medici, 1331-1388)에서 로렌초 데 메디치(1449-1492)까지이다. 메디치 가문이 명실공히 피렌체 공화국을 폐지하고 군주국을 만드는 것은 1532년 알레산드로 데 메디치(Alessandro de' Medici) 때였다. 하지만 마키아벨리도 서술하고 있듯이 메디치 가문이 피렌체의 실질적 지배 가문이 된 것은 코지모 데 메디치를 거쳐 로렌초 데 메디치에 이르러서였다. 마키아벨리의 『피렌체사』의 마지막 장은 1492년 로렌초 데 메디치의 사망으로 끝맺는다.

년 나폴리 지점을 설립하고, 1402년에 베네치아 지점을 세운다. 이후 이탈리아의 밀라노, 피사 지점은 물론, 유럽의 중요 도시인 바젤, 브뤼헤, 아비뇽, 런던에 이르기까지 그 지점을 확충한다.

메디치 은행의 경영방식은 위기관리의 합리화에 있었다. 메디치 은행 이전에 바르디(Bardi) 은행이나 페루찌(Peruzzi) 은행 같은 거대 은행이 각국의 지점에서 너무 많은 동업자들을 끌어들임으로써 통제 불가능한 상황에 도달하고 그로 인해 위기에 처하는 것을 지켜봐왔다. 그래서 메디치가는 일종의 지주회사로 기능하면서 각 지점에 대한 통제를 해 나갔다.[10]

하지만 메디치 은행이 흥기할 수 있었던 가장 중요한 요소는 교황청의 출납은행이 된 것이다. 교황청은 당시 가장 큰 자금을 움직일 수 있는 조직이었다. 사학자들이 말하는 것처럼 중세의 가톨릭 행정구조는 가장 중앙집권적인 체제였다.[11] 유럽 전역의 교회들이 교황청으로 교무금과 각종 헌금을 보내야 했고, 그 돈의 흐름을 관리해야 하는 것이 바로 교황청의 주거래 은행이었다.

조반니 디 비치와 그의 아들 코지모 데 메디치 시기에 메디치 가문은 유럽의 대부호이자 피렌체의 주요 가문으로 성장하게 된다. 이 시기 피렌체는 일부 귀족들에 의해 정치가 좌지우지되고 있는 과두정 체제였다. 이것은 1378년에 들어선 치옴피 정권을 몰아내고 귀족들의 지배를 강화한

10 팍스, 『메디치 머니』(2005), 88－89.

11 중세 가톨릭의 중앙집권적 구조가 근대국가 시스템의 시원적 요소가 되었다는 논의에 대해서는 조지프 R. 스트레이어, 중앙대학교 서양 중세사 연구회 옮김. 『국가의 탄생』(서울: 학고방, 2012) 참조.

것이었다. 치옴피 정권은 '치옴피난'(Il Tumulto dei Ciompi)의 귀결이었다.[12] 그들은 모직공들 중 양털의 빗질을 담당하는 소모공(梳毛工)이었다. 피렌체는 당시 길드체제를 통해 정치·경제·사회가 움직이고 있었다. 그런데 대상공인들이 중심이 되어 권력을 장악하고, 하층노동자들의 이해관계를 대변해 줄 길드의 구성을 금지하고 있었다. 이에 불만을 품은 치옴피들이 난을 일으켜 정권을 장악해 버렸다. 하지만 지도부의 미숙과 하층민들의 과도한 요구 그리고 중간층의 이탈로 귀족들은 다시 정권을 장악하게 된다. 이러한 과정 속에서 피렌체는 귀족가문들의 연합에 의해 지배된다.

피렌체 길드체제는 도시 상공인들의 권력이 강화되었기에 나타날 수 있었다.[13] 이들은 권력을 얻어가자 전통 귀족세력들을 제어하였고, 도시의 지배자가 되었다. 시민들의 공화정이 만들어진 것이다. 이에 전통 귀족들도 성을 바꾸어 시민층에 편입되는 현상이 일어났다. 그런데 도시 상공인 시민층 내의 분화가 일어났다. 자본을 축적한 대상공인 계층과 그들을 대변하는 길드가 그 밑의 중간층과 연합해 도시를 지배하게 되었다. 이런 상황 속에서 상공업이 발달하면서 늘어난 하층노동자들은 시민의 권리를 부여받지 못하자 자연스럽게 불만이 누적되어 갔다. 그 결과 치옴피 난이

---

12 치옴피 난에 대해서는 마키아벨리의 『피렌체사』 3권 8장–19장에 잘 설명되어 있다. 그 외 현대 연구문헌으로는 Gene A. Brucker, "The Ciompi–Revolution", in N. Rubinstein, ed. *Florentine Studies. Politics and Society in Renaissance Florence*(London: Faber, 1968), Ernst Piper, *Der Aufstand der Ciompi*(Berlin: Verlag Klaus Wagenbach, 1990) 등 참조.

13 피렌체 길드체제에 대해서는 John Najemy, "Guild Republicanism in Trecento Florence: The Successes and Ultimate Failure of Corporate Politics", *The American Historical Review*, Vol. 84, No. 1(1979) 참조.

일어났다. 이렇게 피렌체는 상공업의 발달 속에서 시민들이 서로의 이해관계를 추구하는 역동적이자 혼란스런 공화국을 이룩했던 것이다. 그런데 이 역동성은 긍정적인 것보다는 부정적인 면에서 각인되었다. 이해관계의 대립은 조율이 되지 못했고, 그것은 잦은 정변과 추방으로 나타났기 때문이다. 정치투쟁에서 승리한 분파는 추방한 가문들의 재산을 몰수했다. 이러한 피렌체의 정치상황을 마키아벨리는 그의 『피렌체사』(Istorie Fiorentine)에서 다음과 같이 묘사하고 있다.

> 로마에서는 인민들과 귀족사이의 대립이 말을 통해, 토론을 통해 다루어진 반면, 피렌체에서는 무기를 통해 다루어졌다. 로마에서의 반목은 법을 통해 종결되었고, 피렌체에서는 수많은 시민들의 추방과 죽음을 통해 종결되었다. (…) 한편 피렌체 민중의 요구는 상처를 주었고, 부적절하였다: 따라서 귀족은 모든 힘을 다해 자신들을 보호할 것을 생각하게 되었고, 따라서 많은 시민들이 피를 보았어야 했으며, 고향을 떠나야만 하였다. 그리고 여러 번 제정된 법들은 공공선을 고려하지 않고 오로지 승자에게만 유리하였다.[14]

메디치 금융제국을 건설한 초창기 세대인 조반니 디 비치와 코지모 데 메디치는 이러한 피렌체의 정치를 잘 이해하고 있었다. 부자 가문과 하층계층 간의 반목, 엘리트 가문들끼리의 경쟁과 질시 등으로 인해 피렌체 정

14 Niccolo Machiavelli, *Florentine Histories*. trans. Laura F. Banfield and Harvey C. Mansfield, Jr. (Princeton: Princeton University Press, 1988), 105–106.

치는 항상 폭발의 가능성이 내재해 있는 지뢰밭 같은 곳이었다. 여기에 메디치 가문의 부가 증가하고, 피렌체에서 차지하는 위상이 커질수록 피렌체 정치에 휩쓸릴 가능성이 커지고 있었다. 조반니와 코지모의 겸양은 바로 이러한 상황에 대한 대처였다. 정치적 분란에 관여되는 것은 항상 위험스러운 것이었다. 모아둔 재산을 한꺼번에 잃을 수 있었기 때문이다. 하지만 축적한 재산을 잘 지키기 위해서는 정치적 힘이 중요했다. 따라서 정치 투쟁에 관여하지는 않지만 정치적 힘은 유지하는 것이 관건이었다. 그것을 조반니 디 비치와 코지모 데 메디치는 자신의 부나 힘을 드러내지 않는 겸손에서 찾았다.

메디치가 인민파로 두각을 드러낸 것은 살베스트로 데 메디치 이후였다. 그는 1378년 정의의 기수가 되었고, 소수 귀족에 의해 인민들이 억압받는 것을 막으려 하였다. 그는 인민의 편에 선 일부 엘리트들의 도움을 받아 구귀족을 제어했던 '정의의 법령'(Ordinamenti di giustizia)을 부활시키려 하였고, 귀족 겔프당(Guelf)의 권력을 줄이려 노력하였다. 마키아벨리는 살베스트로를 파당 이익에 빠진 귀족들과 그들의 오만을 제어하고, 국가와 공공선을 수호하고자 했던 인물로 그리고 있다.[15] 이러한 일련의 행동은 앞서 언급한 치옴피의 난을 추동시킨다. 귀족들과 중·대 길드들의 배제 속에서 정치·경제적 차별을 당해오던 하층민들이 반란을 일으킨 것이다. 이들은 정권을 장악하고 미켈레 디 란도(Michele di Lando)라는 소모공이 정권의 수장에 오른다. 이 하층민 정권은 자신들에게 금지되어 있던 길드를 조직하고 그들을 대변하는 사람들을 정부에 파견할 수 있게 된다.

15 Niccolo Machiavelli, *Florentine Histories(1988)*, 116.

이 치옴피 정부는 그들에게 호의적인 인사들을 기사(騎士)로 추대했는데, 그 중의 한 명이 바로 살베스트로 데 메디치였다. 또한 살베스트로는 피렌체의 베키오 다리에 위치한 상점들에서 나오는 수익을 부여받았다.[16] 이렇듯 그는 인민 특히 억압받는 하층민들의 지지를 받았다.

살베스트로 이후 메디치 가문의 수장은 비에리 디 메디치(Vieri de Medici)였다. 치옴피 정권은 이미 귀족들의 반격을 받고 무너진 상태였다. 하지만 귀족과 인민들의 긴장은 여전하였다. 1390년대 초 귀족파였던 마소 델리 알비찌(Maso degli Albizzi)가 정권을 장악하자 반대파인 알베르티(Alberti) 가문의 많은 사람들이 추방당하고, 길드들과 하층 인민들은 억압을 받았다.[17] 이에 그들은 무기를 들고 봉기를 시도하였고, 일부는 비에리 데 메디치를 찾아가 권력을 잡고, 억압으로부터 자신들을 해방시켜 줄 것을 호소하였다. 하지만 비에리는 그 제안을 거부하였고, 군중들에게 무기를 내려놓을 것을 설득하였다. 행운을 겸손하게 사용하여 완전한 승리를 위해 도시를 장악하고 파괴하기 보다는 승리를 반만 누리면서 안전을 얻는 것에 만족하라는 것이다. 이것은 비에리 데 메디치가 힘이 부족했기 때문이 아니었다. 그것은 그가 현명했고, 개인의 사적인 권력욕 보다는 도시를 더 생각했기 때문이었다. 때문에 마키아벨리도 비에리가 야망보다 선함을 더 가지고 있었다고 적고 있다.[18]

---

16 Niccolo Machiavelli, *Florentine Histories(1988)*, 125–128.

17 나제미는 1382년 이후 권력을 잡은 귀족파의 중요한 목표들 중의 하나는 길드의 위상을 실추시키고, 정부 속 권한을 제거하는 것이라고 적고 있다(John Najemy, *A History of Florence. 1200–1575*(Malden: Blackwell Publishing, 2006), 175).

18 Niccolo Machiavelli, *Florentine Histories(1988)*, 139–140.

조반니 디 비치는 이러한 비에리의 성향을 잇게 된다. 조반니의 사려 깊음은 바로 인민파에 속해 있으면서도 적극적으로 정치에 개입하지 않았다는 데 있었다. 귀족들의 지배가 이어지자 정권을 잡은 귀족들은 오만해졌다. 여기에 일부 귀족가문만이 명성과 권력을 장악하자 다른 귀족가문들의 시기와 질투를 받게 되었다. 귀족의 이익을 더 강하게 주장하는 이들과 인민의 편에 선 귀족들 그리고 중간에서 조율을 하고자 하는 귀족들 등으로 분화가 이루어졌다. 귀족 강경파를 알비찌(Albizzi) 가문이 이끌고 있다면, 인민파는 알베르티 가문에 이어 메디치 가문이 그리고 중도파는 니꼴로 다 우차노(Niccolo da Uzzano)라는 귀족이 있었다.

피렌체는 지속적인 전쟁으로 재정 압박을 받고 있었다. 결국 세금을 부과하였지만 그것은 상층 시민들보다는 중하층 시민들에게 더 큰 부담을 지웠다. 중하층 시민들은 귀족계층이 더 많은 세금을 내도록 압박하였다. 귀족계층은 이를 못마땅하게 여겼고, 결국 귀족층을 대표하는 알비찌 가문 등은 정권을 장악하여 더 강력한 정책을 쓰기로 마음먹었다. 그런데 조반니 디 비치는 이들의 모임에 초청되지 않는다. 중도파였던 니꼴로 다 우차노는 강경파에게 조반니의 동의 없이는 일이 성사될 수 없다고 설득한다. 조반니의 뒤에는 인민들이 있기 때문이었다. 결국 강경파는 조반니를 설득하려 하지만 조반니는 반대의사를 분명히 한다. 조반니의 논리는 두 가지였다. 첫째는 기존 질서의 변혁은 좋지 않다는 것이다. 변혁은 명예와 이득을 새로운 파벌에 주게 마련인데, 그렇게 되면 기존의 사람들이 해를 입고 불만을 가지게 된다는 것이다. 이것은 결국 큰 해악을 가져온다는 것이다. 해악을 가져오는 이유는 사람들은 이익에 감사하기 보다는 입은 피해에 보복하려고 하기 때문이다. 결국 이익을 보는 사람보다는 해악을 받은 사람이 더 큰 분노에 휩싸이기 때문에 기존의 익숙한 제도를 바꾸는 것은 좋지 않다는 것이다. 이렇게 자신이 강경파에 협조할 수 없음을 밝히면서 조반니는 자신은 도시가 분파로 분열되는 것보다는 통합되기만을 바란다고 밝힌다.[19]

조반니는 앞서 비에리 데 메디치처럼 극단적 입장을 선택하는 것에 반대하였다. 그는 통합을 원하였고, 그 선택을 지지하였다. 하지만 그렇다고 그가 무당파에 속했던 것은 아니다. 그는 인민의 편에 서 있었고 그들을 지지하였다. 이러한 입장은 재산세에 대한 그의 대처에서도 잘 드러난다. 잦은 전쟁으로 재정지출에 큰 부담을 가지고 있었던 피렌체는 조세개혁을 단행하게 된다. 이전까지는 정부에서 공채를 발행하고 그 이자를 갚는 식으로 국가재정을 충당하였다. 이것은 돈 많은 귀족들에게 과도한 이자를 지불한다는 불만과 불공평하다는 인식을 심어주었다. 따라서 정부는 새로운 조세제도를 만들고자 하였다. 그것이 바로 1427년에 재정된 catasto라는 일종의 재산세제도이다. 이것은 주민들의 재산을 조사하여 목록장부를 만들고 그에 따라 세금을 부과하는 제도였다. 이는 이전의 공채제도보다 더 공평한 제도로 평가받았다. 그리고 평민보다는 귀족계층에 더 많은 부담을 지우는 것이었다. 여기에 평민들은 만족하지 않고 더 많은 것을 얻고자 그 법을 소급적용하고자 하였다. 따라서 귀족층의 반발이 심하였다. 이 때 조반니 데 메디치는 인민의 과도함, 즉 소급적용의 시도를 제어하려 하였다. 마키아벨리에 따르면 그는 과거의 세금이 부당하였다하더라도 그것을 고칠 수 있는 것을 발견하였다면 하느님께 감사해야 하고, 그

19 Niccolo Machiavelli, *Florentine Histories(1988)*, 147–156.

것이 도시를 분열시키는 것이 아니라 통합시키는 데 기여할 수 있도록 기원해야 한다고 주장한다. 절반의 승리에 만족하는 사람은 그것으로부터 항상 더 많은 것을 해낼 수 있지만, 승리보다 더 많은 것을 원하는 이들은 종종 패배하기 때문이라는 것이다.[20] 이렇듯 조반니는 인민의 편에 서면서도 귀족들을 억압하는 것이 아니라, 강경파의 입장을 비판하면서 통합파의 입장을 취하고자 하였다.

2. 시민에서 군주로

조반니의 뒤를 이어 메디치 가문의 수장이 된 코지모 데 메디치는 메디치 가문의 역사에서 전환기를 이끌게 된다. 그는 비록 많은 권력과 인민의 지지를 소유하고 있었지만, 현명하게 행동했다. 다시 말해 인민파의 수장으로서 귀족파와 대결하려 하지 않았고, 당파투쟁을 통해 권력을 독점하려 하지 않았다. 그것은 니콜로 다 우짜노의 언급에서 잘 드러난다. 당시 귀족파를 이끌고 있었던 이는 리날도 델리 알비찌(Rinaldo degli Albizzi)였으며, 인민파는 코지모가 대표하고 있었다. 니콜로 바르다도리(Niccolo Barbadori)라는 사람이 리날도와 연합하여 코지모를 몰아내기 위한 음모를 꾸미고 니꼴로 다 우짜노에게 도움을 요청하려 하였다. 그러나 귀족 출신으로 중도적 입장을 견지하고 있던 니콜로 다 우짜노는 그러한 시도에 반대하였는데 그 핵심 내용은 다음과 같다.

20 Niccolo Machiavelli, *Florentine Histories(1988)*, 159–160.

니콜로 다 우짜노는 코지모의 행위가 군주가 되려고 하는 것이라는 비난을 귀족파가 하지만 정작 그것은 자신들 즉 귀족파가 받고 있는 의심들이라고 언급한다. 코지모의 행위라는 것이 "그의 돈을 가지고 모든 이들, 즉 사적 개인들뿐만 아니라, 공공대중들도, 그리고 피렌체인들 뿐만 아니라, 용병대장들을 도우는 것; 행정장관들을 필요로 하는 시민들을 도와주는 것; 일반 인민들에 대해 그가 지닌 선의를 가지고 그의 친구들을 좀 더 고위직에 추천하는 것"이라는 것이다. 이것은 코지모가 자비롭고, 도움을 주며, 관대하고, 모든 이들의 사랑을 받는 자라는 것을 말할 뿐이다. 그러면서 니콜로는 어느 법이 자비와 관대 그리고 사랑을 금지하거나 비난하는가라고 묻고 있다. 물론 이러한 행태들이 사람들을 군주제로 이끄는 것일지라도 사람들은 그렇게 생각하지 않는다고 말한다. 왜냐하면 당파적인 도시에서 항상 파당들과 살아왔던 피렌체는 타락했기에 코지모의 행위는 군주가 되고자 하는 위험한 행동이라는 비난과 고발이 먹힐리 없을 것이라는 것이다. 또한 코지모가 없어지더라도 리날도 델리 알비찌가 그 자리를 차지할 것이라고 말한다. 니콜로 다 우짜노는 "어느 시민도 권력이나 권위에서 타 시민을 압도하는 것을 바라지 않는 한 사람"으로서 절제 있게 살 것을 그리고 자유를 위해서는 반대 당파뿐이 아니라 자기 당파에 대해서도 의심해 봐야 함을 설파하고 있다.[21]

코지모는 한 당파의 수장이 되어 권력을 독점하고자 하지도, 상대 당파를 제압하려 하지도 않았다. 그런데 이러한 메디치 가문의 행태는 코지모의 추방과 복귀를 통해 변화를 겪게 된다. 귀족파였던 알비찌 가문은 메

21 Niccolo Machiavelli, *Florentine Histories(1988)*, 175–176.

디치 가문을 필두로 하는 인민파와 대립관계를 유지하고 있었다. 당파싸움이 지속되자, 피렌체에서는 공직자가 임명되고 정부가 구성될 때 어느 파가 어떤 자리를 차지하는 지에 더 관심을 두게 되었다고 마키아벨리는 적고 있다. 니꼴로 다 우차노 같은 지혜로운 귀족의 개입이 당파싸움의 격화를 막고 있었지만, 그가 사망하고 대립이 격화되자 리날도 델리 알비찌는 코지모를 제거하고자 하였다. 결국 알비찌 파의 베르나르도 구아다니(Bernardo Guadagni)가 정부 수반으로 뽑히자 그는 코지모를 구금했다. 코지모를 처형하고자 했던 리날도의 의지와는 달리 코지모는 1433년 추방된다. 그리고 1년이 채 안되어 코지모 파의 사람들이 정부의 요직을 맡게 된다. 이에 리날도 델리 알비찌는 위기를 느끼고 무력으로 다시 정권을 잡으려는 시도를 하게 된다. 하지만 귀족파 내의 분열 등으로 알비찌의 시도는 실패로 끝나고, 결국 코지모는 추방된 지 일 년 만에 다시 귀향하게 된다.[22]

메디치파는 권력을 잡고 반대파인 알비찌 가문과 귀족파의 일원들을 추방한다. 코지모를 귀환시킨 사람들과 그 전에 해를 입었던 많은 시민들은 주저 없이 어떻게 국가를 그들의 지배하에 둘 것인지를 사고했다. 그들은 추방의 방법을 썼다. 이미 추방된 자들의 형벌기간을 늘렸고, 그들의 수를 확대했다. 또한 많은 시민들이 부자라서, 누구의 친지라서 그리고 사적인 악감정으로 인해 해를 입게 되었다. 이렇게 반대파와 그 주변인들에 대한 광범위한 보복이 행해지고, 자기 당파의 강화를 위해 새로운 인물을 충원하기 시작했다. 알베르티 가문을 다시 불러들였다. 여기에 새로운 법

22 Niccolo Machiavelli, *Florentine Histories(1988)*, 176–182.

과 제도를 도입했다. 그것은 공무원 추첨 명부와 선거명부를 새로 만들고, 그 속에 반대파는 제거하고 자신의 친구들을 새로 집어넣은 것이다. 마키아벨리는 "그들은 짧은 시간에 모든 반대파를 몰아내거나 가난하게 만들었고, 이것을 통해 국가를 장악하게 되었다."고 적었다.[23]

여기에 국제적 분쟁은 국내 정치에서 당파 간의 대립을 격화시켰다. 예컨대 피렌체가 베네치아 및 제노바와 협력하여 밀라노와 나폴리에 대항했는데, 알비찌 가문을 포함한 추방된 피렌체 가문들이 밀라노를 도와 적대관계를 강화시켰다. 이는 피렌체의 패배 시 승리자로 귀향할 수 있을 것이라는 기대감에 근거한 것이었다. 하지만 이러한 행위는 피렌체 국내 정치에서 반대파를 더 탄압하게 만드는 결과를 가져왔다.

이렇게 메디치가와 그 당파들은 반대파를 제거하고 피렌체의 권력을 장악하였다. 하지만 반대파의 제어와 권력독점의 경향은 내부의 분열과 오만 그리고 권력투쟁으로 전화되었다. 코지모 시기에는 루카 피티(Lucca Pitti)가 대표적이었다. 코지모가 늙고 약해지자 그는 피렌체의 지배자처럼 군림하기 시작했다. 공화국에 기여한 공로로 기사작위를 수여받았으며, 공무보다는 자신을 더 드러내려고 하였다. 그는 엄청난 부에 기반하여 화려하고 웅장한 사적 궁전을 짓기 시작했다.[24]

반대파가 사라지자 내부에서 나타난 분열의 모습은 코지모의 사후에도 지속되었다. 그를 이어 아들 피에로(Piero)가 메디치 가문의 수장이 되었다. 이제 코지모 시기에 같이 정치를 담당했고, 이어 피에로에게 조언을

23 Niccolo Machiavelli, *Florentine Histories(1988)*, 189−190.

24 Niccolo Machiavelli, *Florentine Histories(1988)*, 279−280.

담당했던 귀족 가문들의 야심이 드러나게 되었다. 디에티살비 네로니(Dietisalvi Neroni)는 코지모와 같이 통치를 했던 사람으로서 코지모 사후 피에로 데 메디치에 대한 조언까지 맡았다. 그런데 디에티살비는 자신의 야망으로 인해 메디치 가문의 명성에 해를 끼치고 피에로로부터 권력을 뺏으려는 생각을 하게 되었다. 그 결과 디에티살비는 피에로에게 그의 아버지 코지모가 시민들에게 빌려준 돈을 회수하라는 조언을 하고, 이를 따른 피에로는 시민들의 미움을 받게 된다.[25] 이에 디에티살비는 다른 귀족들 예컨대 루카 피티, 니콜로 소데리니 등과 함께 피에로의 권력을 뺏을 것을 모의한다. 하지만 마키아벨리는 이들은 서로 다른 마음을 품고 있었다고 말한다. 예컨대 루카 피티는 자신의 힘이 거대했기에 피에로에 권력이 계승된 것에 분노했고, 코지모의 자리를 본인이 계승하기를 원했다. 디에티살비의 경우 루카 피티는 정부의 수반이 되기에 적합하지 않다고 생각했기에 피에로가 제거되면 권력은 자연히 본인에게 올 것이라고 생각했다. 이러한 각기 다른 속셈은 반 메디치 전선이 형성되고, 단결된 실력 행사를 수행하는 것을 어렵게 하였다. 결국 허송세월을 하던 중 한 사람의 배신으로 피에로에게 음모 기도를 알렸다. 더 과감했던 것은 메디치 파였다. 그들은 무기를 들고 내부의 단결에 힘입어 반대파를 물리쳤다.

권력을 장악한 메디치 파는 정부를 자파 사람들로 구성한다. 이는 반대파의 수장들을 놀라게 했고, 어떤 이들은 피렌체를 떠나 다른 나라로 도망갔고, 다른 사람들은 죽임을 당했다. 디에티살비 네로니와 니콜로 소데리니는 베네치아로, 아뇰로 아치아이우올리(Agnolo Acciaiuoli)는 나폴리로

25 Niccolo Machiavelli, *Florentine Histories(1988)*, 287–288.

갔다. 이들은 거기서 반메디치 전선을 형성하고 피렌체를 공격하고자 하였다. 하지만 그러한 시도들은 무위로 돌아갔고, 피렌체는 메디치 파의 수중에 들어갔다. 그들은 권력을 더 집중시켰고, 반대파에 폭력을 사용하였다. 마키아벨리는 이들의 행동을 다음과 같이 적고 있다.

> 그들은 권력을 주저함 없이 사용하였고 하느님과 행운의 여신이 그 도시를 먹이로 준 것처럼 행동하였다.[26]

이때 몸이 쇠약했던 피에로 데 메디치는 이러한 행동들을 제어할 수 없었다. 단지 그들에게 시민적인 생활양식을 벗어나지 말 것을 그리고 조국을 파괴하지 말고 안전하게 지킬 것을 권고할 수 있을 뿐이었다.

피에로가 죽은 후 젊은 로렌초 데 메디치가 메디치가의 수장에 오른다. 로렌초는 메디치 파의 정권장악으로 인해 상대적으로 평화로운 시기를 살게 된다. 그사이 피렌체 사회에는 군주제적 문화가 퍼지게 된다. 마키아벨리는 평화와 안정기에 나타나는 사치와 과소비 그리고 축제의 문화에 초점을 맞춘다. 젊은이들이 연예와 게임 등에 시간을 소비하면서 의복의 화려함에 몰두하고 타인을 비방하는 데 능한 이들을 더 현명하다고 여긴다는 것이다. 특히 이러한 풍조에 기여한 사람은 코지모 이후 동맹관계를 맺은 밀라노공이었다. 그는 자신의 부인 및 수많은 시종들을 거느리고 피렌체를 방문하여 군주처럼 화려하게 환대받았고 피렌체의 친구들과 교류했

26 Niccolo Machiavelli, *Florentine Histories(1988)*, 300.

다고 마키아벨리는 적고 있다.[27]

로렌초 데 메디치는 강력한 권력을 가지고 본인을 드러내는 정책을 수행한다. 그 대표적인 것이 볼테라 진압 사건이다. 볼테라 부근에서 몇몇 볼테라인들이 염색의 핵심재료인 백반 광산을 발견하였을 때 그들은 볼테라를 지배하고 있었던 피렌체 인들에게 접근하여 돈을 빌리는 것뿐만 아니라 보호를 의뢰하였다. 그런데 처음에는 광산의 가치를 몰랐던 볼테라 시민들이 들고 일어나기 시작했다. 광산은 사유물이 아니라 공유물이기에 볼테라에 귀속되어야 한다는 것이다. 볼테라 시민들은 사절들을 피렌체에 보냈다. 하지만 피렌체에서는 그것이 사유물이라고 밝혔다. 이것은 볼테라에서 광산을 사유물로 여겼던 이들과 공유물로 생각하는 사람들 사이의 분란을 일으켰다. 그 결과 폭도들이 피렌체에서 파견된 관리들을 살해했다.

이에 피렌체에서는 대응방식을 놓고 온건파와 강경파로 나뉘었다. 메디치가의 충실한 조언자였던 토마소 소데리니(Tommaso Soderini)는 온건파였다. 하지만 로렌초는 강경파였다. 그는 볼테라 사건이 그가 얼마나 현명한지 보여줄 절호의 기회로 생각했다. 결국 로렌초는 무력으로 볼테라를 진압했고, 이것은 그에게 큰 명성을 가져다주었다.[28]

메디치가, 특히 로렌초에게 집중된 명성과 권력은 그에 대한 음모라는 형태로 나타났다. 음모는 군주제에서 군주를 제거하기 위해 반대파가 사용하는 대표적인 정치행위 중 하나이다. 권력이 집중된 군주, 한명의 역할

27 Niccolo Machiavelli, *Florentine Histories(1988)*, 307.

28 Niccolo Machiavelli, *Florentine Histories(1988)*, 308–309.

이 그만큼 크기 때문이다. 1478년 피렌체의 유력한 가문인 파찌(Pazzi) 가문은 반 메디치 음모를 일으켰다. 파찌가는 메디치가 다음가는 부와 명성을 가지고 있었다. 하지만 그들은 메디치가에 의해 견제되어 합당한 대우를 못 받고 있다고 생각했다. 메디치가에 불만을 품은 교황과 파찌가는 결국 음모를 꾸미는 데, 이 음모는 절반의 성공만 거두었다. 로렌초 데 메디치는 가벼운 부상만 입은 채 그의 동생 줄리아노 데 메디치(Giuliano de Medici)만이 죽었기 때문이다.

음모가 실패하자 교황과 그 동맹국인 나폴리가 움직였다. 나폴리가 피렌체에 복속되었던 영토들을 공격하고 굴복시켰다. 피렌체의 동맹국인 밀라노는 국내 문제로 도와줄 수 없었다. 이러한 위기 속에서 로렌초는 나폴리의 알폰소 왕과 담판을 짓기 위해 혼자 나폴리로 향했다. 다행히 나폴리와 교황의 상황변화로 로렌초 데 메디치는 평화협정을 맺고, 피렌체로 무사히 귀향했다. 조국을 위기에서 구한 영웅적 행위로 로렌초는 피렌체에서 권력을 더 강고히 장악하게 되었다.

Ⅲ. 공화정과 군주정 사이에서

1. 귀족의 경쟁과 파당화

메디치 가문의 역사는 코지모 이전과 이후로 구분할 수 있다. 코지모 이전의 살베스트로, 비에리 그리고 조반니는 피렌체의 당파 간 대립 속에서 절제된 행동을 취했다. 물론 그들이 중립을 취했다거나 방관자의 입장에 있었던 것은 아니었다. 그들은 귀족파와는 달리 인민의 입장을 대변했다. 그들의 행동은 피렌체 정치사에서 인민의 권리를 위한 큰 진전을 이루었었다. 살베스트로는 치옴피 난을 추동시켜 하층 인민들의 정치·사회적 권력을 강화시켰다. 조반니는 본인이 엘리트 가문이었음에도 인민의 과도한 세금부담과 귀족에게만 유리했던 조세제도를 개혁하기 위한 재산세 도입에 찬성한다. 하지만 그들은 정치에 적극적으로 나서지는 않았다. 적극적으로 인민파의 수장이 되어 귀족파를 제어하고 피렌체 정권을 장악하려 하지 않았다. 마키아벨리의 말을 빌리자면 '절반의 성공'에 만족하고, 시민적인 생활방식을 넘어서려 하지 않았다.

하지만 그들은 막대한 부를 축적한 데다 인민의 지지를 얻자 귀족파의 요주의 인물이 된다. 결국 피렌체 당파정치의 칼날은 메디치 가문을 향하게 되고 그것은 그들의 행동양식을 바꿔놓게 된다. 귀족파에 의해 감금되고 처형될 위험에 처했었던 코지모 데 메디치는 이전 세대와 달리 행동할 수밖에 없었다. 추방에서 돌아온 코지모는 반대파를 제거했다. 메디치 가문은 귀족파와의 싸움에서 승리한 인민파의 수장이었고, 피렌체의 지배 가문이 된 것이다. 코지모는 사려 깊은 인물로 스스로 지배자임을 자처하지 않았다. 그는 본인이 나서기보다 당파의 인물들을 내세웠다. 하지만 무엇보다도 지배방식에서 변화를 보였다. 그것은 마키아벨리가 지적하듯 사적 방법과 공적 방법의 혼용이었다.

마키아벨리는 『피렌체사』 7권 1장에서 도시에서 시민들이 명성을 얻는 두 가지 방법을 사적인 것과 공적인 것으로 나누어 설명하고 있다.

> 공적으로 명성을 얻는 법은 전투에서 이기거나, 도시를 점령하거나, 주의 깊고 현명하게 임무를 완수하거나, 공화국에 지혜롭고 안성맞춤으로 조언하는 것이다. 사적으로 명성을 얻는 것은 이런 저런 시민들에게 혜택을 제공하거나, 그를 행정관으로부터 보호해주는 것, 그를 돈을 가지고 도와주거나, 합당하지 않는 명예를 수여하거나, 경기나 공적인 선물로 평민들의 환심을 사는 것을 말한다.[29]

이어서 마키아벨리는 이러한 사적 방식은 파당과 파벌을 만들고, 그렇게 얻은 명성은 해롭다고 말한다. 그것은 사익에 기반 하기 때문이다. 반면 파벌과 연관되지 않은 명성은 아주 유익한데 공공선에 기반 하기 때문이다. 마키아벨리는 여기서 코지모 데 메디치와 네리 카포니(Neri Capponi)를 비교한다. 네리 카포니는 피렌체의 장군으로서 큰 명성을 얻은 인물이다. 그는 공적인 방식으로 명예를 얻었기 때문에 친구들은 많았지만 그를 따르는 당파적 인물들은 적었다. 하지만 코지모는 사적인 방식과 공적인 방법을 다 사용했기 때문에 친구도 많았고 그를 추종하는 당파적 인물들도 많았다.[30]

지도자가 명성을 얻는 방법과 그 효과를 비교하는 것은 마키아벨리의 『논고』 3권 22장에도 좀 더 자세히 서술되어 있다. 비교의 대상은 로마의 두 위대한 장군들인 만리우스 토르쿠아투스(Manlius Torquatus)와 발레리우스 코르비누스(Valerius Corvinus)이다. 만리우스는 강인함과 엄격함으로

---

29 Niccolo Machiavelli, *Florentine Histories(1988)*, 276.

30 Niccolo Machiavelli, *Florentine Histories(1988)*, 277.

군사들을 다루었다. 반면 발레리우스는 온화함과 친밀감으로 군인들에게 친절을 베풀었다. 전자의 강한 기백과 엄격한 명령 등은 군대의 규율을 유지하고 전쟁에서 승리를 가져왔다. 후자는 군율에 기반 했지만 온화함으로 승전과 더불어 군사들의 호감을 샀다. 그런데 마키아벨리는 이 두 행동양식을 평가함에 있어, 만리우스의 것은 공화국에, 발레리우스의 것은 군주정에 더 적합하며, 유익하다고 말한다. 마키아벨리가 이렇게 평가하는 근거는 만리우스의 행동방식은 개인의 야망보다는 국가의 이익과만 관련되기 때문이다. 반면 발레리우스의 행동방식은 군사를 국가의 공적인 군대가 아니라 장군 개인을 추종하는 사적인 군대로 만든다. 이것은 권력집중을 가져와 개인의 권력을 행정관들이 두려워하여, 공정한 법적용 및 자유로운 공화국의 분위기를 저해하는 결과를 가져온다는 것이다. 결국 만리우스의 행위는 공익을 추구하여, 군대를 파벌화 하지 않지만, 발레리우스의 행동양식은 군대를 파당화시켜 장군을 사사로이 추종하게 만든다는 것이다.

> 지도자로서 그의(만리우스, 필자) 처신은 어떠한 파벌도 만들지 않았는데 이는 그가 언제나 모든 사람을 엄격하게 대하고 오직 공동선만을 중시했기 때문이다. 그렇게 행동함으로써 그는 앞에서 언급한 바와 같이 이른바 파벌이라고 부르는 어떠한 특별한 친구들도 용납하지 않았다. (…) 그러나 발레리우스의 행동에서 우리는 정반대의 경우를 발견한다. (…) 그가 군인들에게서 얻은 특별한 호의로 인해 많은 두려움이 발생하기도 했다. 그가 오랫동안 집권하고 있는 동안 그것이 자유에 반하는 나쁜 결과를 낳지 않을까 하는 우려가 그 원인이었다. (…)

> 군주로서 그들을 고려해야 한다면, 우리는 전적으로 발레리우스의 편을 들고 만리우스를 단념해야 하는데, 군주란 모름지기 군인들과 백성들에게서 복종과 사랑을 추구해야 하기 때문이다. 복종은 군주가 수립된 제도의 수호자이자 유능한 인물이라고 여겨지는 것으로부터 비롯되며, 사랑은 상냥함, 온화함, 동정심으로부터 (…) 연유한다. 군주에게는 개인적으로 큰 호의를 얻는 것과 그를 지지하는 파벌로 군대를 보유하는 것이 그의 지위가 요구하는 다른 것들과 잘 조화된다.[31]

결국 각종 호혜를 베푼 코지모는 파당을 만들어 군주적 권력을 가지게 된 것이다. 물론 이것은 피렌체 정치의 오랜 당파싸움 속에서 귀결되었다. 알비찌 가문을 필두로 하는 귀족파가 메디치 가문을 적대시하고 제거하려 하지 않았더라면 코지모와 그를 둘러싼 인민파가 권력을 독점하려 하지는 않았을 것이다.[32] 당파싸움의 역학은 경쟁하는 상대방을 제거하려는 극단으로 흐르게 된다. 그런데 상대당을 제거하고 나서 권력다툼이 끝나는 것이 아니다. 이제는 자기 당파 내의 권력투쟁이 벌어지게 되고, 그것은 권력의 일인 독점으로 귀결된다.[33]

---

31 Niccolo Machiavelli, *Florentine Histories(1988)*, 509–510.

32 마키아벨리는 『논고』 1권 33장에서 코지모를 제거하려는 귀족파에 반대했던 니콜로 다 우짜노의 지혜를 설명하면서 "시민들이 펼친 공공연한 코시모 배척운동이 없었더라면 그(코지모, 필자)가 공화국의 원수 자리에까지 오르는 일은 결코 없었을 것이다."고 적고 있다(Niccolo Machiavelli, 『논고』(2003), 179).

33 코지모 데 메디치와 네리 카포니의 경우도 그랬다. 네리 카포니가 명성이 드높아지자 그것에 두려움을 품은 메디치 가문은 네리의 측근 장군인 앙기아리의 발다치오(Baldaccio of Anghiari)를 죽게 함으로써 네리 카포니의 힘을 제압한다(Niccolo Machiavelli, *Florentine Histories(1988)*, 236–237).

마키아벨리는 그의 『피렌체사』 서문에서 분명히 밝히고 있듯이 피렌체 정치의 고유한 특징을 이러한 끊임없는 분열과 분파화로 여기고 있다. 분열과 대립이 제도화되지 못하고 내전화되어 가는 양상은 당파 상호간의 대립뿐만 아니라 승리한 파당 내의 분란과 권력투쟁으로 번져 끊임없는 분열과 혼란의 양상을 낳을 뿐이었다.[34]

앞장에서 언급했던 루카 피티는 반대파가 완전히 제압당하고, 인민 파의 뛰어난 인물인 네리 카포니가 사망하자 나타났다. 외부의 적이 사라지고, 내부의 견제와 균형을 맞춰 줄 인물이 사라지면 나타나는 오만과 권력 쟁취의 야망들인 것이다. 이것을 어떻게 제어하는가가 중요했다. 코지모 데 메디치는 자신이 군주적 권력을 지녔음에도 시민적 소박함과 겸양을 넘어서지 않았다. 마키아벨리는 이것을 코지모의 사려 깊음으로 표현하고 있다.[35] 피에로 데 메디치 또한 아버지의 가르침 속에 시민적으로 살 것을 권유하였다. 자기 당파 내부의 탐욕이 자라나는 것을 제어하기 위해 반대파로 추방되었던 이들을 복귀시켜 견제하고자 하였다.[36] 하지만 죽음이 그의 시도를 무산시켰다.

---

34 Niccolo Machiavelli, *Florentine Histories(1988)*, 277. 마키아벨리는 『피렌체사』 7권 2장에서 피렌체에 만연한 당파(setta)와 그 폐해를 언급하고 있다. 이에 대해서는 Bock, "Civil Discord in Machiavelli's Istorie Fiorentine"(1990) 논문 참조.

35 Niccolo Machiavelli, *Florentine Histories(1988)*, 282–283.

36 Niccolo Machiavelli, *Florentine Histories(1988)*, 301–302.

2. 메디치가의 야망과 인민의 지지

물론 추방에서 돌아온 코지모와 자파 귀족의 음모에 맞선 피에로는 그 이전 세대 메디치와는 달리 권력에 대한 야망을 드러내었다. 하지만 그들보다도 더 권력과 명성을 메디치 자신에게서 드러내고자 노력했던 사람은 바로 로렌초 데 메디치였다. 볼테라 백반광산을 통해 드러난 문제를 주변의 조언과 달리 무력으로 진압해서 본인의 위상을 드러내고자 하였다. 나폴리 왕과의 문제는 적진에 홀로 들어가 담판을 짓는 개인의 영웅적 행위를 통해 해결하고자 하였다. 메디치가의 수장을 제거하고자 했던 파찌가의 음모는 피렌체에서 메디치 가문이 지닌 힘뿐만 아니라 그 지배자로서 로렌초가 보여준 군주적 위상의 당연한 귀결이었다.

마키아벨리는 『피렌체사』에서 일개 시민의 가문에서 군주적 권력을 얻게 된 메디치 가문을 서술하고 있다. 하지만 그 메디치 가문도 코지모 이전과 이후로 나눌 수 있다. 정치적 대립의 격화와 완전한 성공을 지양한 코지모 이전의 메디치들과 대립하는 가문들을 제어하고 개인적인 권력 강화를 지향하는 코지모 이후의 메디치들에서 마키아벨리는 군주정의 계기가 공화정에 숨어 있음을 지적한다. 군주정은 외부에서 이식되는 것이 아니라, 공화정 내에서 배태되는 것이다. 그것은 경계를 넘어 첨예화되는, 시민들 간의 불화 그리고 뛰어난 능력을 지닌 개인의 등장, 여기에 다수 인민의 지지가 결합될 때 나타나는 것이다.

공화국에서 나타나는, 군주제로의 변화를 추동하는 계기들은 마키아벨리의 『논고』에서도 잘 나타나 있다. 고대 로마 공화국의 10인 위원회를 장악한 아피우스 클라우디우스(Appius Claudius)는 인민과 귀족 간의 갈등이 극에 달해 서로를 신뢰하지 못하는 사이에 참주적 권력을 쟁취하였다. 원래 10인 위원회는 로마의 법률을 제정하기 위해 전권이 부여된 임시 기관이었다. 그런데 귀족과 인민 간의 불화와 불신이 심해지자 10인 위원회와 그 수장인 아피우스의 오만과 월권을 제어하지 못하고 오히려 아피우스를 통해 상대편을 제압하고자 하였다.

> 10인회가 관직에 취임하자, 평민들은 아피우스가 자기들 편이 되어 귀족들을 공격한다고 생각하고 그를 지지하는 편으로 돌아섰다. 이로써 인민은 자기들이 미워하는 자들을 공격하기 위해 한 인물에게 모든 권한을 위임하는 실수를 범했는데, 마침 그 자가 교활한 인물이라면, 그는 항상 그 도시의 참주로 군림하게 될 것이다. 왜냐하면 그는 인민의 도움으로 귀족들을 제거하는 작업에 착수하는데, 그들을 제거한 연후에는 급기야 인민까지도 탄압하기 때문이다.[37]

결국 아피우스를 참주로 만든 것은 인민과 귀족, 상호간의 불신과 상대방을 제거하고자 하는 지나친 욕망과 지배욕이었다. 공화국에 참주정을 만든 것은 공화국의 시민이며, 그들의 불화인 것이다.[38]

또한 불화 속에 배가된 불만을 해결해 줄 인물이 필요하다. 공화국에서

---

37 Niccolo Machiavelli, 『논고』(2003), 204–205.

38 "위정자가 제대로 행동하도록 감시를 했어야 함에도 불구하고, 로마인들은 감시조치를 철회하고 10인회를 로마의 유일한 관직으로 만들면서, 모든 다른 관직을 폐지했다. 귀족들은 (앞에서 말한 것처럼) 호민관을 없애고자 하는 과도한 욕망에서, 인민은 집정관을 없애고자 하는 욕망에서 그렇게 했던 것이다."(Niccolo Machiavelli, 『논고』(2003), 206–207).

는 자유로운 능력 발현이 가능하기에 위기를 해결할 수 있는 비범한 역량을 가진 청년은 두각을 나타내기 마련이다. 결국 그는 인민의 호의와 지지를 얻게 되고, 만약 그가 야심을 품게 된다면 일약 지도자의 지위로 부상되는 것은 시간문제가 된다.[39] 이렇게 권력을 가지게 되면 일반 시민들이나 관리들도 두려워하게 되며, 법률과 공화국의 질서를 넘어서는 지위를 통해 국가 질서를 파괴할 수 있는 위치에 있게 된다.[40]

그리고 이러한 권력자의 지위와 권력은 바로 다수 인민들의 지지에서 나온다. 카이사르에 대한 브루투스의 암살이 공화정의 부활로 이어질 수 없었던 것은 바로 인민들이 브루투스 대신 카이사르를 추종했기 때문이다. 또한 파찌 가의 사람들이 로렌초의 동생 줄리아노를 죽이고 피렌체의 골목을 누비면서 '자유'를 외쳤을 때, 인민들이 호응을 하지 않았기 때문에 모반은 실패했고, 메디치가의 권력은 더 강화될 수 있었다. 인민의 지지야말로 뛰어난 능력을 통해 두각을 드러낸 인물들이 야심을 가지고 군주적 인물이 될 수 있는 권력의 근간이었다.[41]

마키아벨리는 공화정에서 군주가 나타날 수 있는 가능성을 제어하기 위한 방법을 제시한다. 그것은 시민이 명성을 얻는 방법을 규제하는 제도적 장치이다.[42] 공화정에서 위기와 문제를 해결하기 위해서는 능력 있는

---

39 Niccolo Machiavelli, 『논고』(2003), 178.

40 이를 제어하기 위해 마키아벨리는 '법'을 제정해야 한다고 말한다. 다시 말해 "시민들이 선의라는 허울을 쓰고 악을 행하지 못하도록 감시하는 법률, 시민들이 자유를 증진시킴에 따라 인기를 얻되 자유에 위해를 가하는 일이 없도록 감시하는 법률을 제정"해야 한다는 것이다(Niccolo Machiavelli, 『논고』(2003), 216).

41 Niccolo Machiavelli, 『논고』(2003), 139: 180.

42 비슷한 맥락에서 마키아벨리는 『논고』 1권 52장에서 공화국에서 최고 권력의 자리

시민들이 필요하다. 그 시민들이 역량을 발휘하면 명성을 얻게 된다. 결국 명성 있는 시민들이 없으면 공화국은 존속할 수 없다. 하지만 시민들이 얻은 명성은 공화국에 군주 혹은 참주를 나타나게 하는 원인이다. 결국 공화정에 해가되지 않고 도움이 되는 명성과 인기를 얻는 것이 핵심관건이다. 이를 위해 마키아벨리는 사적인 것이 아니라 공적인 명성을 얻는 방식을 제안한다.

> 사실상 그 방법(명성을 얻는 방법, 필자)에는 사적인 것과 공적인 것 두 가지가 있다. 공적인 방법은 한 사람이 공동선을 위하여 잘 조언하고 훌륭하게 행동할 때 명성을 얻는 것이다. (…)
> 그러나 명성이 위에서 언급된 또 다른 방법인 사적인 방법을 통해 얻어졌을 때, 그것들은 몹시 위험하고 전적으로 유해하다. 사적인 방법은 다양한 개인들에게 사사롭게 돈을 빌려주고, 그들의 딸을 결혼시키며, 행정관들로부터 그들을 보호하고, 그 외에도 사적으로 유사한 호의를 베풀어서 시혜를 제공하는 것이다. 이것들은 사람들을 시혜자의 파당으로 만들고, 그들이 따르는 사람에게 공공을 부패시키고 법을 위반해도 무방하다고 생각할 수 있는 용기를 심어준다.[43]

앞에서 보았듯이 메디치 가문은 공적인 것과 사적인 방식으로 명성을

에 오르려는 자의 야망을 억누르는 가장 안전한 방법을 논하고 있다. 그는 코지모 데 메디치를 언급하면서 그가 인민의 환심을 사는 방법을 막았다면 그를 제어할 수 있었을 것이라고 말한다(Niccolo Machiavelli, 『논고』(2003), 228).

43 Niccolo Machiavelli, 『논고』(2003), 524–525.

얻었다. 이는 공화정 내의 법과 행정관에 복종하는 것이 아니라 사적 방식으로 지배하는 길을 열었다. 로렌초는 선조들이 쌓아온 권력 기반에 더하여 자신이 피렌체를 위기에서 건진 위기 극복의 역량을 보여줌으로써 공화정 내에 군주제의 기반을 놓았다.

메디치 가문의 역사를 통해 마키아벨리는 군주정의 계기가 공화정 속에 있음을 보여주었다. 군주정의 계기는 공화정의 특징이라고 할 수 있는 시민들의 불화와 대립 그리고 경쟁이었다.[44] 불화가 법치 속에서 조화롭게 이루어질 때 공화정은 번영한다. 하지만 파당화와 서로를 제거하려는 극단적 대립으로 나아갈 때 공화정은 위기에 빠진다. 공익이 아니라 사익, 공적 방식이 아니라 사적 방식, 경쟁과 대립을 법치로 조율하는 것이 아니라 무법천지로 만드는 파당화 등이 공화정 내에서 군주정을 태동시키는 첩경인 것이다. 여기에 뛰어난 역량을 가진 인물이 등장하여 인민의 지지를 받게 되면 공화정은 안으로부터 무너지고 군주정이 성립되는 것이다. 마키아벨리는 메디치 가문과 피렌체 정치를 통해 공화정이 안으로부터 무너질 수 있음을 보여주었다. 공화정이 발전하는 매 순간마다 군주정의 씨앗이 숨어있다. 공화정 안에 군주정의 계기가 내포되어 있는 것을 보여줌으로써 마키아벨리는 공화정의 수호에 이바지 하고자 하였던 것이다.

끝으로 마키아벨리의 동시대인이자 귀족적 공화정을 옹호했던 프란체스코 귀차르디니(Francesco Guicciardini)의 메디치 지배에 대한 평가를 살펴보자. 그는 자신의 『피렌체 정부에 관한 대화』(Dialogue on the Government of

44 마키아벨리는 『논고』 1권 2장 등에서 로마 공화정을 자유정체로 만든 핵심기제를 귀족과 인민의 불화로 보고 있다.

Florence)에서 1494년 이전의 메디치가 지배를 1494년 이후의 인민정부와 비교한다. 논의의 핵심은 탁월한 능력을 지닌 한 사람의 지배가 다수의 인민들에 의한 지배보다 낫다는 것이다. 특히 메디치 지배시기에 피렌체 인민들은 타락해 있었기 때문에 일인 지배체제가 더 효과적이며 인민들의 이익을 위해서도 더 낫다고 주장한다.[45] 하지만 그도 군주정 특히 메디치 지배의 사적 이익 추구 경향이나 그들만의 파당 정치를 비판하였다. 결국 귀차르디니는 인민의 무지와 맹목성으로 인해, 귀족중심의 공화정보다는 못하지만 군주정이 차선이 될 수 있다고 본 것이다. 마키아벨리에게 메디치가의 지배는 피렌체 공화정을 무너트린 것으로 나타난 반면, 귀차르디니에게는 비록 단점은 있었지만 인민이 지배하는 공화정보다는 낫다고 본 것이다.[46]

Ⅳ. 공화정에 내재된 군주정의 위험

이 글은 이탈리아 르네상스 시기에 피렌체의 대부호이자 유력한 정치 가문이었고, 결국 군주가문이 된 메디치가를 살펴보았다. 메디치 가문에

45 Francesco Guicciardini, *Dialogue on the Government of Florence*. ed. and trans. by Alison Brown(Cambridge: Cambridge University Press, 1994), 36–45.

46 마키아벨리와 귀차르디니의 비교 연구로는 Felix Gilbert, *Machiavelli and Guicciardini. Politics and History in Sixteenth Century Florence*(1984)를 참조. 국내 연구로는 김경희, "두 개의 공화국 사이에서: 마키아벨리와 귀차르디니 비교연구," 『한국정치연구』 제25집 제1호(2016) 참조.

대한 관심은 주로 그 경제적 부를 쌓아온 과정과 그 능력에 초점을 맞추어 왔다. 그 결과 최근 우리나라에서도 '메디치 경영'이나 '메디치 머니' 같은 이야기들이 자주 들리고 있다. 그리고 그들의 천재적 경영능력이 주목받고 있다. 하지만 이 글에서는 그들의 천재적 경영능력보다는 정치적 역정에 더 초점을 맞추었다.

메디치 가문은 불과 몇 세대 만에 피렌체의 평범한 가문에서 토스카나를 지배한 군주의 위치로 올라섰다. 피렌체 근교에서 태어나 평범한 상인으로 시작한 메디치 가문은 국부(國父)로 불린 코지모 데 메디치와 그의 손자 로렌초 데 메디치를 통해 피렌체의 실질적 지배자로 떠오른다. 그들은 무기를 들고 쿠데타를 일으켜 군주의 지위에 올라선 것이 아니었다. 피렌체 시민사회 내의 대립과 경쟁 속에서 강력해진 자기 당파의 지지와 인민의 지지 속에 공화정 속에서 군주정의 기반을 마련했다. 피렌체는 인민과 귀족들 간의 다툼과 대립, 그리고 귀족들 내의 파당화와 그들 간의 대립과 경쟁으로 점철된 공화정을 유지하고 있었다.

마키아벨리는 앞서 보았듯이 지혜로운 메디치 가문의 선조들의 언행을 통해 정치적 대립에서 절반의 성공을 권고한다. 완전한 성공은 권력의 독점으로 나아가기 때문이다. 자신과 경쟁하는 반대파를 존속시키는 것은 국가와 정부 권력을 독점이 아닌 분점 속에 운영하는 것이다. 반대파의 제압은 평화를 가져오지 않는다. 반대파가 사라지면 자기 파당 내에서 권력획득을 위한 경쟁자가 나타나 다시 권력투쟁이 일어나기 때문이다. 결국 이러한 경쟁자의 제거를 통한 권력 독점은 독재자나 군주로의 길로 가게 된다. 이렇게 되는 과정 속에 권력의 공고화를 위해 권력을 사유화하기 시작한다. 공적 과정이나 법률을 통한 지배가 아닌 측근이나 사적 인맥을 통한 지배 그리고 법을 무시하고 자기 당파만을 위한 정치를 하게 된다.

결국 마키아벨리는 메디치 가문이 피렌체 공화정의 역사 속에서 군주 가문으로 올라서는 과정을 분석하면서 공화정을 무너트리는 군주정의 위협은 공화정 외부가 아닌 내부에 있음을 보여주었다. 시민들 간의 대립과 경쟁은 공정한 법을 만드는 계기가 될 수 있지만, 그것이 파당화로 귀결되면 정치를 당파이익을 위한 사적 경쟁의 장으로 만들 수 있다. 여기에 뛰어난 인물의 등장은 인민의 지지와 호의를 통해 법률을 뛰어넘는 인기와 힘을 가지게 만든다. 아울러 당파싸움의 격화는 비판하고 견제하는 상대방을 제거하고자 하는 권력투쟁의 장을 만듦으로써 권력을 독점하고 권력을 사사화하는 방향으로 이끈다. 결국 마키아벨리는 동등한 시민들 간의 자유와 평등을 유지하고 보호하려는 시민이 존재하지 않으면, 외관상 공화국이라도 그것은 이미 자발적 복종이 지배하는 군주제가 성립됨을 보여주었다.

참고문헌

곽차섭. 2011. "자유와 예종 사이에서." 『서양사론』 111호, 278-298.

김경희. 2016. "두 개의 공화국 사이에서: 마키아벨리와 귀차르디니 비교연구." 『한국정치연구』 제25집 제1호, 193-219.

김상근. 2011. 『사람의 마음을 얻는 법』. 파주: 21세기북스.

스트레이어, 조지프 R. 중앙대학교 서양 중세사 연구회 옮김. 2012. 『국가의 탄생』. 서울: 학고방.

신철희. 2012. "마키아벨리 「피렌체사(Istorie Fiorentine)」 읽기: 파벌과 인민형성." 『정치사상연구』 제18집 2호, 61-86.

신철희. 2015. "마키아벨리의 역사사상-『피렌체사』와 메디치 가문." 『한국정치학회보』 제49집 제1호, 5-22.

영, G. G. 이길상 역. 1997. 『메디치』. 고양: 현대지성사.

요한슨, 프란스. 2015. 『메디치 효과』. 서울: 세종서적.

팍스, 팀. 2005. 『메디치 머니』. 서울: 청림출판.

포칵, J. G. A. 곽차섭 옮김. 2011. 『마키아벨리언 모멘트 1, 2』. 파주: 나남.

히버트, 크리스토퍼. 한은경 옮김. 2001. 『메디치가 이야기』. 서울: 생각의 나무.

Albertini, Rudolf von. 1955. *Das florentinische Staatsbewusstsein im Übergang von der Republik zum Prinzipat*. Bern: Francke Verlag.

Bock, Gisela. 1990. "Civil Discord in Machiavelli's Istorie Fiorentine." In Gisela Bock, Quentin Skinner and Maurizio Viroli, ed. *Machiavelli and Republicanism*. Cambridge: Cambridge University Press.

Brown, Alison. 1992. *The Medici in Florence. The Exercise and Language of Power*. Firenze: Leo S. Olschki Editore.

Brucker, Gene. A. 1968. "The Ciompi–Revolution." in N. Rubinstein, ed. *Florentine Studies. Politics and Society in Renaissance Florence*, 314–356. London: Faber.

Butters, Humfrey. 2010. "Machiavelli and the Medici." In John Najemy, ed. *The Cambridge Companion to Machiavelli*. 64–79. Cambridge: Cambridge University Press.

Gilbert, Felix. 1984. *Machiavelli and Guicciardini. Politics and History in Sixteenth Century Florence*. N/Y: W.W. Norton & Company.

Giorgini, Giovanni. 2008. "The Place of the Tyrant in Mchiavelli's Political Thought and the Literary Genre of the Prince." *History of Political Thought*, Vol. 29. No. 2. 230–256.

Guicciardini, Francesco. 1994. *Dialogue on the Government of Florence*. ed. and trans. by Alison Brown, Cambridge: Cambridge University Press.

Hale, J. R. 1977. *Florence and the Medici*. The Pattern of Control. N/Y: Thames and Hudson.

Jurdjevic, Mark. 2014. *A Great and Wretched City. Promise and Failure in Machiavelli's Florentine Political Thought*. Cambridge: Harvard University Press.

McCormick, John P. 2015. "Of Tribunes and Tyrannts: Machiavelli's Legal and Extra–Legal Modes for Controlling Elites." *Ratio Juris*. Vol. 28 No. 2. 252-66.

Machiavelli, Niccolo. 1988. *Florentine Histories*. trans. Laura F. Banfield and Harvey C. Mansfield, Jr. Princeton: Princeton University Press.

Machiavelli, Niccolo. 강정인·안선재 역. 2003.『로마사 논고』. 파주: 한길사.

Machiavelli, Niccolo. 강정인·김경희 역. 2008.『군주론』. 서울: 까치글방.

Najemy, John. 1979. "Guild Republicanism in Trecento Florence: The Successes and Ultimate Failure of Corporate Politics." *The American His-*

torical Review, Vol. 84, No. 1. 53–71.

Najemy, John. 1982. "Machiavelli and the Medici: The Lessons of Florence History." *Renaissance Quarterly* 35(4): 551–576.

Najemy, John. 2006. *A History of Florence. 1200-1575*. Malden: Blackwell Publishing.

Piper, Ernst. 1990. *Der Aufstand der Ciompi*. Berlin: Verlag Klaus Wagenbach.

Reinhardt, Volker. 1998. *Die Medici. Florenz im Zeitalter der Renaissance*. München: Verlag C. H. Beck

3장 공화주의와 평등

신철희(서울대학교)

Ⅰ. 공화주의와 평등

대표적인 공화주의 이론가인 비롤리(Maurizio Viroli)[1]가 "공화주의 정치 이론은 주로 정치적 자유의 원칙에서 특징을 찾을 수 있다"고 말했듯이, 그동안 공화주의 연구는 '공화주의적'(republican) 자유의 의미와 성격을 논하는 것에 초점을 맞췄다. 그래서 최근 공화주의 논의를 주도하고 있는 소위 '신로마공화주의'(Neo-Roman Republicanism) 이론가들은 공화주의적 자

1 Norberto Bobbio and Maurizio Viroli, *The Idea of the Republic*(Polity, 2003), 8.

유를 '비지배 자유'(freedom as non-domination)로 명명하고, 자유주의나 민주주의 등 다른 이론들의 자유 개념과 구별한다.

그런데 근대 공화주의 사상의 발전에 기초를 놓은 마키아벨리는 공화정을 논할 때 자유 못지않게 평등에도 관심을 보였다. 특히 『피렌체사』 3권에서 마키아벨리는 고대 로마와 당대의 피렌체를 평등 개념을 매개로 비교한다. 마키아벨리는 도시 내의 갈등 방식을 비교하면서, 고대 로마는 귀족과 평민의 대립이 지속되고 또 양자가 공존한 반면에 피렌체는 포폴로(popolo)[2]가 귀족을 배제하고 권력을 독점했다고 말한다. 그러나 결과적으로 로마는 불평등이 강화된 반면에 피렌체는 평등해져서 공적 권위가 확립되고 어떤 개혁도 가능한 상태가 되었다(IF I. 1-5)[3]. 국가(도시)의 부패 원인과 증상을 시민들 사이의 불평등에서 찾는 마키아벨리는 결과적으로는 평등이 강화된 피렌체가 로마보다 더 바람직한 상태에 이르렀다고 보는 것이다. 『피렌체사』 3권의 내용은 피렌체와 이탈리아 개혁의 모델로 고대 로마 공화정을 상정했다고 보는 마키아벨리 연구자들의 상식에 비춰 봤을 때 언뜻 이해가 되지 않는 결론이다.

이와 관련해서 최근의 연구들도 로마와 피렌체에 대한 마키아벨리의 생각이 시간이 지나면서 달라졌다는 것에 초점을 맞추는 경향을 보인다.

---

2 포폴로는 13세기경 이탈리아 도시국가들에서 처음 생겨난 고유한 계급인데, '도시 전체의 시민'과 '상업이나 제조업에 종사하는 중간계급'이라는 이중의 의미가 있다 (John Najemy, *A History of Florence 1200-1575*, Chichester, UK: Blackwell Publishing, 2008, 35). 대부분의 경우 후자의 의미로 쓰인다.

3 IF는 『피렌체사』, 이하의 숫자들은 각각 권과 장을 지칭한다. 그리고 pro는 서문(proemio)을 의미한다. 한편, D와 숫자는 『로마사 논고』의 권과 장을, P와 숫자는 『군주론』의 해당 장을 가리킨다.

대표적으로, 지젤라 복(Gigela Bock)[4]은 평등이 마키아벨리의 정치사상에서 분명하게 긍정적인 의미를 가지고 있고 진정한 공화국의 전제조건이라는 점에서 마키아벨리가 로마의 갈등 해결 방식을 찬양하고 피렌체의 방식을 비난하기만 한 것은 아니라는 주장을 한다. 최근에 『피렌체사』 연구서를 출간한 주르드제빅(Mark Jurdjevic)[5]은 이미 『로마사 논고』에서도 마키아벨리가 로마 공화주의를 무조건 찬양하지 않고 부정적인 평가도 하고 있는 것으로 본다. 그리고 주르드제빅은 마키아벨리의 1520년 이후 작품인 "피렌체 정체개혁론"과 『피렌체사』에는 로마와 리비우스, 로마 정치인, 로마 사례가 한 번도 언급되지 않는 것이 마키아벨리가 더 이상 로마를 모방해야 할 모델로 생각하지 않는 증거라고 주장한다.[6] 한편, 필리포 델 루께제(Filipo del Lucchese)[7]는 마키아벨리가 『로마사 논고』에서는 온건한 제도 개혁을 통한 법적 평등을 강조한 반면에, 『피렌체사』에서는 경제적 평등을 목적으로 하는 과격한 투쟁을 지지하는 것으로 사회 갈등에 대한 시각이 변했다고 주장한다.

---

4 Gigela Bock, "Civil Discord in Machiavelli's Istorie Fiorentine," Gisela Bock, Quentin Skinner and Maurizio Viroli, ed. *Machiavelli and Republicanism* (Cambridge: Cambridge University Press), 189.

5 Mark Jurdjevic, *A Great & Wretched City: Promise and Failure in Machiavelli's Florentine Political Thought* (Cambridge: Harvard University Press), 70, 73.

6 주르드제빅은 마키아벨리의 공화주의 사상이 고대 로마를 중심으로 할 때(『군주론』과 『로마사 논고』에 반영)와 피렌체를 중심으로 할 때(1520년 이후 "피렌체 정체개혁론"과 『피렌체사』) 분명히 달라지는데, 전자는 개인의 행동에 초점을 맞췄다면(구조적 문제도 거론하기는 하지만), 후자는 "더 큰 집단적 구조와 제도", 그리고 "권력의 사회학적 성격"을 더 반영했다는 것이다(Jurdjevic 2014, 53–55).

7 Filippo del Lucchese, "Crisis and Power: Economics, Politics and Conflict in Machiavelli's Political Thought," *History of Political Thought* 30(1), 2009, 88.

그러나 마키아벨리의 저술에서 로마와 피렌체의 관계를 분석한 위의 전문가들의 주장은 평등에 대한 마키아벨리의 견해에 새롭게 관심을 가졌다는 점에서 의의가 있지만, 『피렌체사』 전체의 관점에서 해석하지는 못했다. 로마와 피렌체에 대한 마키아벨리의 생각이 작품에 따라서 달라지기는 하지만, 핵심 주장은 그대로 유지되고 있다. 『피렌체사』 3권 전반부에 나오는 피렌체에 대한 긍정적인 평가는 의도하지 않은 우연적인 결과의 성격이 강하고, 『피렌체사』에서 다루는 전체 역사의 기준으로 보면 매우 짧은 시기에 불과했다. 『피렌체사』의 결론이 결국 다양한 세력의 공존이라는 공화정과 혼합정의 정신에 귀결된다는 점에서 마키아벨리가 극단적인 개혁을 추구하거나 로마에 대한 평가가 부정적으로 변한 것은 결코 아니라는 것을 알 수 있다.

정리하면, 이 글에서는 『피렌체사』의 일견 예외적으로 보이는 서술이 마키아벨리가 자유 못지않게 평등을 공화정의 실현에 핵심적인 가치로 인정했다는 것을 보여주지만, 동시에 그 이전의 작품에서 드러난 로마와 피렌체, 그리고 공화정에 대한 그의 생각은 변함이 없다는 것을 증명하고자 한다. 더불어서 공화주의 사상에서 평등의 의미가 무엇인지 살펴볼 것이다.

Ⅱ. 로마와 피렌체

마키아벨리의 정치사상에서 고대 로마, 그 중에서 특히 공화정은 매우 큰 비중을 차지하고 있다. 자신의 공화주의 사상을 담은 대표작인 『로마사 논고(Discorsi sopra la Prima Deca di Tito Livio)』를 리비우스의 『로마사(Ab Urbe Condita)』에 주석을 다는 형식으로 쓰고, 또 그의 대부분의 저작이 로마의 제도와 인물들을 중요한 사례로 드는 데서 알 수 있듯이, 마키아벨리는 기본적으로 고대 로마 공화정을 이상적인 국가 모델로 여기고 있다. 그리고 당대 피렌체의 문제를 드러내거나 개선 방향을 제시할 때도 로마 공화정이 중요한 전거점이 되는 경우가 많다.

로마에 대한 이런 찬양과 긍정적 평가는 마키아벨리에게만 한정된 것은 아니다. 서양 역사에서 그리고 마키아벨리 당대 피렌체에서 유행하던 인문주의자들 사이에서는 보편적인 현상이었다. 하지만 마키아벨리는 단순히 로마를 찬양한 것에 그치는 것이 아니라 그만의 독특한 시각을 보여줬다. 로마 역사, 더 나가서 역사 자체에 대한 마키아벨리의 관점은 당대 피렌체 사람들과는 사뭇 달랐다. 첫째, 마키아벨리는 역사를 흥미나 경탄의 대상으로만 보지 않고 현재의 삶 속에서 재현가능 할 뿐 아니라, 오히려 과거보다 더 나은 결과를 낳을 수 있다는 믿음을 가지고 있었다(D I. pro). 둘째, 평민(인민)의 정치적 역할에 대한 새로운 의미 부여다. 로마처럼 제국을 이루고 팽창하려는 국가에게는 평민의 역할이 절대적이며 로마는 이 과제를 잘 수행했다는 것이다(D I. 5). 셋째, 로마의 계급 갈등을 로마의 멸망 원인이 아니라, 오히려 로마를 자유로운 강대국으로 만든 원동력으로 봤다는 점이다(D I. 4). 그는 자유에 대한 평민의 요구와 그로부터 발생하는 소요가 결코 로마에 해롭지 않았으며, 좋은 법과 제도를 만드는 계기가 된 것으로 생각했다.

마키아벨리의 말년의 저작인 『피렌체사』(1525년)에서도 로마와 피렌체에 대한 그의 생각이 큰 변화가 없는 것처럼 보인다. 그는 『피렌체사』 서문에서 선배들이 서술한 기존의 피렌체 역사와 상이한 자신의 책의 특징을 "시민들 사이의 불화와 내부의 증오, 그리고 그로부터 발생한 효과"에 대한 상세한 서술로 규정하고(IF Proemio), 로마와 피렌체 두 도시에서 벌어진 계급(가문) 간의 갈등 양상과 그것을 해결하는 방식, 그리고 그것의 결과의 차이를 분석하고 있다.

도시 내의 갈등 문제와 관련해서 마키아벨리는 고대 로마 공화정과의 비교를 통해서 피렌체의 쇠퇴 원인을 밝히고 있다. 『피렌체사』 3권 1장의 다음 내용은 마키아벨리가 고대 로마와 피렌체의 근본적인 차이점을 어디에서 발견했는지 분명하게 보여준다.

> 로마의 초기에 평민과 귀족 사이의 대립은 논쟁으로 해 결된 반면에, 피렌체에서는 싸움으로 해결되었다. 로마에서는 법으로 해결된 반면에, 피렌체에서는 많은 시민들의 망명과 죽음으로 해결되었다. 로마에서의 대립은 항상 군사적 힘을 증강시킨 반면에, 피렌체에서는 그것을 완전히 말살시켜버렸다(IF III. 1).

마키아벨리는 피렌체와 로마의 차이를 귀족과 평민 사이의 대립과 갈등 양상의 차이에서 찾고 있다. 로마에서는 계급 간의 갈등이 극단적인 대립으로 치닫지 않고 귀족과 평민이 상호 공존의 길을 모색한 반면에, 피렌체에서는 승리한 쪽이 권력을 독점하고 상대편을 말살하는 것으로 끝이 났다. 특히 피렌체는 포폴로의 독점욕이 문제였다.[8]

마키아벨리가 도시 내에서 발생하는 갈등과 대립을 해결하는 데 있어서 로마의 방식을 찬양한 것은 분명한 사실이다. 이것은 『피렌체사』보다

『로마사 논고』에서 더욱 분명하게 드러난다. 그리고 로마에 대한 찬양은 대부분 피렌체의 문제점을 지적하는 것과 연결된다. 한마디로 말하면, 양자의 결정적인 차이는 로마의 갈등 양상은 혼합정의 정신과 형태를 유지했기 때문에 바람직했고, 피렌체는 귀족의 배제로 이어졌기 때문에 문제였다는 것이다. 여기까지의 이야기는 고대 로마 공화정을 이상적인 정체로 생각한 마키아벨리가 기본적으로 로마의 갈등 양상과 로마가 갖추고 있었던 법과 제도가 피렌체보다 우월하다고 생각한 것으로 해석할 수 있다.

그러나 로마와 피렌체의 비교와 관련해서, 마키아벨리 연구자들이 주목하지 않은 내용이 있다. 위 인용문의 바로 뒤에 시민들의 분열과 갈등의 정치적 결과가 로마와 피렌체에서 어떻게 다르게 나타났는지 마키아벨리는 다음과 같이 말하고 있다.

> 로마에서의 대립은 도시를 시민들 사이의 평등(ugualita)으로부터 매우 심각한 불평등(disagguaglianza)으로 옮긴 반면에, 피렌체는 불평등으로부터 놀라운 평등으로 옮겨졌다…. 로마는 그 미덕(virtù)이 자만으로 바뀌었을 때 군주가 없이는 유지할 수 없는 그런 상태에 처한 반면에, 피렌체는 현명한 입법자에 의해 어떤 형태의 정부로든지 쉽게 재정비할 수 있는 상황에 이르렀다(IF III. 1).

8 신철희, 「마키아벨리 『피렌체사』 읽기: 파벌과 인민형성」, 『정치사상연구』 18집 2호 (2012), 61–86.

로마와 피렌체를 비교하는 위 인용문의 마지막 부분을 보면, 로마는 시간이 지날수록 시민들이 매우 "불평등"해진 반면에, 피렌체의 시민들은 매우 "평등"해졌다고 말하고 있다. 로마의 경우 투쟁에서 승리한 민(plebs)이 자제심을 발휘해서 귀족들과 관직을 공유하고 귀족들의 명예를 지켜주었지만 결과적으로 시민들의 불평등이 심해지고 군주 없이는 유지될 수 없는 상황에 처한 반면에,[9] 피렌체의 민(popolo)은 귀족을 제거했기 때문에 시민들 사이의 평등이 강화되었다. 인용문에서 마키아벨리는 어떤 정부형태로든 재정비할 수 있는 상황이 되었다고 말하는데, 시민들 사이의 평등이 유지되는 도시는 마키아벨리 자신의 분석에 따르면 공화국을 의미한다. 즉 피렌체는 결과적으로 (마키아벨리가 선호하는) 공화정에 적합한 상태가 된 것이다(D I. 5, 55; IF III. 1).

피렌체에서 포폴로의 승리와 귀족의 패배의 좋은 점은 이것으로 그치는 것이 아니었다. 마키아벨리는 3권 2장에서 도시 내의 평등이 귀족 가문들 사이의 분쟁에 어떤 영향을 미쳤는지를 서술한다. 알비치(Albicci) 가문과 리치(Ricci) 가문은 1353년 충돌 직전까지 갔지만 "귀족의 몰락으로 시민들이 이미 상당한 평등을 확보하고 있었기 때문에" 행정관의 명령이 효력을 발휘할 수 있었고, 두 가문은 "일상적인 방법과 사적 폭력 없이" 승리하려고 노력할 수밖에 없었다는 것이다(IF III. 2).

그리고 시민 중 한 사람이 시뇨리아(Signoria)[10]를 상대로 피렌체의 분

---

9 마키아벨리는 시민들 사이의 불평등과 군주정 사이에 친화성이 있다고 생각한다(D I. 55).

10 중세와 르네상스 시대 피렌체의 최고 행정 기구로서 9명의 길드 지도자로 구성된다.

열에 대해서 행한 아래의 연설은 평등이 살아있는 피렌체의 상황을 잘 묘사하고 있다.

> 오래된 가문들의 권세가 막강했고, 또 그들이 군주들로부터 얻은 호의가 대단했기 때문에 도시의 공적 제도와 방식으로는 그들을 제어하는 것이 충분하지 않았습니다. 그러나 이제는, 황제는 이곳에 힘이 없고, 교황은 두려움의 대상이 아니며, 모든 이탈리아와 피렌체는 매우 평등해졌기 때문에, 도시를 스스로 통치하는 것은 우리에게 별로 어렵지 않습니다. 그리고 만약에 의원님들께서 그렇게 할 마음의 준비만 하신다면, 우리의 공화국은 특히 단결을 유지할 수 있을 뿐 아니라, 그 반대의 선례에도 불구하고, 좋은 관습과 공적인 방식으로 스스로를 개혁할 수 있을 것입니다(IF III. 5).

위의 발언자는 비록 여전히 귀족 가문들 사이의 분쟁으로 소란스러움에도 불구하고, 왜 도시의 힘이 유지되고 있고 또 희망을 가질 수 있는지를 설명한다. 그 요체는 황제나 교황 같은 외부 세력의 힘이 약해진 탓도 있지만, 결정적인 것은 피렌체가 매우 평등한 상태가 되었다는 데 있다. 그렇기 때문에 "스스로 통치"하고, "단결을 유지"하며, "스스로를 개혁"할 수 있는 희망이 있다는 것이다. 피렌체에서 귀족과 민 사이의 갈등과 분쟁의 결과 도시가 평등해짐으로써 위와 같은 공익을 현재적으로 누리고 있고, 또 미래에도 기대할 수 있게 된 것이다.

Ⅲ. 마키아벨리와 평등

『피렌체사』 3권에서 마키아벨리의 강조점은 결국 피렌체에서 귀족의 몰락으로 생겨난 평등이 좋은 공화국을 만드는 데 기초가 되었다는 것이다. 평등의 긍정적 영향에 대한 이런 입장은 『로마사 논고』에서도 발견 할 수 있다. 마키아벨리는 "부패나 자유로운 삶에 대한 자질의 결여는 도시에 존재하는 불평등으로부터 유래한다"(D I. 17)고 말하고 있는데, 불평등은 무엇보다도 소수의 손에 집중된 부에서 발생한다. 부유한 시민들은 자신들이 소유한 부를 유지하거나 증대시키기 위해서는 권력이 필요하다. 따라서 그들은 자신들의 부로 민의 환심을 사서 당파를 결성하고 그 힘으로 법이나 공적절차도 무시하게 된다. 『피렌체사』의 주제는 피렌체가 예전의 영광을 잃어버리고 왜 쇠퇴와 굴욕의 길을 걸어왔는지를 분석하는 것인데, 마키아벨리는 막대한 경제력을 이용해서 공공질서를 어지럽히고 공화국을 실질적으로 군주정처럼 다스리는 메디치 가문의 책임을 강하게 지적한다.[11] 마키아벨리는 경제적 불평등이 자유와 정치적 평등에 미치는 악영향을 경계하는 것이다.[12]

---

11 피렌체 시민들의 정치적 평등을 해친 메디치 가문의 폐해에 대해서는 신철희, "마키아벨리의 역사사상: 피렌체사와 메디치 가문," 『한국정치학회보』 49집 1호(2015), 5−22; 김경희, "피렌체 메디치가 연구: 공화정에 내재된 군주정의 계기," 『한국정치연구』 27집 3호(2018), 27−52 참조.

12 알프레드 보나데오는 경제적 불평등이 어떻게 부패를 가져오고, 시민의 정치적 자유와 평등을 훼손하는지를 논한다. 보나데오는 마키아벨리가 보는 부패의 징후는 『로마사 논고』에서는 "정치적 삶에서의 자유의 부재", "법의 무능과 무시"이며, 『피

부와 부당한 정치적 권력의 연계를 차단하기 위해서 마키아벨리가 제시하고 있는 방책은 "도시는 부유하게 시민들은 가난하게"(tenere ricco il publico e gli loro cittadini poveri) 만드는 것이다(D I. 37, III. 16, 25). 이와 관련해서 중요한 사례가 로마 공화정 말기에 발생했던 농지법 개혁이었다. 『로마사 논고』 I권 37장에서 마키아벨리는 그라쿠스 형제가 추진했던 "농지법이 공화국을 파멸로 몰아넣었다"고 말한다. 농지법 투쟁은 로마의 평민들(plebs)이 호민관 제도에 만족하지 않고 명예와 부를 귀족들과 공유하려는 야망으로부터 발생했다. 이 법의 조항은 크게 "어떤 시민도 정해진 일정한 양 이상의 토지를 소유하는 것을 허용하지 않는 것"과 "적으로부터 빼앗은 토지는 로마 인민들에게 분배"하는 것이었다. 그러나 전쟁을 통해서 치부를 해온 귀족들에게 매우 불리한 법이었기 때문에 귀족들은 결사적으로 저항했고, 이 법을 추진했던 그라쿠스 형제는 둘 다 죽음을 맞게 된다. 그래서 농지법과 관련된 논의가 있을 때마다 로마는 혼란에 빠졌다.

그러나 농지법에 대한 마키아벨리의 의도는 농지법의 내용 자체나 그것을 강하게 요구한 평민들을 비난하는 것이 아니다. 다만 먼 과거까지 소급해서 적용하도록 만든 신중하지 못한 법의 운용을 문제 삼는 것이다. 마키아벨리는 "농지법을 둘러싼 투쟁이 로마를 노예상태로 만드는 데 300년이 걸렸는데, 만약 평민들이 이 법과 그 밖의 다른 요구들을 통해 지속적으로 귀족들의 야망을 억제하지 않았더라면, 로마는 아마도 그보다 훨씬

렌체사』에서는 정치적 요인보다는 "도덕적·문화적 요인"이었다고 말한다(Alfredo Bonadeo, *Corruption, Conflict, and Power in the Works and Times of Niccolo Machiavelli*. Berkely: University of California Press, 1973, 11).

더 일찍 노예상태에 빠졌을 것"이라고 말한다. "불법적인 수단에 의존"해서라도 "부자들의 야망을 억누르는" 것이 도시의 자유를 지키는 데 필요하다는 것이 마키아벨리의 생각인 것이다(D I. 37).

마키아벨리는 로마의 농지법을 둘러싼 논란을 통해서 경제와 정치, 좀 더 구체적으로, 부의 불평등과 정치적 특권 사이의 관계를 말하고 있다. 건강한 공화국을 건설하기 위해서는 일차적으로 부의 차이가 정치권력의 불균형을 낳지 않도록 제도를 정비해야하지만, 궁극적으로는 이것이 너무 힘들기 때문에 부의 불평등을 해소하는 근본적인 처방이 필요하다.

민의 정치참여를 놓고 벌어지는 갈등의 저변에는 대부분 경제적인 문제가 숨어 있다. 엘리트 귀족은 자신들의 경제적인 우위가 보장되는 선에서 민의 정치참여를 허용한다. 그러나 부에 대한 욕망은 인간의 근원적인 특성이기 때문에 부자들은 국가에 의해 자신들의 부가 침해되는 것을 경계하고, 반대로 민은 국가가 자신들의 생존을 위한 최소한의 요구를 보장해주기를 원한다. 또한 부자들은 자신들의 우월한 재산을 통해서 부당한 정치권력을 획득하려고 노력하고 민은 기나긴 투쟁을 통해 자신들이 쟁취한 정치적 권리가 침해되는 것에 저항을 하게 된다. 따라서 민은 부자의 재산이 자신들의 정치적인 권리를 침해하지 않는 선에서, 부자는 민의 정치력이 자신들의 부를 침해 하지 않는 선에서 타협한다. 그러나 부의 차이는 정치적 권리에 영향을 미치기 마련이므로 이러한 타협은 쉽게 어긋나게 된다. 따라서 부의 지나친 차이를 억제하는 제도적 장치의 마련이 공화국이 존재하는 핵심 이유다.

부의 불평등이 정치에 미치는 영향을 좀 더 살펴보자. 공화국에 해로운 분파와 당파가 뒤따르는 분열의 원인 중 하나인, 명예를 사적인 방법으로 얻으려고 하는 것은 주로 부자들이 보이는 행태다. 가난한 사람들의 경우 사적인 방법을 쓸 수도 없고 파당을 모으기도 힘들다(D I. 5). 그렇다면 분파와 당파의 결성은 주로 재산이 많고 출생이 우월한 귀족들의 책임이다. 마키아벨리는 민과 귀족, 즉 "무언가 얻고자 희망하는 자"와 "이미 얻은 것을 잃을까 염려하는 자" 중에서 어느 쪽이 더 큰 분란의 원인이 되는지를 논하면서 다음과 같이 말한다.

> 여하튼, 분란은 대부분 이미 가진 자에 의해 초래된다. 무언가 잃을 것 같다는 그들의 두려움은 무언가 얻고자 하는 자들과 마찬가지로 동일한 욕망을 불러일으키고, 또 일반적으로 사람은 새로운 것을 추가하지 않으면 그가 가진 것도 확실히 지키지 못한다고 믿기 때문이다. 게다가 이 점, 곧 그들은 많은 것을 가지고 있기 때문에, 반란을 일으킴에 있어 보다 많은 힘과 세력을 동원할 수 있다는 점을 고려해야 한다. 이 밖에도, 가진 자들의 무절제하고 야심만만한 처신은 가지지 못한 자들의 마음에 소유에 대한 욕망을 불러일으킨다. 그들은 부자를 약탈함으로써 그들에게 복수하거나 또는 심하게 남용되어온 부나 명예를 스스로 차지하기를 원하기 때문이다(D I. 5).

마키아벨리가 공화국의 건국과 유지를 위해서는 시민들이 가난해야 한다고 지적하는 것도 이러한 부의 불평등으로 인해서 부당한 정치적 영향력을 발휘하는 것을 경계했기 때문이다. 마키아벨리는 다음과 같이 건강한 공화국의 상태가 어떠해야 하는지를 역설한다.

> 나는 가난함이 어떠한 지위나 어떠한 명예든 당신이 거기에 이르는 길을 막지 않는다는 사실, 그리고 능력 있는 인재가 어떤 집에 살고 있든지 그 인재를 등용한다는 사실에 대한 사람들의 확고한 믿음보다 이러한 효과를 만들어내는 데 더 강력한 어떠한 조건이 있다고 믿지 않는다. 그러한 사회 상태는 명백하게 부에 대한 소망을 덜 갖도록 만든다(D III. 25).

그러나 마키아벨리는 위와 같은 공화정의 건강함을 유지하는 것이 얼마나 힘든지를 잘 알고 있었다. 따라서 『피렌체사』 3권 1장의 일견 모순처럼 보이는 마키아벨리의 언급은 공화국의 수립과 유지를 위해서는 특권층을 배제하고 시민들 사이의 평등을 유지하는 것이 핵심임을 주장하고 있는 것이다. 그렇게 보면 마키아벨리가 공화국에 해로운 분파와 당파 발생의 두 번째 원인으로 제시하고 있는 포폴로의 권력 독점은 결과적으로는 피렌체의 평등을 강화시켰고, 결과적으로 피렌체의 분쟁 방식이 결코 나쁘기만 한 것은 아닐 수 있다는 생각을 하게 된다.

Ⅳ. 다시 처음으로

『피렌체사』 3권에서 평등의 중요성에 대한 마키아벨리의 인식은 아무리 강조해도 지나치지 않다. 귀족이 사라졌을 때 도시에 해로운 점도 있지만 반면에 좋은 점도 있다. 그것은 바로 도시에 "평등"이 강화되는 것이다(IF III. 2). 평등의 강화는 공권력의 권위를 세워주고, "사적 폭력 없이 일상적인 방법으로"도 정치가 가능하게 만들어준다(Ibid). 마키아벨리는 과거의 피렌체의 역사는 실패로 점철되었지만 현재의 상황 속에서 희망을 말하고 있다.[13]

『피렌체사』 3권이 그의 다른 저작보다 피렌체의 긍정적인 점과 평등의 중요성에 대해서 좀 더 강조하고 있는 것은 사실이지만, 이것이 로마와 피렌체에 대한 그의 생각이 결정적으로 달라졌다는 근거는 되지 못한다. 마키아벨리가 피렌체에서 귀족이 몰락하고 평등의 정신이 강해진 후 공공정신이 살아나고 개혁을 위한 기반이 조성된 것을 말하고 있지만, 문제는 피렌체에 도래한 평등이 너무 기간이 짧고 그 기반이 허약했다는 데 있었다. 그리고 사실 피렌체에 평등이 도래한 것은 의도하지 않은 결과였다. 포폴로가 자신들의 권력에 대한 욕망을 마음껏 부린 결과, 그동안 불평등의 원인이었던 귀족이 힘을 못 쓰게 됨으로써 자연스럽게 평등한 분위기가 조성된 것이다.

결과적으로 포폴로가 피렌체에 평등을 가져왔다고 볼 수도 있지만, 그렇다고 마키아벨리가 포폴로의 행태를 긍정적으로 평가하는 것은 아닌 것이다. 우리는 여기에서 과거에 대한 평가와 이미 주어진 상황에서 해결

---

13 『군주론』의 마지막 장(26장)에도 이와 유사한 논조를 발견할 수 있다. "위에서 논한 모든 것을 마음에 두면서, 저는 시대가 새로운 군주의 명예에 적합한지, 그리고 자신에게는 명예를, 이탈리아의 모든 사람들에게는 행복을 가져다줄 형상을 도입할 수 있는 현명하고 능력 있는 사람에게 기회를 제공하는 질료가 현재 이탈리아에 있는지 자문합니다. 제가 보기에는 너무 많은 일들이 새로운 군주에게 유리해서 이보다 더 적합한 시대가 또 있었는지 모를 정도입니다."

방안을 찾는 것 사이의 차이를 구분할 필요가 있다. 마키아벨리는 분명히 포폴로의 독점욕이 귀족이 지닌 미덕을 도시에서 사라지게 만듦으로써 피렌체는 어느 때보다 "더욱 비천하고 비참한 상태(piu umile e piu abbietto)"(IF III. 1)가 되었다고 말한다. 그는 고대 로마의 평민처럼 피렌체의 포폴로가 욕심을 자제하고 귀족의 위신을 세워주었더라면 좋았을 것이라는 아쉬움을 보이지만 그것은 지나간 과거일 뿐이다. 마키아벨리는 주어진 현실 속에서 최선의 방안을 찾는데 집중한다.

피렌체의 비극은 일시적으로 찾아온 평등의 원인(포폴로의 권력 독점욕)이, 강력한 제어장치가 없다면, 또 다른 불평등의 원인이 될 수밖에 없었다는 데 있었다. 피렌체의 역사가 그것을 여실히 말해주고 있다. 귀족의 세력이 약해진 후 권력을 차지하게 된 포폴로는 이전에 귀족들이 가지고 있었던 교만과 지배욕을 이어 받아서 그것을 자신들보다 약자인 평민(plebe)에게 행사하기 시작했다. 억압과 부정의에 대한 평민의 불만이 결국 치옴피의 난[14]으로 이어졌고, 이들이 메디치 가문의 독재에 협력하게 된다.

피렌체가 자유와 번영을 잠깐 동안 밖에 유지하지 못하고 쇠락의 길로 걸어갈 수밖에 없었던 원인은 혼합정 정신이 부족한 데 있었다. 이점은 로마 공화정과 비교해서 피렌체가 가지고 있었던 치명적인 약점이었다. 마키아벨리가 『피렌체사』와 "피렌체 정체개혁론"에서 대평의회(Consiglio Maggiore)를 확대해서 다시 열 것을 주장한 것은 바로 피렌체에 부족한 공화정

14 1378년에 피렌체에서 양모(羊毛) 길드에 소속된 하층 노동자들이 임금 체불과 정치적 박해에 저항해서 일으킨 난. 치옴피(Ciompi)는 이들 양모를 다듬는 노동자들을 부르는 말이었다.

의 정신을 부활시키려는 의도였던 것이다.

『피렌체사』와 그 외의 저작들에서 마키아벨리가 평등의 정치적 중요성을 강조하고 있지만, 그가 지향하는 평등이 루께제나 맥코믹이 주장하는 것처럼 극단적인 개혁이나 경제적 평등을 의미하는 것은 아니다. 그렇다고 주르드제빅의 이야기처럼 베네치아식의 귀족주의적 공화정을 목표로 하는 것도 아니다. 마키아벨리는 다양한 계층과 길드 조직이 대거 참여하는, 이전보다 확대된 대평의회의 재개를 원하는 것이다. 결국 『피렌체사』에서도 마키아벨리는 『군주론』이나 『로마사 논고』에서와 마찬가지로 여러 세력의 공존과 균형을 주장하는 것이다.

참고문헌

김경희. 2018.「피렌체 메디치가 연구: 공화정에 내재된 군주정의 계기」.『한국정치 연구』 27집 3호, 27–52.

마키아벨리, 니콜로. 강정인·안선재 역. 2003.『로마사 논고』. 파주: 한길사.

마키아벨리, 니콜로. 신철희 역. 2013.『군주론』. 서울: 책마루.

신철희. 2012.「마키아벨리『피렌체사』읽기: 파벌과 인민형성」.『정치사상연구』 18집 2호, 61–86.

신철희. 2015.「마키아벨리의 역사사상과 메디치 가문」.『한국정치학회보』 49집 1호, 5–22.

페팃, 필립. 곽준혁 역. 2012.『신공화주의: 비지배 자유와 공화주의 정부』. 파주: 나남.

Bobbio, Norberto Bobbio and Maurizio Viroli. 2003. *The Idea of the Republic*. Cambridge: Polity.

Bobbitt, Philip. 2013. *The Garments of Court and Palace: Machiavelli and the World that He Made*. New York: Grove Press.

Bock, Gigela. 1990. "Civil Discord in Machiavelli's *Istorie Fiorentine*." Gisela Bock, Quentin Skinner and Maurizio Viroli, ed. *Machiavelli and Republicanism*. Cambridge: Cambridge University Press.

Bonadeo, Alfred. 1973. *Corruption, Conflict, and Power in the Works and Times of Niccolo Machiavelli*. Berkely: University of California Press.

Coby, Patrick. 1999. *Machiavelli's Romans: Liberty and Greatness in the Discourses on Livy*. Lanham, Maryland: Lexington Books.

Gilbert, Felix. 1977. *History: Choice and Commitment*. Cambridge: The Belknap Press of Harvard University Press.

Jurdjevic, Mark. 2014. *A Great & Wretched City: Promise and Failure in Machiavelli's Florentine Political Thought.* Cambridge: Harvard University Press.

Lucchese, Filippo del. 2000. "Crisis and Power: Economics, Politics and Conflict in Machiavelli's Political Thought." *History of Political Thought* 30(1), 75–96.

Machiavelli, Niccolo. 1988. *Florentine Histories.* Trans. Laura Banfield and Harvey Mansfield. Princeton: Princeton University Press.

Machiavelli, Niccolo. 1989. *Machiavelli: The Chief Works and Others,* Vol. 1. Trans. Allan Gilbert. Durham and London: Duke University Press.

Machiavelli, Niccolo. 1999. *Opere di Niccolo Machiavelli*, Vol. 1. A Cura di Rinaldo Rinaldi. Torino: Unione Tiporgrafico–Editrice.

Machiavelli, Niccolo. 2000. *Opere di Niccolo Machiavelli*, Vol. 3. A Cura di Franco Gaeta. Torino: Unione Tiporgrafico–Editrice.

Pettit, Philip. 1997. *Republicanism*. Oxford: Oxford University Press.

Polybius. 2010. *The Histories.* Trans. Robin Waterfield. Oxford: Oxford University Press.

Strauss, Leo. 1958. *Thoughts on Machiavelli*. Chicago: University of Chicago Press.

4장 민주주의, 민족(국가)주의, 세계시민주의 그리고 공화주의*

채진원(경희대학교)

Ⅰ. 세계시민의 탄생을 돕는 공화주의

2017년 9월 17일 문재인 대통령이 미국 뉴욕 인트레피드 해양·항공·우주박물관에서 세계시민상(Global Citizen Awards)을 받았다. 문재인 대통

* 이 글은 『동향과 전망』 105호에 실린 채진원(2019, pp. 92−128)의 "시민권 보장의 차이로서 공화주의 논의 민주주의, 민족(국가)주의, 세계시민주의와의 비교."를 책의 취지에 따라 재구성한 것임을 밝힙니다.

령은 수상소감에서 "우리 국민은 촛불혁명으로 세계 민주주의 역사에 희망을 만들었다"고 밝혔다.

또한 문 대통령은 "대한민국의 촛불 시민들이야말로 노벨평화상을 받아도 될 충분한 자격을 갖고 있다고 생각한다"고 대한민국 국민의 민주주의를 향한 위대함을 자평하며 세계만방에 한국국민의 민주주의 성취에 대한 자부심을 밝혔다. 그러면서 문 대통령은 "이 상을 지난 겨울 내내 추운 광장에서 촛불을 들었던 대한민국 국민들께 바치고 싶다"고 모든 공을 대한민국 국민에게 돌렸다.

문재인 대통령이 수상의 영광을 촛불시민에게 돌림으로써, 2016년 10월부터 추운 겨울을 거쳐 2017년 5월까지 광화문에서 촛불을 들고 국정농단을 막아낸 시민들은 세계시민으로 등극하는 영광을 얻었다. 문 대통령의 세계시민상 수상은 한국 시민들의 용기 있는 행동과 성숙한 민주주의 결과를 국제사회에 널리 홍보함으로써, 지구촌사회의 연대와 협력에 열정적 자극을 주었다.

세계시민상(Global Citizen Award)은 국제협력·분쟁해결 분야의 세계적 연구기관인 대서양협의회(Atlantic Council)가 국제사회 문제 해결에 기여하고 세계 시민의식을 구현한 인사들에게 주는 것으로 2011년에 만들어진 상이다. 2017년 올해에는 한국의 촛불혁명으로 상징되는 문재인 대한민국 대통령과 저스틴 트뤼도 캐나다 총리, 중국 피아니스트 랑랑 등이 선정되었다.

촛불시민혁명 이후 2018년 한국이 당장 해결해야 할 여러 초국적 문제가 있다. 북핵위기 대응에 대한 비핵화, 한미동맹의 문제, 싸드(THAAD) 배치에 따른 중국과의 갈등, 일본과의 위안부문제와 독도영유권 문제, 중국과의 역사 갈등, 제주의 예멘난민문제 등이 대표적인 문제다. 특히, 중국에서 날아오는 미세먼지와 더불어 한국, 중국, 일본 해안가에 있는 원전문제는 한반도 주변 시민들의 안전을 위협하는 대표적인 난제들이다.

이런 문제를 해결할 수 있을까? 그 해법은 무엇일까? 이런 문제들은 초국가적인 성격을 갖는 복잡한 문제이기 때문에, 지구촌 시민들의 적극적인 참여와 세계시민적 연대 없이 한국정부 혼자의 힘으로만 해결하기 어렵다는 것이 대체적인 의견이다. 낯설었던 지구촌이라는 말과 세계시민이라는 단어가 우리주변으로 점점 더 익숙하게 다가오고 있다.

따라서 '지구적으로 사고하고, 지역적으로 행동하라'(Think globally, Act locally)는 1992년 리우환경회의에서 채택한 구호가 더 이상 어색하지 않다. 즉, '나 자신'보다는 '우리', '대한민국'보다는 '지구촌'관점에서 고민하고 실천해야 할 문제들이 점점 늘어나고 있다.

'지구적으로 사고하고, 지역적으로 행동하라'의 의미는 무엇일까. 지구촌 사회가 대두되면서 공통으로 겪는 문제는 바로 환경문제와 안전문제 그리고 이주노동자문제와 평화문제이다. 중국의 황사바람과 미세먼지는 우리나라에 와서 심각한 피해를 주고 있고, 일본의 원자력 발전소 사고로 우리에게 피해와 공포감을 주고 있다. 이것은 중국과 일본의 잘못 때문이기는 하지만 더 이상 중국과 일본의 문제로만 두고 볼 일이 아니게 되었다.

따라서 Think globally란 우선, 지구적 난제의 문제를 해결하기 위해서는 '보편적인' 시민의 권리와 책임의 문제로 생각해 보라는 것이고, Act locally란 자기가 살고 있는 생활공간에서부터 할 수 있는 시민참여의 실천부터 행동하라는 뜻이라고 볼 수 있다.

'지구적으로 사고하고, 지역적으로 행동하라'는 구호가 절실한 이유는,

세계경제의 둔화에 대한 안티테제로 민족주의, 국가주의, 동화주의, 반세계화, 반이민, 고립주의적 극우정책을 내건 포퓰리즘 정당이 비례해서 빠르게 성장하고 있으며, 이것이 세계시민의 탄생을 방해하고 있어서 이것을 정상화시키는 일이 무엇보다 시급한 일이 되었기 때문이다.

특히, 유럽과 미국에서 자국민의 보호를 위해 들어오는 이민을 막고, 이미 정착한 이주자들과 이방인들에 대한 차별과 배제를 정당화하려는 '극우 정당'과 포퓰리스트의 상승세는 시사하는 바가 크다. 우리나라 역시도 오랫동안 단일민족주의의 신화와 순수혈통의 민족주의가 강한 국가로 분류된 만큼, 세계화시대에 부흥하는 '세계시민 국가'로 나아갈 수 있는 방법론에 대해 토론하고 대안을 마련할 필요가 있다.

2007년 8월 유엔 인종차별철폐위원회(CERD)는 "한국이 민족 단일성을 강조하는 것은 그 영토 내에 사는 서로 다른 민족이나 국가 간의 이해와 관용, 우애의 증진에 장애가 될 수 있다"고 우려를 표시한 뒤, '순수혈통' 및 '혼혈'과 같은 용어와 그에 담겨 있을 수 있는 인종적 우월성의 관념이 "한국 사회에 여전히 널리 퍼져 있다고 우려한다"고 평가하고 있다.

한국이 세계화시대에 부응하기 위해서는, 단일민족국가라는 순혈주의적 배타성에서 벗어나 민족주의나 국가주의가 아닌 국가정체성인 민주공화국의 정신인 공화주의(republicanism)가 강조하는 대로, '시민권과 참정권의 보장과 확대'문제를 본질적인 논제로 삼아 논의하여 개방적 문명국가로서의 자기 전망을 정립해 나갈 필요성이 있다.[1]

이 문제의 실마리를 찾기 위해서는 공화주의에 대해 관심을 갖고 이와 관련되거나 경쟁하고 있는 개념들을 비교 논의하여 살펴보는 것이 중요하다. 특히, 세계시민의 탄생을 촉진하는 패러다임과 관련해서 공화주의는 인류보편의 가치와 시민권과 참정권을 보장하는 보편국가를 사랑하는 마음인 애국심을 강조한다는 점에서 민족주의와 국가주의에서 강조하는 '배타적 애국주의'와 다르며, 주류문화에 대한 인정과 함께 소수문화를 적극 보장함으로써, '다문화주의'와도 충돌하지 않는다는 점을 이해할 필요가 있다.

최근 우리사회에서 점차 화두가 되고 있는 공화주의라는 개념에도 불구하고, 이것이 의미하는 바가 무엇인지에 대해서는 논란이 많고, 학술적으로 분명히 정립되지 못하고 있다. 정치사상적으로는 공화주의에 대한 기초적인 연구는 어느 정도 되어 있다.[2] 하지만, 공화주의가 우리의 현재를 설명하거나 변화의 동력으로 연결시키는 단계로 나아가는 데는 아직 미진한 편이다. 특히, 시민들의 시민권과 참정권 보장과 관련하여 공화주의가 다른 사조들과 어떻게 다른지를 설명하는 데 까지 구체화되지 못하고 있다.

시민권/시민성(citizenship/civility) 이론의 선구자인 영국 사회학자 토마스 험프리 마셜(Thomas Humphrey Marshall, 1893~1981)에 따르면 시민권은 "사회의 구성원 모두에게 부여되는 지위(status)로서 모든 사람이 평등하게 보유할 수 있는 자격"이라고 정의된다. 이에 마샬은 시민권을 갖고 있는

---

1 M. Viroli, *For Love of Country: An Essay on Nationalism and Patriotism*(Oxford: Oxford University Press, 2003); Niccolo Machiavelli, 강정인·김경희 역, 『군주론』(서울: 까치, 2008); Niccolo Machiavelli, 강정인·안선재 역, 『로마사 논고』(파주: 한길사, 2009); 모리치오 비롤리, 김경희·김동규 역, 『공화주의』(고양: 인간사랑, 2006).

2 이동수, "민주화 이후 공화민주주의의 재발견," 『동양정치사상사』 제6권 제2호(2007), 5–25; 김경희, 『공화주의』(서울: 책세상, 2009).

모든 사람들은 시민(citizen)의 지위(status)에 따르는 권리와 의무에 대해 평등한 자격을 갖고 있다고 주장했다.[3]

마샬(Marshall 1963)은 사회발전에 따라 등장한 시민권의 세 가지 요소는 공민적 권리(civil rights), 정치적 권리(political right), 사회적 권리(social rights)라고 분류한다. 공민적 권리는 공동체에 소속된 자유로운 구성원으로서 계약의 자유, 신체의 자유 등 개인의 자유에 대한 보장 권리를 말한다.

정치적 권리는 투표권, 공직참여 등 참정권과 권력의 행사에 참여한 권리를 말한다. 사회적 권리는 교육과 의료복지, 주거, 연금 등의 사회보장, 경제적 복지 등의 권리를 말한다. 마샬의 시민권 이론은 재산, 성별, 종교, 학력, 능력에 관계없이 누구나 '국민최저기준'의 혜택을 받아야 한다는 〈베버리지 보고서〉의 '보편주의 원칙'으로 구체화되었다.

현상적으로 볼 때, 공화주의가 우리나라 국호인 민주공화국과 관련하여 민주주의를 뜻하는 democracy와 어떻게 다른 것인지, 또한 공화주의에서 말하는 애국이 민족주의나 국가주의에서 말하는 애국과 어떻게 다른 것인지, 그리고 다문화주의 수용과 관련해서 공화주의는 세계시민주의와 어떻게 다른지 구체적으로 논의될 필요가 있다.

'민주공화국'이란 개념어에서 전자인 민주, 즉 민주주의(democracy)는 독재(dictatorship)에 대해 싸워온 수십 년간의 투쟁과 1987년 이후 민주화 과

---

3 T. H. Marshall, "Citizenship and Social Class and Other Essays." *In Citizenship and Social Class*(Cambridge: Cambridge University Press, 1963); Jo Shaw, *The Transformation of Citizenship in the European Union*(Cambridge: Cambridge University Press, 2007).

정을 통해 어느 정도 이해하게 되었다. 하지만, 후자인 공화 즉, 공화주의에 대해서는 이론적인 차원에서 비교논의가 부족한 것이 사실이다. 물론 공화주의와 민주주의의 차이를 연구한 선행연구는 여러 편이 있다. 대표적인 연구로는 유종선(2013)의 "공화국과 민주주의는 다르다: 미국 제헌회의의 공화국과 민주주의 논쟁에 대한 고찰"과 최정욱(2013)의 "'Democracy'는 민주주의가 아니라 다수정이다: 공화주의와의 차이를 논하며"가 있다.[4]

또한 곽준혁(2005)의 "민주주의와 공화주의: 헌정체제의 두 가지 원칙"과 이동수(2007)의 "민주화 이후 공화민주주의의 재발견"이 있다. 그리고 공화정, 민주정, 참주정간에 차이분석을 시도한 연구로는 채진원(2014)의 "북한 참주정의 변혁·보존·개선에 관한 '엄밀한 인식'과 한국정체의 대응"과 채진원(2015)의 "정당민주주의 수호를 위한 공화주의적 방어: 독일과 한국의 위헌정당해산 비교논의"가 있다.[5]

하지만 공화주의와 민주주의의 차이와 공화주의와 민족주의/국가주의의 차이 그리고 공화주의와 세계시민주의와의 차이를 종합적으로 비교하

---

4 유종선, "공화국과 민주주의는 다르다: 미국 제헌회의의 공화국과 민주주의 논쟁에 대한 고찰," 『영남국제정치학회보』 제16집 제1호(2013), 179−198; 최정욱, "'Democracy'는 민주주의가 아니라 다수정이다: 공화주의와의 차이를 논하며," 『비교민주주의 연구』 제5집 1호(2009), 37−76.

5 곽준혁, "민주주의와 공화주의: 헌정체제의 두 가지 원칙," 『한국정치학회보』 제39집 3호(2005/가을), 33−57; 이동수, "민주화 이후 공화민주주의의 재발견," 『동양정치사상사』 제6권 제2호(2007), 5−25; 채진원, "북한 참주정의 변혁·보존·개선에 관한 '엄밀한 인식'과 한국정체의 대응," 『동향과 전망』 여름호(통권 91호/2014b), 94−135; 채진원, "정당민주주의 수호를 위한 공화주의적 방어: 독일과 한국의 위헌정당해산 비교논의," 『한국정치학회보』 제49집 4호(2015), 242−266.

여 논의한 연구는 아직 미진한 상태이다. 이에 공화주의란 대체 어떤 것인지에 대해 다른 사조(민주주의, 민족주의/국가주의, 세계시민주의)와 비교하여 어떤 정체성이 있는지를 살펴야 할 것이다. 물론 이와 관련하여 정답이 있거나 일반화된 개념이 정립되어 있는 것은 아니다. 따라서 확증적인 논의를 본격화하기 위해서라도 시론적인 차원의 논의부터 시작할 필요가 있다.

이 글의 목적은, 세계화시대 세계시민의 탄생에 부응하는 민주공화국의 방향성 정립을 모색하기 위한 시론적인 접근으로, 공화주의가 공화주의와 관련되어 경쟁하고 있는 이론적 사조인 민주주의(democracy), 민족(국가)주의(nationalism/statism), 세계시민주의(cosmopolitanism)와 다르게 시민들의 시민권과 참정권을 보장하는데 어떤 독특한 태도를 취하고 있는지를 비교하고 그 차이점을 드러냄으로써, 공화주의의 정체성을 탐색적으로 논의하는 데 있다. 이를 위해 첫째, 이론적인 차원에서 공화주의와 민주주의의 차이를 논의한다(II절). 둘째 공화주의와 민족(국가)주의 차이를 논의한다(III절). 셋째, 공화주의와 세계시민주의의 차이를 논의한다(IV절). 넷째, 결론에서 전체 논의를 요약한다(V절).

II. 공화주의 대 민주주의: 민주공화국 대 민주국

2002년과 2008년에 이어 2016~2017년 광화문 촛불집회에서도 “대한민국은 민주공화국이다”라는 구호가 널리 사용되었다. 서구로부터 이식

된 민주공화주의가 마침내 촛불시민혁명의 꽃을 피웠다. 우리는 촛불집회를 통해서, 1948년 8월 15일 민주공화국을 선포한 이후 69년 만에 대한민국의 정체성이 민주공화국임을 다시 확인했다.

그렇다면, 일찍이 정치철학자 아리스토텔레스, 역사가 폴리비오스, 정치가 마키아벨리 등에 의하면 최고로 좋은 국가형태로 칭송되었던 민주공화국(republic)에서 어떻게 역설적으로 두 번의 군사쿠데타(5·16, 12·12) 그리고 수많은 민중/시민항쟁(4·19, 5·18, 6·10 등)과 촛불시위(2002, 2008, 2016)가 일어날 수 있었던 것일까? 대한민국이 정말 민주공화국이었던 것일까? 혹시 실질과 다른 형식적으로만 민주공화국이었던 것은 아닐까? 하는 점이다.

우리는 민주공화국(democratic republic)의 정체성을 민주국(democracy)의 정체성으로 매우 자의적으로 해석해왔던 것은 아닐까? 상대적으로 공화주의의 관점에서 접근하지 못한 것은 아닐까? 도대체 공화주의와 민주주의는 같은 것인가, 다른 것인가? 잠정적인 결론을 미리 이야기하면, 민주주의(democracy)는 공화주의(republicanism)와 밀접한 연관을 가지고 중첩되는 측면도 있지만 분명히 다른 것이라 할 수 있다.

일반적으로 민주주의는 국민주권주의로서 인민을 뜻하는 'demos'와 지배를 뜻하는 'cracy'의 합성어로 '인민의 지배'를 지향한다. 반면에 공화주의는 어느 누구도 자의적으로 지배(domination)하거나 주종적으로 예속(dependence)당할 수 없는 '비지배적 자유'(freedom as non—domination and non—dependence)를 지향한다.[6]

2018년은, 분단국가인 대한민국이 '산업화 30년'에 이어 '민주화 30년'이 넘어가는 해이다. 2017년이 대통령 탄핵을 통해 정권이 교체된 해로 과거와 미래를 구분하는 중요한 분기점인 만큼, 산업화와 민주화 이후 우리사회가 겪고 있는 당면한 경제적 양극화(빈부격차와 소득불평등)와 정치적 양극화(좌우진영논리와 당파주의) 및 국가안보위기 등을 극복할 수 있는 새로운 근대화 방법론(국가운영모델과 시민참여)을 찾고 국민적 합의를 모색할 때이다.

특히, 미래세대의 지속가능성을 위해서는 청년들이 겪고 있는 청년실업, 비정규직 임금차별, 군대폭력, 안보위기 등 당면한 고통과 불만이 적극 개진되고 범국민차원에서 합리적으로 토론하고 대안을 찾을 필요가 있다. 즉, 물질주의와 권위주의적 성향의 기성세대와 달리 탈물질주의와 탈권위주의적 성향이 강한 청년들의 이해가 종전의 정치경제적 위기대응과 안보위기대응에서 방법적 차이를 보이는 만큼, 기성세대의 이해와 국가의 이해가 충돌하지 않도록 서로 나누고 배려할 수 있는 좋은 방법의 사례를 찾고 공유할 필요가 있다.

2015년 IMF(국제금융기구)는 〈성장 과실의 분배: 아시아의 불평등 분석〉 보고서를 통해 아시아에서 소득불평등이 가장 심각한 나라 1위로 한국을 꼽았다. 상위소득 10%가 전체소득의 45%를 소유하고, 나머지 90%의 국민이 55%를 나누고 있음을 꼬집었다. 특히, 1997년 외환위기를 전후로 상위소득 1%와 차상위 소득 10%는 소득이 각각 3% 포인트, 19% 포인트로 증가했으나 하위소득 10%는 거꾸로 3% 포인트가 감소했다는 것을 지

---

6 M. Viroli, *For Love of Country: An Essay on Nationalism and Patriotism*(Oxford: Oxford University Press, 2003); 모리치오 비롤리, 김경희·김동규 역, 『공화주의』(고양: 인간사랑, 2006); 필립 페팃, 곽준혁 역, 『신공화주의(비지배 자유와 공화주의 정부)』(서울: 나남, 2012).

적했다.

IMF 보고서는 한국이 아시아에서 소득불평등이 최악인 원인으로 정규직 대비 비정규직과 여성노동자의 심각한 임금차별을 지적했다. 보고서는 IMF 이후 특혜와 수혜를 받은 상층자본과 상층노동 대비 90%의 하층노동 간 소득분배가 균형 있게 되지 않았음을 보여준다.

즉, IMF 보고서는 '산업화'의 성과가 상위소득 1%에 집중되어 대기업과 중소기업의 양극화를 고착화시켰으며, '민주화'의 성과는 민주화를 주도했던 차상위 소득 10%에 집중되어 대기업 노동자와 중소하청·비정규직 노동자 간의 양극화를 고착시켰음을 보여준다. 산업화 30년 민주화 30년이 된 한국 민주주의의 실상은 한마디로, 상위소득 1% 산업화세력과 차상위 소득 10%의 상층노동이 좌우기득권을 지키기 위해 하층노동을 지배·약탈하면서 인간적 상처를 남기는 '과두제민주주의'로의 전락을 의미한다.[7]

비정규직 임금차별을 해소하기 위한 좋은 사례로써, 최근 일본의 예는 우리에게 시사하는 바가 크다. 아베 신조 일본 총리는 2016년 말 비정규직의 처우 개선을 위한 '동일노동·동일임금' 가이드라인(지침)을 정했다. 아베 총리가 강조하는 내용은 현재 일본 노동자의 40%에 이르는 비정규직 노동자들의 임금을 정규직의 80% 수준까지 끌어올리겠다는 것이다. 양적 완화 위주의 '아베노믹스'로 경기 회복과 경제 활성화를 꾀했던 아베 정부가 '동일노동·동일임금'이라는 친(親)노동 정책으로 전환한 것은 노

7 채진원, "한국 민주주의는 어쩌다 '좌우 기득권'만을 대표하게 되었나," 《허핑턴포스트》(2017a. 3.1), 1.

동시장의 이중구조의 해소 없이는 저성장 돌파가 어렵다고 판단했기 때문이다.[8]

우리사회의 양극화와 소득격차에 대해 『분노사회』를 저술한 정지우(2014)는 "IMF 이후 우리 사회에 본격 접목된 신자유주의는 개인의 파편화를 초래해 공감 대신 이기심, 공동체 대신 개인에 몰두하게 만들어 나갔다"며 "극심해진 빈부격차는 사랑, 관용 대신 분노를 낳으며 사회를 증오의 현장으로 만들어 나갔다"고 분석했다.[9]

또한 우리사회에 만연된 이념갈등과 남남갈등과 관련하여, 『전쟁과 사회』를 쓴 김동춘(2016)은 군사적으로 볼 때, 한반도는 휴전체제가 평화체제로 바뀌지 않고 전쟁이 계속되고 있어서, 한국전쟁을 이해하지 않고서는 오늘의 한국정치, 한국경제, 한국사회, 한국의 법과 사회심리, 이데올로기 등 모든 것을 제대로 이해할 수 없다고 말한다. 즉, 김동춘은, 클라우제비츠의 공식("전쟁은 다른 수단에 의한 정치다")을 거꾸로 뒤집은 푸코의 주장, 즉 "정치는 전쟁의 연장이다. 국가권력 혹은 지배방식은 전쟁 과정에서 만들어진 정치·사회질서가 반복 재생산되는 것이다. 모든 사회에는 전쟁의 흔적이 남아 있다." p. 93)는 입장을 수용하여 한국의 정치사를 보고 있다.[10]

김동춘의 논의에 따르면, 지금까지 우리나라의 정치가 정전과 분단이

---

8 채진원, "'기본소득' 보다 아베의 '연대임금제'가 낫다," 《허핑턴포스트》(2017b. 1.4), 3.

9 정지우, 『분노사회(현대사회의 감정에 관한 철학에세이)』(서울: 이경, 2014).

10 김동춘, 『전쟁과 사회(우리에게 한국전쟁은 무엇이었나?)』(서울: 돌베개, 2016).

라는 준(準) 전쟁상태에서 내부의 반대세력을 적으로 취급해 폭력과 불법적인 공권력 행사를 정당화하고, 전쟁에 의해 만들어진 권력관계와 정치경제체제가 그 이후 후계체제를 좌우하는 양상을 밟아왔기 때문에, 그것에 대한 합리적 해소 없이는 희망찬 미래로 나아갈 수 없다는 것이다.

또한 우리사회의 정치양극화와 경제양극화와 관련하여, 『무엇이 우리정치를 위협하는가: 양극화에 맞서는 21세기 중도정치』의 저자인 채진원(2016)은 여야 정치권이 박근혜 정부 출범 이후 주요 이슈마다 국민통합보다는 자기지지층 결집을 위해 정치적 양극화전략에 따른 극단적인 좌우진영논리를 동원했음을 꼬집는다. 특히, 이 정치적 양극화로 인해 국민다수가 공감하고 있는 생활상의 문제인 경제적 양극화가 적극 다뤄지지 못하고 해법을 찾는데도 실패했음을 비판한다.[11]

채진원의 논의에 따르면, 세월호든, 메르스든, 교과서든, 안보위기든 어떤 이슈든 간에 토네이도처럼 휘감고 빨아들이면서 회오리바람을 치면서 상승하게 되면 국론은 분열되고 국민은 진영으로 편을 갈라 싸운다는 것이다. 그것의 효과로 좌우진영들은 권력을 획득하고 기득권을 방어할 수 있으나 결국 극에 달한 정치불신은 국민통합과 국가정체성을 약화시키는 국가위기의 부메랑이 된다는 것이다.

채진원은 대안적 방법론으로, '과두제민주주의'를 극복하기 위해서는 민주공화국(republic)의 정신인 '공화주의'로 돌아가서 해법을 찾는 '공화주의적 처방'을 제안한다. 즉, 정치적 양극화와 경제적 양극화에 맞서기 위해서는 정치적 중간지대인 '중도'(moderate)와 '중산층'(middle class)의 강화를

11 채진원, 『무엇이 우리 정치를 위협하는가』(서울: 인물과 사상사, 2016).

중심으로 부자와 빈민의 이해관계를 녹여내는 '중용'과 함께 극단에 치우치지 않고 견제와 균형 및 법치주의를 통해 공공선에 도달하려는 공화주의적 처방이 필요하다는 것이다.

특히, 그는 공화주의를 폴리비오스와 마키아벨리가 말한 '정체순환론'의 개념정의에 따라서, 시민들의 적극적인 정치참여에 기반한 '혼합정체'(mixed government)를 지키고 보존하려는 태도로 보고 있다.

즉, 민주정(democracy)이 군주정(kinship), 귀족정(aristocracy)과 달리 다수 시민들의 정치 참여를 적극적으로 확대했다는 긍정적인 의의에도, 시민들의 정치참여가 숙의와 국민통합이 있는 덕성 있는 시민 참여로 이어지지 않을 경우, 과두정(oligarchy)과 우중정(ochlocracy), 참주정(tyranny)으로 타락하는 경향이 있다는 것을 미리 알고, 그 한계를 적극적으로 회피하기 위해 '권력분립과 계급대표 간의 견제와 균형 원리', '법치주의'로 표현되는 정치적 '혼합정체'를 취하는 태도이다.[12]

민주주의의 어원 자체가 고대 그리스 아테네에서 유래한 것이라면, 공화주의(republicanism)라는 말 자체는 '인민의 일' 또는 '공공의 것'을 뜻하는 고대 로마의 언어였던 라틴어 'res publica'(레스 푸블리카)에서 기원한다.『국가론』을 저술한 고대 로마의 공화파 정치인이었던 키케로(Cicero, BC 106~43)는, 자신의 저서에서 "공화국은 인민의 것이다…참주가 있는 곳에 국가가 없다"(p. 244)라고 말하며, 이상적인 국가는 '혼합정체'를 가져야 한다고 주장한다.[13]

12 김경희, 『공화주의』(서울: 책세상, 2009).

13 마루크수 툴리우스 키케로, 김창성 역, 『국가론』(서울: 한길사, 1978).

공화주의가 추구하는 정부형태인 혼합정체의 기원은 고대 아테네의 아리스토텔레스(Aristoteles, BC 384~322)가 쓴『정치학』(Aristoteles 2009)의 혼합정체(polity)로부터 비롯되었고, 고대 로마 공화정에서 현실적으로 실현된 것처럼, 학자들은 공화주의의 기원과 성숙과정을 고대 아테네의 아리스토텔레스, 고대 로마의 폴리비오스(Polybios BC 203~120 추정), 키케로에서 찾는다.[14]

그리고 고대의 혼합정체의 정신을 근현대에서 구현하기 위해 노력한 정치가로서는『군주론』과『로마사 논고』 등을 쓴 16세기 피렌체 출신의 정치가 마키아벨리(1469~1527), 청교도 혁명 이후 시민정부의 상으로 혼합정을 제공한 종교개혁가 캘빈(1509~1564), 미국에서 다수정의 전횡을 막는 헌법을 디자인한 정치가 매디슨(1751~1836)(매디슨, 1995), 프랑스 관료주의를 비판하며 미국의 민주주의를 배우고자 한 정치가 토크빌(1805~1859) 등에서 찾는다.[15]

이처럼 공화주의는 혼합정체론과 밀접한 관련이 있다. 이 혼합정체론에서 나온 공화주의의 구성요소로는 1) 시민들의 적극적인 정치참여, 2) 비지배적 자유, 3) 법의 지배(법치주의), 4) 공공선, 5) 시민덕성이 있다. 아울러 시민적 덕성과 관련해서 공화주의는 "정치적 자유의 사상일 뿐만 아니

14 Aristoteles, 천병희 역,『정치학』(서울: 숲, 2009); M.I. 편린, 이용찬·김쾌상 역,『그리스의 역사가들: 헤로도투스·투키디데스·크세노폰·폴리비오스』(서울: 대원사, 1991).

15 Niccolo Machiavelli, 강정인·김경희 역,『군주론』(서울: 까치, 2008); Niccolo Machiavelli, 강정인·안선재 역,『로마사 논고』(파주: 한길사, 2009); 알렉시스 드 토크빌, 임효선·박지동 역,『미국의 민주주의 Ⅰ·Ⅱ』(서울: 한길사,1997); 장정애,『미국의 정치문화, 기독교, 그리고 영화』(서울: 집문당, 2008).

라 정치적 자유의 실현과 유지에 꼭 필요한 열정(passion)들에 대한 이론"이라고 볼 수 있다.[16] 특히, 마키아벨리는 자유에 대한 인민의 열정은 지배하려는 욕구가 아니라 오히려 지배받지 않으려는 비지배적 욕구에서 기인한다고 보았다.[17]

그렇다면, 대한민국은 왜 '민주국'(democracy)이 아니라 '민주공화국'(republic)일까? 민주공화국은 민주주의와 어떻게 다를까? 이 둘의 차이를 밝혀 국호의 정체성대로 정치를 구현하는 것이 중요하다. 이 둘의 차이는, 크게는 시민권(citizenship)과 시민성(civility) 논의와 관련하여 '자유권'에 대한 태도에서 작게는 '통치권(지배권)'을 대하는 태도에서 다르다고 볼 수 있다. 시민권의 핵심으로서 자유권의 종류에는 '소극적 자유권'과 '적극적 자유권' 그리고 그 둘 사이에 있는 '중간적 자유권'이 비교될 수 있다.[18]

소극적 자유권은 '자유주의'(liberalism)에서 말하는 자유권으로서, 국가가 개인의 생명과 자유 및 재산을 침해하거나 간섭하지 못하도록 하는 '국가의 횡포로부터의 자유'를 말하고, 적극적 자유권은 '공동체주의'(communitarianism)에서 말하는 자유권으로서, 시민들의 적극적인 능력과 참여를 통해 직접민주주의(direct democracy)의 이상향처럼, '시민들의 자기통치(self–rule of citizens)를 추구하는 자유'를 말한다. 하지만 '중간적 자유권'은 공화주의에서 말하는 자유로서, 자유주의와 공통체주의 간의 오랜 논쟁

16 모리치오 비롤리, 김경희·김동규 역, 『공화주의』(고양: 인간사랑, 2006), 49.

17 Niccolo Machiavelli, 강정인·김경희 역, 『군주론』(서울: 까치, 2008), 68–69; Niccolo Machiavelli, 강정인·안선재 역, 『로마사 논고』(파주: 한길사, 2009), 89.

18 모리치오 비롤리, 김경희·김동규 역, 『공화주의』(고양: 인간사랑, 2006); 필립 페팃, 곽준혁 역, 『신공화주의(비지배 자유와 공화주의 정부)』(서울: 나남, 2012).

을 극복하기 위한 '중간적 자유권' 형태로서, '비지배적 자유를 추구하는 법치주의적 자유'를 말한다.[19]

공화주의가 말하는 '중간적 자유권'이란, 자유주의의 소극적 자유권보다는 훨씬 부담스럽지만, 공동체주의의 적극적 자유권보다는 덜 부담스러운 관계적 개념이다. 자유주의적 자유가 말하는 시민적 소극성을 벗어나 시민들의 적극적인 참여를 지향하면서도 공동체주의적 자유(즉, 직접민주주의)를 취할 때, 나타날 수 있는 전체주의 요소나, 다수결의 전횡, 소수파 무시, 포퓰리즘, 민중독재 등과 같은 문제점을 해결하기 위해 '대의제 민주주의'(혼합적 민주주의, 입헌적 공화주의)의 공공성을 추구하는 자유권을 말한다.

특히, 공화주의 중에서 약한 공화주의를 지향하는 하버마스의 '입헌적 공화주의'는 전후 독일연방공화국의 헌법에 구현된 자유와 민주주의의 보편적 원리들에 대한 충성심(입헌적 애국)을 말하는 것으로, 이것은 '자유주의적 자유'와 '공동체주의적 자유'의 극단을 피하면서도 양자를 이성적 숙의를 통해 통합하고자 하는 시도로 보인다.[20]

다시 말해서, 공화주의는 자유주의가 추구하는 일체의 간섭과 규제를 철폐하는 소극적 자유권보다는 시민들의 적극적인 참여와 견제권을 통해 만들어진 대의민주주의와 법치주의를 통해, 어느 누구도 자의적으로 지배하거나 주종적으로 예속(dependence)될 수 없는 상태(non-domination) 즉,

---

19 곽준혁, "민주주의와 공화주의: 헌정체제의 두 가지 원칙," 『한국정치학회보』 제39집 3호(2005/가을), 33–57.

20 위르겐 하버마스, 한상진·박영도 옮김, 『사실성과 타당성: 담론적 법이론과 민주적 법치국가이론』(서울: 나남, 2007).

'비지배적 자유권'을 지향하는 점에서 자유주의에서 말하는 '불간섭'(non-intervention)의 자유권과 그것에 기반한 자유민주주의(liberal democracy)와도 다르다.

여기서 '비지배적 자유권'은, 시민권(citizenship/civility)과 관련하여 공민권을 갖는 '키비타스(civitas)로서의 자유'개념의 전통에 입각해 있기 때문에 적절한 법을 지닌 정체(regime)에서만 필연적으로 존재할 수 있다. 따라서 키비타스의 핵심이 적절한 '법의 지배'라는 점을 볼 때, 비지배적 자유권은 자유의 상실이 아니다. 이 때문에, 공화주의는 헌법이 만들어 지는 정치과정에 시민들이 참여하고 견제함으로써 자유의 속성을 헌법적으로 공유한다는 점에서 헌정주의(constitutionalism)와도 연결된다.[21]

하지만 공화주의는 공동체주의가 강조하는 '적극적 자유'와도 다르다. 즉 시민들이 모든 것을 직접 결정하는 자기통치(self-rule) 그리고 직접민주주의(direct democracy)가 지향하는 인민의 자기지배(self-rule of people)나 인민 다수의 지배(rule of majority) 및 인민민주주의(populist democracy)와도 다르다. 공화주의는 직접민주주의(direct democracy)가 강조하는 적극적 자유권 행사와 달리 보통선거를 통해 다수의 시민들이 선출한 소수의 대표자를 통해 어느 누구의 계파나 계급도 지배하거나 지배받을 수 없는 비지배적 자유(freedom as non-domination)인 견제와 균형의 국민통합 상태를 위해 '대의제적 혼합정부'와 '법치주의' 및 '숙의'(deliberation)를 지향한다는

21 M. Viroli, *For Love of Country: An Essay on Nationalism and Patriotism*(Oxford: Oxford University Press, 2003); 모리치오 비롤리, 김경희·김동규 역, 『공화주의』(고양: 인간사랑, 2006), 138; 필립 페팃, 곽준혁 역, 『신공화주의(비지배 자유와 공화주의 정부)』(서울: 나남, 2012), 99.

점에서 다르다.[22]

요약해보면, 공화주의는 국가의 공공선을 위해 남에게 예속(dependence)되거나 반대로 남들을 예속시켜 사적으로 지배하는 종속(domination) 모두를 배척하는 '비지배적 자유권'을 추구하는 것을 말한다. 즉, 공화주의는 외부와 타인의 예속과 종속을 타파하기 위해 국가의 공공성을 지향하는 대표자들의 법치주의적 개입에 대해 시민들이 적극 참여하는 비지배적 자유권을 추구하는 것을 말한다.[23]

아이디얼 유형으로 볼 때, democracy를 뜻하는 민주국은 '인민의 지배'라는 의미에서 일반적으로 "다수파에 의한 소수파 지배(다수결 지배)"를 인정하는 체제를 말한다. 그러나 republic인 민주공화국은 다수파의 존재와 소수파의 존재 모두 인정하면서 누가 정권을 잡더라도 '비지배적 자유상태'를 추구하는, 견제와 균형을 통한 공생상태 즉, 국민통합을 추구하는 체제라 할 수 있다. 따라서 공화주의자들은 민주공화국이 가능하기 위해서는 두꺼운 중산층과 중도파가 중심을 잡고 지적·도덕적·정치적 리더십이 필요하다고 전제한다.[24]

---

22 제임스 매디슨 외, 김동영 옮김, 『페더랄리스트 페이퍼』(서울: 한울아카데미, 1995); 버나드 마넹, 곽준혁 역, 『선거는 민주적인가』(서울: 후마니타스, 2004); 채진원, "정당민주주의 수호를 위한 공화주의적 방어: 독일과 한국의 위헌정당해산 비교논의," 『한국정치학회보』 제49집 4호(2015), 242-266.

23 M. Viroli, *For Love of Country: An Essay on Nationalism and Patriotism*(Oxford: Oxford University Press, 2003); 모리치오 비롤리, 김경희·김동규 역, 『공화주의』(고양: 인간사랑, 2006); 세실 라보르드·메이너 존, 곽준혁·조계원·홍승헌 역, 『공화주의와 정치이론』(서울: 까치, 2009); 필립 페팃, 곽준혁 역, 『신공화주의(비지배 자유와 공화주의 정부)』(서울: 나남, 2012).

24 채진원, 『무엇이 우리 정치를 위협하는가』(서울: 인물과 사상사, 2016).

공화주의는 경쟁하는 체제인 민주국이 당연 1인에 의한 다수지배 체제인 군주정, 소수에 의한 다수지배체제인 귀족정보다 시민참여의 양적확대에서 우월한 부분이 있다고 평가한다. 이렇듯, 시민참여의 양적 우월성에서 공화주의와 민주주의/민주국은 중첩되기도 한다. 하지만 공화주의는 질적 측면에서 민주국은 다수파 전횡에 따른 소수파 무시, 우중정치, 포퓰리즘, 선동정치에 취약하며 중우정과 참주정으로 타락하는 경향이 있다고 평가한다. 즉, 공화주의는 민주국이 이런 의의와 한계를 갖는 견딜 만한 체제이나 지속가능한 우월한 체제는 아니기 때문에, 최선의 정치체제는 아니라 평가한다.[25]

따라서, 공화주의는 민주국의 '다수파 지배'라는 의의와 '다수결의 전횡'이라는 한계도 함께 인정하면서 이를 보완하기 위해 "다수파와 소수파를 섞되 전혀 다른 제3의 방식으로 혼합하여 비지배적 자유상태"를 추구하는 체제인 민주공화국이 필요하다고 본다.

마키아벨리 등 근대 르네상스 시대 이후의 공화주의자들은 공화국에 대한 나라사랑의 열정과 봉사적 헌신 및 애국심을 자유시민의 시민적 덕성(virtu)으로 보았다. 그들은 오늘날 민주주의이론에는 "나라사랑에 대한 열정과 애국심"이 빠져 있어서 공화주의적 자유를 멀리하는, 다수파의 지배를 추구하는 소극적 자유주의자가 되거나 시민권이 보장되지 않는 민족주의자나 국가주의자가 되는 경향이 있다고 비판하고 있다. 비지배적 자유권을 추구하는 공화주의적 애국이란 좋은 정치와 법을 가진 공화국의 소속에서 더불어 살아가는 시민적 삶을 직접 경험하는 데서 나오는 자

25 김경희, 『공화주의』(서울: 책세상, 2009).

긍심에 대한 정치적 열망과 개방적 공동체에 대한 사랑이라고 보고 있다.[26]

Ⅲ. 공화주의 대 민족주의(국가주의): 활사개공 대 멸사봉공

공화주의는 역사적으로 근대국가의 출현과 관련하여 nationalism의 번역어인 국민주의/민족주의 혹은 statism의 번역어인 국가주의와도 일정 겹치는 부분이 많아서 혼란스러운 측면이 있다. 그렇다면, 아이디얼 타입에서 공화주의와 민족주의(nationalism) 혹은 공화주의와 국가주의(statism)는 어떤 차이가 있는 것일까?

근대국가를 만들고 운영하는 방식에서 이들의 차이가 확연한 만큼, 우선 역사적으로 접근할 필요가 있다. 즉, 프랑스 혁명기 나폴레옹 전쟁을 필두로 하여 18세기 이후 유럽과 미국의 역사에서 등장한 전쟁이 근대국가를 만들어 내고, 근대국가가 전쟁을 수행하면서 국민(nation)과 시민(citizen), 시민군인(citizen soldier)을 만들어 냈다는 분석처럼[27], 군대 등 합법적

---

26 M. Viroli, *For Love of Country: An Essay on Nationalism and Patriotism*(Oxford: Oxford University Press, 2003); 모리치오 비롤리, 김경희·김동규 역, 『공화주의』(고양: 인간사랑, 2006), 50.

27 찰스 틸리, 이향순 역, 『국민국가의 형성과 계보』(서울: 학문과 사상사, 1994); 김동규, "공화주의적 외교안보 비전을 위한 시론," 『동향과 전망』 101호(2017), 136–166.

인 폭력과 관료제를 독점하는 근대 국가를 만드는 방법론에서 그리고 근대국가를 운영하는 방법론에서 차이가 있다. 특히, 근대국가의 핵심적 기능인 전쟁수행기구인 군대를 조직하는 방법론에서 이들의 차이는 매우 크다.

나폴레옹은 프랑스의 공화정 혁명을 방어하고, 확산하기 위한 해방전쟁을 위해 군사력 강화에 박차를 가했다. 그는 누구보다도 1793년 프랑스 혁명당시 "국민개병제 기반한 국민총동원령"을 믿고, 무장한 국민을 활용한 장군으로 유명하다. 나폴레옹의 프랑스 혁명전쟁은 이전에 비해 전쟁의 양상을 근본적으로 바꿔놓았다. 즉 "군주하의 용병중심의 제한전쟁"에서 "국민군중심의 섬멸전–총력전"으로 바꿔 놓았다. 군주가 돈을 주고 충성심 있는 용병을 모으는 방식의 전쟁에서 시민권과 참정권에서 나오는 자발적 애국심으로 무장한 국민군의 전쟁방식으로 바꾸어 놓았다.[28]

변화된 전쟁방식의 양상에 따라 민중들에게 시민권과 참정권을 보장하면서 자발적인 애국심을 끌어내지 않고서는 100만 명의 국민군대를 모집하거나 동원해서 승리할 수가 없었다. 훗날 나폴레옹은 자신의 백서에서 "지난 25년 동안 프랑스가 군사적으로 영광을 누리고 유럽에서 영향력을 떨친 비결이 바로 여기(애국심으로 무장한 국민개병제)"라며 "징집혁명이 승리의 관건"이었다고 술회하였다.[29]

앞선 나폴레옹 방식의 예시처럼, 공화주의는 농촌에서 농업적 혈연관계에 기초한 중세사회와 달리 도시에서 상공업적 이익에 기초한 근대국가

28 백인호 외, 『전쟁과 프랑스 사회의 변동』(서울: 홍문각, 2017), 155.
29 백인호 외, 『전쟁과 프랑스 사회의 변동』(서울: 홍문각, 2017), 155.

를 만들고 그것을 운영하기 위해서는 즉, 국가의 소속감을 만들기 위해서는 시민들의 권리와 자격을 보장하는 시민권에 기초한 자발적인 참여 그리고 자신의 이익과 국가의 이익을 일치시키려는 참여에 대한 열정과 자발적 애국심(patriotism)이 절대적으로 필요하다고 본다.

그래서 공화주의는 상공업적 계약문화를 통한 국가와 시민간의 권리-의무관계와 시민의 자격을 규정하는 시민권(civil right)과 참정권(political right)을 적극 보장하는 법치주의에 근거한 방식으로 근대국가를 조직할 수밖에 없었다.

즉, 공화주의는 시민들의 정치참여라는 민주주의 원칙에 따른 법치국가(the rule of law)를 추구하기 때문에, 인종, 종족, 종교, 언어 등의 차이에 따라 시민권과 참정권의 보장을 차별하지 않는 개방적 문명국 혹은 보편적 문명국가(empire)를 지향할 갈 가능성이 크다. 다시 말해서, 그 법치국가에서 만들어지고 운영되는 법은 계약의 당사자인 자국의 국민에게만 배타적으로 적용되는 '일반의지'를 넘어, 타 국민에게까지 공평하게 적용될 수 있는 '보편의지'로 나아갈 가능성이 크다.[30]

따라서 보편의지를 추구하는 공화주의적 문명국가는 타국을 불법으로 침략하여 식민지를 만드는 제국주의로 향할 가능성이 적다. 이런 보편적 문명국가(empire)는 오늘날 국민국가 체제가 보편적인 정치질서로 잡기 이전 고대로부터 존재하였던 가장 오래되고 보편화된 정치질서 모델 중 하나인, 하나의 상위질서 아래 다수의 국가가 통합되는 제국 시스템을 지향

30 M. Viroli, *For Love of Country: An Essay on Nationalism and Patriotism*(Oxford: Oxford University Press, 2003).

할 가능성이 크다.[31]

그리고 공화주의는 시민들의 자발적인 참여와 애국심에 의한 국가운영 즉, 자신이 보장받고 있는 시민권과 참정권을 존경하고 사랑하는 애국심에 의존하는 국가운영을 이상적 규범으로 본다. 따라서 공화주의는 공공의 자유를 지탱하는 정치제도 내지 생활양식에 대한 호의(즉 공화정에 대한 호의)라는 점에서 민족주의와 민족애와도 구별된다.[32]

즉, 공화주의의 국가운영은 혈연, 종족, 민족, 신화와 같은 타고난 생래적 감정보다 근대적인 시민참여를 긍정하는 나라의 법과 제도에 대한 열정적 사랑(즉, 좋은 정치와 공적인 삶에 대한 시민들의 열정과 사랑)이 있을 때 가능하다고 본다.[33] 특히, 근대국가가 수행하는 핵심적인 기능 중 하나인 전쟁참여도 시민들의 자발적 참여와 열정적 애국심이 있을 때, 가능하다고 본다.

공화주의는 전쟁수행을 위한 군대조직의 방법론으로, 시민권과 참정권을 가진 시민들의 공적 자긍심과 자발적인 애국심에 기반한 국민개병제(國民皆兵制)를 사용하는 것을 이상적 규범으로 본다. 이에 "모든 시민이 곧 국가의 병사"라는 국민개병제는 시민들의 자발적 애국심에 기초한 군

31 레오나르드 브루니, 임병철 역, 『피렌체 찬가』(서울: 책세상, 2002); 스티븐 하우, 한동희 역, 『제국』(서울: 뿌리와 이파리, 2007); 에이미 추아, 이순희 역, 『제국의 미래』(서울: 비아북, 2008); 헤어프리드 뮌클러, 공진성 역, 『제국: 평천하의 논리』(서울: 책세상, 2015); 가라타니 고진, 조영일 역, 『제국의 구조: 중심 주변 아주변』(서울: 도서출판 b, 2016).

32 M. Viroli, *For Love of Country: An Essay on Nationalism and Patriotism*(Oxford: Oxford University Press, 2003), 2.

33 모리치오 비롤리, 김경희·김동규 역, 『공화주의』(고양: 인간사랑, 2006), 50–53.

대조직이기에 억압적인 군법과 반인권적인 상명하복의 위계적인 명령으로 운영될 필요가 없다.

또한 공화주의는 전쟁에서 승리하기 위해 마르크스가 언급하고 있는 계급투쟁과 계급갈등이 아닌 계급간의 우정과 전우애, 계급간의 타협과 화해를 활성화하는 것을 권장한다. 귀족과 민중, 자본가와 노동자의 타협과 협력 및 우정과 전우애를 고양하기 위한 법제도적 노력을 기한다.

즉, 그리스와 로마가 전쟁승리를 위한 중장보병 군대를 만들기 위해 귀족과 민중이 타협하여 시민권을 확대하고 중산층을 확대한 것에 주목한다. 또한 19세기 스웨덴이 공산주의 소련과 나치주의 독일 사이에서 생존과 번영을 위해 노자가 타협하여 산업평화를 위한 샬트스바덴협약을 통해 제3의 길(동일노동 동일임금 연대임금제, 종업원경영참여 등), 복지자본주의 국가로 나아간 것에 주목한다.[34]

이에 비해 민족주의나 국가주의는 대체로 시민권과 참정권을 보장함으로써 시민들의 공적 자긍심에 기초한 자발적인 애국심에 기초하는 국가의 건설보다는 시민들의 시민권과 참정권을 완벽하게 보장하지 않은 채, 혈통, 가족, 인종, 종교, 민족, 신화 등 문화적·종족주의적 동질성을 강조하거나 외부의 적(enemy)을 만들거나 적국에 대한 적대감과 증오감을 만들어 '배타적인 상상의 공동체'(imagined communities)인 국가나 민족을 만들려고 한다는 점에서 공화주의와 다르다.[35]

---

34 옌뉘안데르손, 박형준 역, 『경제성장과 사회보장 사이에서(스웨덴 사민주의, 변화의 궤적)』(서울: 책세상, 2014); 홍기빈, 『비그포르스, 복지 국가와 잠정적 유토피아』(서울: 책세상, 2011).

35 D. Smith Anthony, *Nationalism*(Cambridge: Polity, 2001); M. Viroli, For Love of

특히, 민족주의나 국가주의에서의 전쟁수행은 시민권과 참정권이 없는 시민들을 배제하거나 강제로 동원하기 때문에, 공화주의에서 강조하는 공적 자긍심과 자발적인 애국심보다는 국가주의 이데올로기와 군국주의 이데올로기 및 억압적이고 강제적인 군법을 사용한다는 점에서 다르다.[36] 민족주의나 국가주의에서의 전쟁수행의 방법론은 시민참여적인 방식인 '국민개병제'가 아닌 강제적인 국민동원령과 징집에 의존하는 '국민징병제'를 사용할 수밖에 없다. 징병제를 통해 동원되는 군대조직은 자발적인 애국심이 없기에, 강제와 처벌이 중심이 되는 억압적인 군법이 작동할 수밖에 없다.

민족주의나 국가주의는 시민들의 시민권과 참정권 보장에 따른 법치국가라는 문명국단계에 도달하지 못했기 때문에, 타국의 주권과 법을 무시하고 침략하여 식민지로 만드는 '제국주의'로 향할 가능성이 크다. 제국주의의 침략을 받은 약소국은 대개 시민권과 참정권 보장에 기초한 근대법치국가로의 근대화가 늦어졌기 때문에, 침략국에 대한 적대감과 동족, 민족, 신화 등을 강조하는 '저항적 민족주의'로 향할 수밖에 없다.

대혁명 후 프랑스는 국민개병제를 실시한 최초의 나라가 되었고 100만 대군을 거느릴 수 있게 된 나폴레옹은 유럽의 구체제 국가들을 점령하게 되어, 구체제국가들이 보편적인 시민권과 참정권 확대에 기초한 국민개병제로 맞서지 않을 수 없도록 압박했다. 국민개병제의 역사는 프랑스 혁명

Country: *An Essay on Nationalism and Patriotism*(Oxford: Oxford University Press, 2003); Benedict Anderson, *Imagined Communities*(London: Verso, 2006).

36 M. Viroli, *For Love of Country: An Essay on Nationalism and Patriotism*(Oxford: Oxford University Press, 2003),

사가 보여주었듯이, 시민들의 덕성(civic virtu)에 기초한 시민권(citizenship/civility)의 역사와 맥을 같이 한다. 즉, 국민개병제는 근대국가의 상징으로 모든 시민이 자유롭고 평등하게 국방의 의무에 참여하여 외세로부터 신성한 조국을 지킨다는 이상실현을 목표로 하였다.

당시 프랑스 국민개병제도는 공화국 시민의 애국심과 시민적 미덕과 부합하였다. 시민적 미덕이란 '공공복리에 대한 헌신'으로 공화국에 대한 외침을 격퇴하는 한편 특수이익을 추구하는 내부 파당을 분쇄하는 애국심이었다.

하지만 프랑스의 국민개병제와 다르게 한국의 징병제도는 1950년 한국전쟁 당시 병력의 45%를 잃은 국군이 긴급하게 병력을 보충하기 위해 실시한 국민방위군 설치법에 그 뿌리를 두고 있다. 절대적인 병력 부족을 해결하기 위해 급하게 도입된 국민동원령은 이후 1951년 병역법 개정을 통해 징병제로 자리를 잡았다.[37] 프랑스 국민개병제도와 우리 징병제가 다른 것은 전자가 시민적 덕성과 애국심이 중시되었던 반면 우리는 국가의 강제와 처벌이 강한 병역법이 강조되었다는 점이다.

프랑스 시민혁명군과 같이 시민의 자발적인 애국심에 기초한 국민개병제도가 오늘날 우리에게 바람직하게 전승되어 운영되지 못하고 있는 점은 안타까운 현실이다. 그 핵심적 이유는 군사정권이 군대를 자신의 정권유지방식으로 이용하면서 보편적인 공화국의 혁명정신과 시민적 애국심을 사라지게 하여 오늘날의 의무와 상명하복만 있는 군대로 남겨 놓았기 때문이다. 각종 군기문란과 폭력으로부터 벗어나 강한 군대를 만드는 일은

37 민진, 『한국의 군사조직』(서울: 대영문화사, 2017).

군 당국만의 일이 아니라 국민 모두의 일이란 점에서 '인권이 있는 병영문화'만으로 해결하기엔 부족하다.

한국의 징병제도가 강제와 의무가 아니라 공화국에 대한 시민적 애국심과 열정적 사랑을 가지고 자발적인 참여로 운영되기 위해서는 시민권과 참정권의 확대, 시민교육과 시민의 정치참여를 생활화함과 동시에 공화국의 시민정신을 복원하는 데 관심을 가져야 할 것이다. 시민권과 참정권을 보장하는 문명국가에 소속된 자긍심을 가지고 문명국가가 시민에게 준 복지와 교육 등 사랑에 대한 보답으로 사랑스런 나라를 위해 봉사하고 군 복무에 참여할 수 있도록 "국민개병제"에 더욱 충실하게 군복무 장병들을 선발하고 운영할 필요가 있다.[38]

시민권 보장을 통한 시민참여정신의 복원과 관련해서 공화주의적 시민정신인 활사개공(活私開公)을 민족주의나 국가주의 이데올로기인 멸사봉공(滅私奉公)과 구별할 필요가 있다. 즉, '활사(活私)에서 사(私)는 근대적인 '개인'(individuality)의 시민권(citizenship)과 시민성(civility)을 강조한 표현이다. 반대로 멸사봉공이란 말은 "개인의 자유권을 소멸시키고 희생해서 공공의 이익에 봉사한다"는 뜻이다. 이 말은 소련이 경제개발 5개년 계획을 할 때나, 독재국가들이 통치의 이데올로기로 국민들에게 주입시켰던 가치관이다. 근대 일본도 천왕을 중심으로 서양의 문명을 받아들여 나라를 새롭게 하자는 메이지 유신(維新)을 단행하며, "멸사봉공을 강조한 민족주의"를 만들어 냈고, 그 논리로 조선과 주변국들을 침략하는 "제국주의 국가"로 갔다.

---

38 채진원, "시민적 덕성과 애국심이 강한 군대," 《매일신문》(2014a. 11.25), 5.

하지만 활사개공(活私開公)이란 말은 "개인의 자유권을 살려서 공공의 이익을 열어간다"는 뜻이다. 이 말은 종교개혁과 청교도 혁명이후 상공업을 바탕으로 하여 개인의 자유로운 권리와 사적 이익을 추구하면서도 공적이익을 결합시켰던 자유시민들이 추구했던 민주주의적 가치관을 보여준다. 영국의 대헌장 선언, 미국 독립선언, 프랑스 인권선언에서 천명된 것처럼, 이 가치관은 국가가 개인을 위해 존재하는 것이지, 개인이 국가를 위해 존재하는 것이 아님을 분명히 밝히고 있다.

2018년 평창올림픽의 500미터 여자 피겨스케이팅 경기에서 한국의 이상화 선수와 일본의 고다이라 나오 선수가 반일(反日)과 혐한(嫌韓)의 대립이라는 국가와 민족감정을 넘어 한 시민으로서 연민과 우정을 나눠 올림픽 정신을 꽃피웠듯이[39], 한국은 변화된 시대상황 속에서 이제 "민족주의"가 동원하고 있는 "피해자의식"에서 벗어나서 "가해자"의 위치에 서 있다는 것을 직시하여 성찰할 필요가 있다. 즉, 한국은 위안부 피해 할머니 등 일제 식민지배의 "피해자"로서 많은 고통을 받았다. 하지만 지금은 상황이 달라지고 있다.

『미안해요 베트남』의 저자인 이규봉(2011)[40]에 의하면, 베트남 전쟁에 참전한 한국군은 베트남 민간인과 여성들을 학살하고 강간하는 등 많은 고통을 준 가해자였다. 또한 한국인들은 한국에 들어온 수많은 이주노동자와 결혼이주여성들을 비인격적으로 대우하고 차별하고 고통을 주는 등

39 맹경환, "이상화와 고다이라 나오의 '아름다운 우정', 일본 언론도 관심," 《국민일보》(2018. 2.19), 3.

40 이규봉, 『미안해요! 베트남』(서울: 푸른역사, 2011).

가해자로서 행동을 멈추고 있지 않다. 이제 한국은 피해자와 가해자를 넘어 세계화와 다문화시대에 맞게 "보편적 시민권과 참정권의 확대"를 추구하는 "문명국(공화제국)으로서 자기역할"을 정립하고 추구할 때가 되었다.

Ⅳ. 공화주의 대 세계시민주의: 점진적 현실주의 대 급진적 이상주의

국가의 배타적 경계를 약화시켜 국가 정체성의 변화를 야기하는 세계화의 경향은 특정 국가의 시민성을 강조하던 시민사회(civil society)의 개념을 넘어 글로벌 시민사회(global civil society)와 유럽연합, 국제기구 등과 같은 민족국가를 넘어서는 초국가적 국제질서의 출현을 촉진한다.[41]

경제적 통합의 증대와 노동력의 국제적 이동이 증대하여 이주민에 의한 다문화(multi-culture) 사회가 도래하고, 지구온난화 등으로 인한 지구환경문제에 공동으로 대처하면서 지속가능한 발전을 위한 시민들 간의 지구시민적 연대가 강화되는 지구화현상이 출현한다. 이러한 세계화의 진전은 우리사회를 지구시민사회로 변모하게 하고, 우리로 하여금 지구시민사

41 Ulrich Beck, *Cosmopolitian Vision*(Cambridge: Polity Press, 2006); David Held, *Cosmopolitanism*(Cambridge: Polity Press, 2010); Daniele Archibugi, *The Global Commonwealth of Citizens: Toward Cosmopolitan Democracy*(Princeton: Princeton University Press, 2011); 임성호, "지구화시대의 탈경계 정치과정을 위한 이론토대: 새로운 실마리의 모색," 임성호 외 편. 『지구화시대의 정당정치』(서울: 한다 D&P, 2011).

회에서 살아가는 삶의 주체로서 세계시민성(global citizenship)을 담보하는 세계시민을 요구한다.[42]

일반적으로 세계시민이란 지구촌 시민으로서 지구촌에서 벌어지는 고통과 불의에 공감하고 문제해결을 위해 책임과 의무를 다하는 시민을 말한다. '지구적으로 사고하고, 지역적으로 행동하라'(Think globally, Act locally)는 1992년 리우환경회의에서 채택한 구호를 실천하는 시민이다. 현재 자신이 몸담은 지역이나 국가에만 본인을 한정 짓지 않고, 근본적으로 나와 다른 세계의 또 다른 면에 대해 공감하고 인정하는 사람을 말한다. 즉, 지구촌속 다른 사람의 고통에 공감하고, 나눔과 배려가 있는 지속가능한 세계를 만들기 위해 행동하는 시민이다.[43]

그렇다면, 한국 시민들은 우리와 주변국 시민들이 글로벌 시민으로 성장할 수 있도록 세계시민의 탄생을 촉진하기 위해 무엇을 해야 할까? '글로벌 시민'으로의 성장을 방해하지 않고, 촉진할 수 있는 규범과 국제질서 시스템들을 생각하고 제안해 볼 수 있을 것이다. 특히, 세계시민을 촉진할 대안적 패러다임은 무엇인지 생각해 볼 필요가 있다. 우선, 세계시민의 탄생을 가로막는 동화주의(cultural assimilation), 민족주의, 국가주의, 반세계화, 반이민, 소수자에 대한 배척, 고립주의적 극우정책을 내건 포퓰리즘이 득세하지 못하도록 정치외교적으로 견제하면서 합리적 대안을 제시하는 것이 무엇보다 중요하다.

동화주의를 깔고 있는 민족주의나 국가주의는, 정치적 차원에서 시민

42 이동수 외, 『지구촌과 세계시민: 세계시민 되기』(고양: 인간사랑, 2017).
43 마사 누스바움 외, 오인영 역, 『나라를 사랑한다는 것』(서울: 삼인, 2003).

권과 참정권의 보편적 확대를 긍정하면서 문화의 다양성을 점진적으로 수렴해가는 '공화주의'(republicanism)와 다르다. 민족주의나 국가주의는 시민들의 시민권과 참정권을 보장하거나 보편적으로 확대하는 것 없이 종교, 인종, 종족, 신화 등 문화적 동질성을 우선으로 하여 자기문화와 자기민족국가의 우월의식에 기반한 동화주의(cultural assimilation)를 강조한다는 점에서 문화갈등과 분쟁 및 거센 저항을 유발하고 있다.[44]

미국의 정치학자 헌팅턴(Huntington)이 밝힌 것처럼, 민족주의나 국가주의에 기반한 동화주의가 지속된다면 7개의 문화권(중국, 일본, 힌두교, 이슬람교, 서구, 남미, 아프리카)이 서로 대결과 갈등하는 문명충돌은 불가피하고, 수많은 민족갈등과 종족분쟁 및 유혈전쟁을 피할 수 없을 것이다.[45]

'동화주의'는 이민자들이 주류사회의 기존 문화와 종교, 사회적 질서와 가치, 언어 등을 받아들이도록 해야 한다는 것이다. 다양한 문화권에서 온 이민자들을 '기존 문화와 가치'에 융화 또는 흡수시키는 것이다. 동화주의에 대한 거센 반발과 강력한 저항은 이른바, '다문화주의'(multiculturalism)나 '세계시민주의'(cosmopolitanism)라는 이상주의적 규범이나 급진적 패러다임으로 등장하였다.[46]

'다문화주의'란 급속히 진행된 세계화에 따라 개별 민족국가들이 갖고 있던 기존 문화에 이주, 난민 등으로 유입된 다른 민족들의 다양한 문화

44 M. Viroli, *For Love of Country: An Essay on Nationalism and Patriotism*(Oxford: Oxford University Press, 2003); Niccolo Machiavelli, 강정인·김경희 역, 『군주론』(서울: 까치, 2008); Niccolo Machiavelli, 강정인·안선재 역, 『로마사 논고』(파주: 한길사, 2009); 곽준혁·조홍식, 『아직도 민족주의인가』(서울: 한길사, 2012).

45 새뮤얼 헌팅턴, 『문명의 충돌』(서울: 김영사, 2016).

46 윌 킴리카, 황민혁 외 역, 『다문화주의 시민권』(서울: 동명사, 2010).

를 인정하고 교류, 포용하는 것을 뜻한다. '세계시민주의'는 코스모폴리타니즘(cosmopolitanism) 혹은 사해동포주의(四海同胞主義)라고도 하며, 인류(人類) 전체를 하나의 지구촌 동포이자 세계시민으로 보고, 이러한 목적을 이루려는 패러다임이다.

이 세계시민주의는 목표를 이루는 강도와 유형 및 수단에 따라 여러 시각이 있다. 강한 세계시민주의의 주요한 특징은 국가사회주의에 의한 유대인 학살에 이어 민족주의에 의한 인종청소가 반복되는 것은 국가와 민족에 대한 왜곡된 충성과 애국심 때문이라고 비판하면서, 세계정부, 다층적 구조의 세계국가, 범세계적인 연방주의 구조, 초국가적인 공동체, 국제법의 헌법화, 칸트적 도덕성 교육, 이방인과의 대화 등을 수단으로 하여 배타적 국가의 성격을 근본적으로 개선하여 모든 이방인에게 국가의 문을 열어줄 것을 주장한다.[47]

현대에 부활한 '세계시민주의'의 대표적인 주창자는 누스바움과 애피아이다. 누스바움은 배타적 애국주의 때문에 전 세계 인류 공동체의 일원이라는 충성심을 갖지 못하면서 환경문제나 식량·인구문제 같은 인류의 미래에 대한 공통된 인식을 필요로 하는 사태에 대처하지 못하기 때문에 '칸트적 도덕성'에 근거해 세계시민이 되도록 학생들을 교육해야 한다고

---

47 Kwame Anthony Appiah, *The Ethics of Identity*(Princeton: Princeton University Press, 2005); J. Habermas, 장은주·하주영 역, 『분열된 서구』(서울: 나남, 2009); David Held, *Cosmopolitanism*(Cambridge: Polity Press, 2010); Daniele Archibugi, *The Global Commonwealth of Citizens: Toward Cosmopolitan Democracy*(Princeton: Princeton University Press, 2011); 마사 누스바움 외, 오인영 역, 『나라를 사랑한다는 것』(서울: 삼인, 2003); 애피아, 실천철학연구회 옮김, 『세계시민주의』(서울: 바이북스, 2008).

주장한다. 또한 애피아는 "최종적인 합의를 상정하지 말고 이웃이든 이방인이든 모든 사람과 대화"하는 것이야말로 세계시민주의로 나아가는 통로라고 주장한다.[48]

그렇다면 우리가 세계시민이 되거나 세계시민의 탄생을 촉진하기 위해서는 반드시 지역적 정체성 혹은 국가적 애국심을 포기해야 하는 것일까? 형용모순이지만 '세계시민주의적인 애국자', 곧 '지역적 헌신을 요구하는 세계시민주의'를 추구할 수는 없는 것일까? 배타적인 민족주의나 동화주의적 국가주의의 문제점만큼, 반대로 이상주의적이고 급진주의적인 세계시민주의의 한계점도 바로 볼 필요가 있다.

특히, 애피아의 세계시민주의는 신자유주의적 자본주의의 핵심을 건드리는데 실패하고 있기에, 국가와 민족, 종교와 문화의 경계를 넘나들며 자신이 살아가는 삶을 자유롭게 선택하는 '세계시민'의 이상은 너무나 멀다. 가난한 이주노동자들에게 국경과 시민권의 장벽이 얼마나 높은가를 생각하면 '시민적 대화'를 강조하는 아피아의 세계시민주의는 공허할 수밖에 없다.[49]

또한 세계정부가 존재하지 않는 가운데 강대국 중심의 국제정치의 현실은, 세계시민주의가 국제자본시장의 이익논리나 패권국가의 논리를 합리적으로 극복할 대안제시도 없이 지나치게 낙관적 이상주의에 빠질 가

---

48 염운옥, "아피아의 세계시민주의와 다문화주의 비판," *Homo Migrans*, Vol. 5·6(2012). 21–28.

49 David Harvey, 2000. "Cosmopolitanism and the Banality of Geographical Evils," *Public Culture*, 12–2(2000), 529; 염운옥, "아피아의 세계시민주의와 다문화주의 비판," *Homo Migrans*, Vol. 5·6(2012). 21–28.

능성이 있다는 한계점을 보여준다.

즉, 세계시민주의가 인간의 본성과 정념을 무시하고, 지나치게 인간의 논리적 이성주의와 규범적 당위성으로 민족과 국가의 경계를 급진적으로 뛰어넘고자 한다는 점에서, 1648년 30년 전쟁을 종결시키기 위해 체결된 베스트팔렌조약 이후 등장한 근대주권국가체제에서 작동되고 있는 배타적인 민족주의나 국가주의에 맞서는 데 정치적 한계가 있음을 보여준다.

따라서 우리는 민족주의나 국가주의 및 세계시민주의의 한계를 극복할 수 있는 현실적 대안으로 '공화주의'의 이상적 규범을 고려해 볼 필요가 있다. 공화주의는, 앞서 언급한 것처럼 동화주의나 동질적인 문화주의를 동원하는 민족주의나 국가주의와 달리 정치적 차원에서 시민권과 참정권을 보편적으로 보장하면서도 문화의 다양성을 점진적으로 수용하여 단계적으로 통합하는 방식으로 보편적 문명국가(empire)를 만들고, 국가의 운영은 시민권과 참정권을 지닌 시민들의 적극적인 참여와 자발적 애국심으로 운영하는 것을 추구하는 패러다임이다.

이에 공화주의는 자국 시민의 시민권과 참정권의 확대로 시작하여 이웃 국가와 주변국가로까지 점진적이고 단계적인 방법으로 시민권의 보편적 확대를 추구하는 점진노선이라는 점에서, 모든 시민이 동시에 세계공화국의 보편적 시민이 되거나 보편적 시민권을 갖는 것으로 나아가는 이상주의적 급진노선을 주장하는 '세계시민주의'와는 다르다고 볼 수 있다.

물론 공화주의와 세계시민주의가 중첩적으로 공유하는 게 있다. 그것은 19세기 유럽 국가들이 벌인 제국주의적 전쟁과 식민지 침탈, 나치에 의해 저질러진 유태인 학살과 코소보에서 벌어진 인종말살범죄 등 민족국가를 모델로 한 근대유럽의 정치적 기획은 실패한 모델로 더 이상 세계화시대에 대안이 될 수 없다는 인식이다. 특히, 공화주의와 세계시민주의 양측은 민족주의가 실제로 존재하지 않는 '상상의 공동체'(imagined communities)로, 혈통적 동질성의 신화와 이데올로기를 퍼뜨림으로써 가공의 연대의식을 창출하였고, 이를 통해 근대국가의 동원, 통합 이데올로기로서 기능하였다는 의의와 한계를 공유한다.[50]

따라서 공화주의에서 말하는 공화주의적 애국심이란 종족적·문화적 하나 됨과 동질성을 추구하는 신조를 뜻하기보다는, 시민들의 자유와 권리참여를 보장하는 정치·법제도와 생활양식(즉, 시민권과 참정권의 보편적 확대를 지향하는 보편적 문명국가의 생활양식)에 대한 열정적 사랑을 뜻한다고 볼 수 있다.[51]

그래서 공화주의적 애국심의 적(enemy)은 자유를 억압하는 전제정이 되는 반면, 민족주의의 적은 민족적 순수성을 오염시키는 비순수성이나 비통일성 그리고 외부의 적국이 된다는 점에서 차이가 있다. 요컨대 공화주의적 애국심의 본질이 공동의 자유와 공화정에 대한 사랑이라면, 민족주의 애국심의 본질은 민족적 통일성의 추구라고 할 수 있다.[52]

그러면 오늘날 세계화 시대에 공화주의적 애국심은 어떤 모습을 띨 것인가? 세계화가 변화와 이동, 불안정성을 극대화하는 만큼, 사람들은 정치

---

50 Benedict Anderson, *Imagined Communities*(London: Verso, 2006).

51 M. Viroli, *For Love of Country: An Essay on Nationalism and Patriotism*(Oxford: Oxford University Press, 2003); 모리치오 비롤리, 김경희·김동규 역, 『공화주의』(고양: 인간사랑, 2006); 김동규, "공화주의적 외교안보 비전을 위한 시론," 『동향과 전망』 101호(2017), 136–166.

52 M. Viroli, *For Love of Country: An Essay on Nationalism and Patriotism*(Oxford: Oxford University Press, 2003).

적 시민권과 참정권을 보장하는 인류보편적인 문명국가에 참여하여 소속되기를 열망한다. 공화주의적 애국심은 바로 그 문명국가에 참여하기를 기대하거나 참여하면서 생기는 소속국가에 대한 애착심이며, 문명국가의 범위가 지구촌으로 확대되기를 바라는 공동체에 대한 자긍심의 표현이라고 할 수 있다.

만약 보편적 문명국가에 대한 참여의 열정과 연대적 긍지가 아니라 '배타적인 우리'에만 집착하고 '타자'를 배척한다면, 그 애국심은 동화주의, 인종주의, 국수주의와 구별되지 않을 것이다. 또한 타국의 '타자'를 억압하는 국가는 자국 시민들의 자유와 참여도 억압할 공산이 크기 때문에, 시민의 자유를 억압하는 조국에 대한 맹목적 사랑은 공화주의적 애국심이 될 수 없을 것이다.

V. 다른 사조와 공화주의의 차이성

본 글은 민주화 30년 이후 촛불시민혁명의 등장과 함께 민주공화국 혹은 공화주의란 개념어가 증가하는 현상에 대해 주목하여, 공화주의란 무엇인가에 대한 시론적 논의를 진행하는 것을 목적으로 하였다. 이것은 공화주의와 관련하여 경쟁하는 이론적 사조와 비교하여 그 차이를 밝히고자 하는 실험적 시도이다. 시론적 논의인 만큼, 많은 한계가 있을 수밖에 없다. 부족한 부분과 이견은 추후 논의에서 비판을 받고 채워져야 할 것이다.

특히, 이 글의 한계는 명확하다. 글의 서술방식이 대체로 내러티브 서술방식을 추구하다보니 학술적 엄밀함과 확증적인 연구가 추구하는 것처럼, 폭넓은 문헌을 다양하고 깊게 다루지 못하고 있다. 특히, 논의의 편의상 한나 아렌트, 마이클 센델 등이 주창하는 '시민공화주의' 경향이나 '공동체주의적 공화주의' 경향을 충분히 소개하지 못했다.

본 글은 이러한 많은 한계에도 불구하고, 시민들의 시민권과 참정권을 보장하는 데 있어서 독특한 태도를 취하는 공화주의를 부각하면서 그것과 관련되어 경쟁하고 있는 이론적 사조인 민주주의, 민족주의(국가주의), 세계시민주의와의 비교차이를 논함으로써, 공화주의의 정체성을 구체적으로 정립하고자 했다는 점에서 의의가 있다.

공화주의는 여러 주창자들과 학자들에 의해서 다양하게 논의되고 있는 만큼, 이론적 차원에서 정밀하게 개념정의가 완료된 상태가 아니기 때문에 더 많은 후속논의와 논쟁이 필요하다. 본 글은 많은 한계에도 불구하고, 시민권과 참정권의 보장과 확장을 강조하는 공화주의를 부각하면서 경쟁하는 사조들과 비교논의를 추구함으로써 후속논의를 촉발시키려 했다는 점에서 의의가 있다.

요약해보면, 공화주의는 시민들의 시민권과 참정권을 보편적으로 확대하는 것을 이상향으로 여기기 때문에, 자율적 시민들 사이에서는 누가 누구를 지배하거나 지배받는 것을 단호히 거부하고, 열정적인 시민참여와 애국심을 지닌 시민의 덕성으로 나라를 운영하는 즉, "비지배적 자유"(freedom as non domination)와 법 앞에서의 평등(isonomia)을 추구하는 정치노선이라고 할 수 있다. 따라서 공화주의에 기초한 공화국(republic)은 비지배적 자유를 위해 시민들의 시민권과 참정권을 보장하는 문명국가에 대한 자긍심과 자발적인 애국심으로 운영되는 체제라 할 수 있다.

자유를 실현하는 방식에서 공화주의는 '비지배적 자유'를 추구한다는 점에서, '다수파의 지배'를 추구하는 '민주주의'와 구분된다. 그리고 공화주의는 시민들의 시민권과 참정권의 보편적 확대를 추구한다는 점에서 혈연과 종족 및 신화의 동질성이나 문화적 이데올로기를 강조하는 '민족주의'나 '국가주의'와 구분된다. 또한 보편적인 시민권과 참정권을 확대하는 방식에서도 공화주의는 자국의 시민부터 이웃과 주변 국가들로 점차 점진적으로 확대하는 점에서 이상주의적인 급진노선을 추구하는 '세계시민주의'와도 구분된다.

참고문헌

고진, 가라타니. 조영일 역. 2016. 『제국의 구조: 중심·주변·아주변』. 서울: 도서출판 b.

곽준혁. 2005. "민주주의와 공화주의: 헌정체제의 두 가지 원칙." 『한국정치학회보』 제39집 3호(가을). 33-57.

곽준혁·조홍식. 2012. 『아직도 민족주의인가』. 서울: 한길사.

김경희. 2009. 『공화주의』. 서울: 책세상

김동규. 2017. "공화주의적 외교안보 비전을 위한 시론." 『동향과 전망』 101호, 136-66.

김동춘. 2016. 『전쟁과 사회(우리에게 한국전쟁은 무엇이었나?)』. 서울: 돌베개.

누스바움, 마사 외. 오인영 역. 2003. 『나라를 사랑한다는 것』. 서울: 삼임.

라보르드, 세실·메이너, 존. 곽준혁·조계원·홍승헌 역. 2009. 『공화주의와 정치이론』. 서울: 까치.

마넹, 버나드. 곽준혁 역. 2004. 『선거는 민주적인가』. 서울: 후마니타스.

매디슨, 제임스 외. 김동영 옮김. 1995. 『페더랄리스트 페이퍼』. 서울: 한울아카데미.

맹경환. 2018. "이상화와 고다이라 나오의 '아름다운 우정,' 일본 언론도 관심." 《국민일보》(2.19), 3.

뮌클러, 헤어프리트. 공진성 역. 2015. 『제국: 평천하의 논리』. 서울: 책세상.

민진. 2017. 『한국의 군사조직』. 서울: 대영문화사.

백인호 외. 2017. 『전쟁과 프랑스 사회의 변동』. 서울: 홍문각.

브루니, 레오나르도. 임병철 역. 2002. 『피렌체 찬가』. 서울: 책세상.

비롤리, 모리치오. 김경희·김동규 역. 2006. 『공화주의』. 고양: 인간사랑.

안데르손, 옌뉘. 박형준 역. 2014. 『경제성장과 사회보장 사이에서(스웨덴 사민주의, 변화의 궤적)』. 서울: 책세상.

애피아. 실천철학연구회 옮김. 2008. 『세계시민주의』. 서울: 바이북스.
염운옥. 2012. "아피아의 세계시민주의와 다문화주의 비판." *Homo Migrans* Vol. 5·6, 21-28.
유종선. 2013. "공화국과 민주주의는 다르다: 미국 제헌회의의 공화국과 민주주의 논쟁에 대한 고찰." 『영남국제정치학회보』 제16집 제1호, 79-198.
이규봉. 2011. 『미안해요! 베트남』. 서울: 푸른역사.
이동수 외. 2017. 『지구촌과 세계시민: 세계시민 되기』. 고양: 인간사랑.
이동수. 2007. "민주화 이후 공화민주주의의 재발견." 『동양정치사상사』 제6권 제2호, 5-25.
임성호. 2011. "지구화시대의 탈경계 정치과정을 위한 이론토대: 새로운 실마리의 모색." 임성호 외 편. 『지구화시대의 정당정치』. 서울: 한다 D&P.
장정애. 2008. 『미국의 정치문화, 기독교, 그리고 영화』. 서울: 집문당.
정지우. 2014. 『분노사회(현대사회의 감정에 관한 철학에세이)』. 서울: 이경.
채진원. 2014a. "시민적 덕성과 애국심이 강한 군대." 《매일신문》(11.25), 5.
채진원. 2014b. "북한 참주정의 변혁·보존·개선에 관한 '엄밀한 인식'과 한국 정체의 대응." 『동향과 전망』 여름호(통권 91호), 94-135.
채진원. 2015. "정당민주주의 수호를 위한 공화주의적 방어: 독일과 한국의 위헌정당해산 비교논의." 『한국정치학회보』 제49집 4호, 242-266.
채진원. 2016. 『무엇이 우리 정치를 위협하는가』. 서울: 인물과 사상사.
채진원. 2017a. "'기본소득'보다 아베의 '연대임금제'가 낫다." 《허핑턴포스트》(1.4), 3.
채진원. 2017b. "한국 민주주의는 어쩌다 '좌우 기득권'만을 대표하게 되었나." 《허핑턴포스트》(3.1), 1.
최정욱. 2009. "'Democracy'는 민주주의가 아니라 다수정이다: 공화주의와의 차이를 논하며." 『비교민주주의 연구』 제5집 1호, 37-76.
추아, 에이미. 이순희 역. 2008. 『제국의 미래』. 서울: 비아북.

키케로, 마루크수 툴리우스. 김창성 역. 1976.『국가론』. 서울: 한길사.
킴리카, 윌. 황민혁 외 역. 2010.『다문화주의 시민권』. 서울 동명사.
토크빌, 알렉시스 드. 임효선·박지동 역. 1997.『미국의 민주주의 Ⅰ·Ⅱ』. 서울: 한길사.
틸리, 찰스, 이향순 역. 1994.『국민국가의 형성과 계보』. 서울: 학문과 사상사.
페팃, 필립. 곽준혁 역. 2012.『신공화주의(비지배 자유와 공화주의 정부)』. 서울: 나남.
편린, M. I. 이용찬·김쾌상 역. 1991.『그리스의 역사가들: 헤로도투스·투키디데스·크세노폰·폴리비오스』. 서울: 대원사.
하버마스, 위르겐. 한상진·박영도 옮김. 2007.『사실성과 타당성: 담론적 법이론과 민주적 법치국가이론』. 서울: 나남.
하우, 스티븐. 한동희 역. 2007.『제국』. 서울: 뿌리와 이파리.
헌팅턴, 새뮤얼. 2016.『문명의 충돌』. 서울: 김영사.
홍기빈. 2011.『비그포르스, 복지 국가와 잠정적 유토피아』. 서울: 책세상.

Anderson, Benedict. 2006. *Imagined Communities*. rev. ed. London: Verso.
Anthony, D. Smith. 2001. *Nationalism.* Cambridge: Polity.
Appiah, Kwame Anthony. 2005. *The Ethics of Identity*. Princeton: Princeton University Press.
Archibugi, Daniele. 2011. *The Global Commonwealth of Citizens: Toward Cosmopolitan Democracy*. Princeton: Princeton University Press.
Aristoteles. 천병희 역. 2009.『정치학』. 서울: 숲.
Beck, Ulrich. 2006. *Cosmopolitian Vision*. Cambridge: Polity Press.
Habermas. J. 장은주, 하주영 역. 2009.『분열된 서구』. 서울: 나남.
Harvey, David. 2000. Cosmopolitanism and the Banality of Geographical Evils. *Public Culture*, 12–2, 529.
Held, David. 2010. *Cosmopolitanism.* Cambridge: Polity Press.

Machiavelli, Niccolo. 강정인·김경희 역. 2008.『군주론』. 서울: 까치.

Machiavelli, Niccolo. 강정인·안선재 역. 2009.『로마사 논고』. 파주: 한길사.

Marshall, T. H.. 1963. Citizenship and Social Class and Other Essays. In *Citizenship and Social Class*. Cambridge: Cambridge University Press.

Shaw, Jo. 2007. *The Transformation of Citizenship in the European Union*. Cambridge: Cambridge University Press.

Viroli, M.. 2003. *For Love of Country: An Essay on Nationalism and Patriotism*. Oxford: Oxford University Press.

2부 공화주의의 실제

5장 가족국가(家族國家) 형성과 메이지 공화정치의 붕괴

김동규(케임브리지 대학교)

Ⅰ. 공화정치에서 가족국가로

'레스 푸블리카'(res publica) 즉 '공화정치'(共和政治) 그리고 여기서 파생된 '공화적' 사회질서는 동등한 시민들을 전제로 하며, 그런 점에서 부모자식, 주인노예 등과 같이 상하관계를 중심으로 하는 사적(私的) 질서가 배제된 곳에서 꽃을 피운다. 특히 자연적인 사랑에 기반한 부모자식 관계와 달리 이른바 '사적 주종관계'(私的 主從關係: domination)[1]인 주인노예 관계 또는 이에 준하는 여러 종속관계가 없는 곳에서 꽃을 피운다. 이러한

'사적 주종관계'는 마치 애정에 기반한 유사 가족관계인 척 하면서도 실제로는 주인노예의 위계질서를 거부할 수 없도록 강제한다. 애정이 없는 이러한 '사이비' 가족조직들은 대부분 폭력적이다. 대표적인 것이 조직폭력배('조폭')들인데, 이들 '조폭'의 상하관계를 일본에서는 부모(親分: 오야붕)와 자식(子分: 꼬붕)의 관계처럼 부르고, 한국에서는 형제관계("형님"과 "아우")처럼 부르는데, 사실 이들은 가족의 사랑과는 전혀 무관한 폭력적 위계질서를 갖고 있을 뿐이다. 일본과 한국의 기업들도 종종 '가족'이라는 이미지를 차용하여 '주종적' 위계관계를 감추기도 한다.

일본의 근대화는 '가족 같은 정치공동체'라는 이상 아래 권위적 정치사회질서를 만들었고 그리고 이것이 파탄을 맞게 되는 과정이었다는 점에서 우리에게 타산지석이 된다. 1868년 메이지유신 이후 일본은 급격한 근대화, 서구화를 추구했는데, 메이지 초기에는 근대 유럽에서 그러했듯이 주체적 개인을 발견하고 이 새롭게 발견된 개인들이 국가와의 종속보호관계에서 벗어나 '홀로서기'(獨立)를 하자거나, 또는 주체적 개인들이 사회계약을 통해 상향식으로 정치공동체를 만들어가거나 하는 계몽운동이 활발히 펼쳐졌다. 하지만, 메이지 후기에 들어서면서 근대화는 서구화의 궤도에서 벗어나 일본주의, 국수주의의 길로 엇나가기 시작했고, '개인적 주체성'을 떠받치는 '부부중심의 친밀한 가족'(conjugal family)이 자리잡을 수 없도록 제도화하면서 그 결과 국가에 맞설 수 있는 주체적 개인의 등

1 최근 한국사회에서 일상용어가 되어버린 '갑질'이 domination의 가장 비근한 번역어가 될 것 같다. 이른바 '갑질'은 민주공화국인 한국사회에 구석구석에 여전히 남아있는 '주인-노예'적 관계를 표현한 것이다. 참고로 domination의 어근인 dominus는 '주인' '노예주'를 의미한다.

장 가능성을 차단해버렸다. 제국주의 시대에 서구열강의 압박에서도 살아남을 수 있는 '전쟁하는 국가'를 건설하고자 했던 일본의 보수주의 사상가들은 모든 일본인들을 하나의 유기체로 묶어 천황가를 종가(宗家)로 하는 거대한 가족 '공동체'(共同體: 일본어로 '쿄도타이')를 만들고자 했고, 이를 '가족국가'(家族國家: 일본어로 '카조쿠콧카')라 불렀다.[2]

하나의 가상 가족으로 묶인 제국주의 일본을 만드는 작업은 긴 사상적 작업을 수반했는데, 특히 근대적 민법전(특히 가족법 부분)을 제정하는 작업에서 치열한 사상적 투쟁을 낳았다. 천황가를 앞세운 군벌관료 엘리트는 동등한 시민(市民: citizen)이 아니라 무비판적으로 국가 '쿄도타이'(共同體)에 충성하는 신민(臣民: subject)을 만들고자 했는데, 이러한 '신민 만들기'에 앞장섰던 대표적 사상가로 이노우에 테츠지로(井上哲次郎, 1856~1944)를 들 수 있다. 도쿄제국대학 최초의 일본인 철학교수로 일본 철학계를 장기간 지배했던 이노우에는 천황가를 중심으로 하는 유기체적 국가 만들기에 가장 앞장섰던 사상가이다. 또, 메이지 가족법 논쟁에서는 이노우에의 철학적 지원 아래 '사무라이의 가족관계'를 일본국민 전체에 적

2 일상 한국어와 영어의 '공동체', 'community'는 공화주의적인(republican) 의미와 게마인샤프트(Gemeinshaft)−공동체주의적(communitarian) 의미가 섞여있는데 반해, 일본어의 '쿄도타이'는 게마인샤프트−공동체주의적 의미가 아주 강하다. 동일한 한자어를 사용함에도 한국어의 '공동체'와 일본어의 '쿄도타이'는 뉘앙스가 상당한 다르다는 점에 유의해야 한다. 또한, 일본어의 '公'은 '오오야케'라고 훈독하는데, 이는 '大宅' 즉 봉건영주가나 천황가 같은 '큰집' '종가'를 의미하는 것이다. 즉, 일본어에서 '公'은 시민들로 구성된 나라 전체가 아니라 주군의 '대 저택'을 의미하는 것이다. 따라서 이들 가문의 일을 맡아서 처리하는 것이 바로 '公務'가 되는 것이다. 나라를 의미하는 state나 country를 근대일본 지식인들이 '國家'라고 번역하면서 여기에도 또 '집'(家)을 넣어버렸는데, 군주의 가문을 넘어서는 '레스 푸블리카'로서의 '나라'에 대한 감각이 역시 약했던 것이다.

용하려했던 도쿄제국대학 법학자 호즈미 야츠카(穗積八束, 1860~1912)가 가장 중요한 인물이었다. 본 연구는 이노우에 테츠지로와 호즈미 야츠카를 중심으로 메이지 초기에 나타나던 공화정치적 맹아가 어떻게 시들어 버리고 그 자리에 '가족국가'라는 유기체적 '유토피아'가 자리 잡게 되었는지를 살펴보는 것을 목적으로 한다.

Ⅱ. 전후 일본에 있어서의 주체성 논의

전후 일본사회는 한동안 제국주의 팽창과 태평양전쟁에 대한 원인 및 책임을 둘러싸고 반성의 시간을 가졌는데, 이러한 논의에서 가장 주도적인 사상가로 정치학자 마루야마 마사오(丸山眞男, 1914~1996)를 꼽을 수 있다. 그는 『일본정치사상사연구』를 통해 일본정치와 일본인의 주체성(主體性) 부재 즉 '몰주체성(沒主體性)' 문제를 본격 제기하면서 근대 일본이 근대화와 함께 주체성을 가진 근대적 개인을 만드는 데 실패한 것이 일본식 파시즘인 '초국가주의'(ultranationalism)를 낳았다고 지적했다. 그는 특히 도쿠가와 막부 시대부터 이어져 내려온 주자학적 전통이 근대적 주체성 형성에 질곡으로 작용했다면서 비판의 창끝을 주자학에 겨누었다. 하지만, 그가 훗날 『일본정치사상사연구』 영어판 서문에서 스스로 인정했듯이 주자학이 사실 토쿠가와 막부 이래의 일본사회에 그다지 깊게 뿌리 내린 것은 아니었다는 점에서 일본 근대화 과정의 '몰주체성' 문제를 주자학과 연결시킨 것은 무리였다.[3] 하지만, 근대적 주체성, 즉 주체적인 개인을 형성하지 못한 것이 맹목적인 국가주의와 제국주의적 팽창의 중요한 원인이 되었다는 점을 지적한 것은 분명 마루야마 마사오가 기여한 부분이라 하겠다. 마루야마 덕분에 '주체성'이라는 단어는 전후 일본의 논의에서 가장 입에 오르던 단어 중 하나가 되었다.

그런데, 주체적 개인이 형성되지 못한 것과 마루야마가 말하는 '초국가주의'(超國家主義) 내지 맹목적 국가주의, 그리고 제국주의 팽창과는 어떤 관련성이 있는가? 이에 대해 마루야마는 우선 공(公)과 사(私)가 서로 구분되지 않고 엉켜있는 문제를 지적한다. 동서양 사상사의 유사성에 주목한 그는 공과 사가 엉켜있던 중세적 사유체계에서 공과 사를 구분함으로써 한편으로는 공, 즉 정치적 영역의 독자성을 인정하고, 그럼으로써 사적인 영역 역시 독자성을 확보하는데 결정적으로 기여한 사상가로 서양의 마키아벨리와 일본의 오규 소라이(荻生徂徠: 1666~1728)를 거론한다. 하지만 유럽과 달리 오규 소라이에서 시작된 이러한 일본의 사상적 '근대화' 노력은 메이지시대를 거치면서 결국 실패하게 되었고, 그 탓에 공과 사가 엉켜있는 정신적 상황이 계속되면서 문제가 발생했다는 것이 마루야마의 진단이다. 주자학에서는 '홀로 삼가는'(愼獨) 사적인 수신(修身)이 치국평천하(治國平天下)라는 정치적인 것과 긴밀히 연결되어 있다고 하는데, 이에 반해 마키아벨리는 정치가 인자함이나 정직과 같은 개인적 덕목과 무관한 독자적인 영역을 갖는다고 주장한다. 주자학이 주장하듯 사생활의 일

3 Maruyama Masao, "author's preface," *Studies in the Intellectual History of Tokugawa Japan* (Princeton: Princeton University Press, 1983), xxxiv−xxxv. 김석근 역, 『일본정치사상사연구』(서울: 통나무, 1995), 72−73.

거수일투족이 정치적, 사회적으로 무거운 결과로 이어진다고 한다면 사생활은 행동거지 하나하나의 결과에 대한 중압감에 시달릴 수밖에 없으며, 이러한 중압감은 개인들의 소극성, 수동성으로 이어진다. 또한 사적 영역이 구석구석 자기검열, 자기감시의 대상이 됨에 따라 개인의 양심과 자율성을 발견하고 키워나갈 공간이 폐쇄될 수밖에 없다. 유럽에서 '정치적인 것'의 발견은 '개인적인 것'의 발견과 짝을 이뤘는데, 이 두 가지의 발견은 각각 마키아벨리와 마르틴 루터가 주도했다. 반면, 일본에서는 불완전하기는 하지만 공과 사의 발견이 각각 오규 소라이와 모토오리 노리나가(本居宣長, 1730~1801)에 의해 시도되었다는 것이다.[4]

마루야마는 일본사회에서 공과 사가 엉키는 현상을 설명하면서, 사(私)는 자신만의 의미 또는 가치를 찾지 못해 "곧 악(悪)이거나 악에 가까운 것으로서, 어느 정도 꺼림칙함을 끊임없이 수반"하고 있어 어떻게든 자신의 활동에 공적("국가적") 의미를 부여하려 노력하고,[5] 반면 공(公)은 사사

---

4 마루야마 마사오의 『일본정치사상사연구』(日本政治思想史硏究)에서 '모토오리 노리나가' 부분은 마루야마가 갑작스런 입영 소집에 의해 성급히 마무리한 탓에 애매하게 결론짓고 있긴 하지만, 마루야마가 토마스 아퀴나스와 주희, 마키아벨리와 오규 소라이를 사상사적으로 대칭시키고 있는 것을 미뤄 짐작해본다면 모토오리 노리나가에서 마르틴 루터가 주도한 '사적 공간'의 발견을 기대했던 것으로 보인다.

5 마루야마 마사오, 『현대정치의 사상과 행동』(서울: 한길사, 1997), 51. 마루야마는 나츠메 소세키의 『그 이후』(それから)에서 아래의 대목을 인용하는데, 주인공 다이스케(代助)와 형수가 사업가로 큰 돈을 번 아버지에 대해 이야기를 나누는 부분이다. 사적인 영리활동이 독자적 의미를 못 갖고 '꺼림칙함'을 수반하고 있다보니 당시의 사업가들은 자신들의 사업이 국가에 기여한다는 식으로 자기위안을 찾으려했는데, 이러한 모습이 잘 묘사되어 있다:
"대체 오늘은 또 무슨 꾸지람을 들으셨어요?"
"글쎄 무슨 얘기를 들었는지, 잘 모르겠어요. 그러나 아버지가 국가사회를 위해서

화(私事化)되어 공적 영역에서조차 전근대적 사적 관계에 의존한 패거리 경향을 보인다고 주장한다. 사생활이 이렇게 그 자체의 풍부한 의미를 갖지 못하게 됨에 따라 사람들은 가족 밖에서 사회적으로 인정받는 것을 유일한 행복과 위안의 원천으로 삼음으로써 전 사회적으로 치열한 인정투쟁을 낳게 되고, 공적 생활은 진정한 공공성을 찾지 못하게 되면서 대면(大面) 접촉을 통해 만들어지는 패거리를 공(公)이라고 착각하게 된다는 것이다.[6] 마루야마는 이렇게 일본인들이 대면 접촉, 신체 접촉이 주는 살가움에 의존해 협소한 패거리나 작은 '쿄도타이'(共同體)를 만드는 행태를 "육체정치"(肉體政治)라고 부르며 일본문학에 만연한 포르노그라피("육체문학") 성향만큼이나 저열한 정치라며 비판한다.[7] 여기에 일본의 위계적 사회질서는 천황을 정점으로 하여 천황으로부터의 '거리'에 따라 존비(尊卑)가 정해진다는 패거리들 사이의 '인정투쟁' '서열싸움'이 벌어지는데, 예컨대 군(軍)은 민간관료 위에 있다든지, 육군은 해군 위에 있다든지, 내무

정말이지 온갖 힘을 다 쏟는 데에는 정말 놀랐어요. 어쨌거나 열여덟 살 때부터 오늘에 이르기까지 모든 정성을 다 쏟고 있으니."
"그러니까 그 정도가 되신 거 아니예요?"
"국가사회를 위해 온 힘을 다해서, 돈이 아버지만큼 모인다면, 나도 힘을 다할텐데……"

6 마루야마는 장 콕토(Jean Cocteau) 감독의 〈무서운 브모들〉(Les Parents Terribles)이라는 영화를 예로 들면서, 프랑스 가정의 일상어서 그렇게 풍부한 대화가 오가는 것에 놀랐다고 고백한다. 그는 "아버지와 자식 그리고 형제들 사이에서 주고받는 말들이 실로 사소한 문답까지 하나하나 팔팔한 생기를 띠고 있는 것에 완전히 압도되어" 버렸다고 실토한다. 그만큼 마루야마가 경험해온 일본 가정생활이 풍부함을 갖고 있지 못함을 뼈저리게 느꼈다는 것이다. 마루야마 마사오, 「육체문학에서 육체정치로」, 『현대정치의 사상과 행동』, 430.

7 마루야마 마사오, 『현대정치의 사상과 행동』, 446.

성은 대장성 위에 있다든지 하는 것이 단적인 예다. 가족, 특히 부부관계가 행복과 위안의 원천이 되지 못하는 상황에서 전면적인 사회적 인정투쟁으로만 내몰리게 되는 일본인들은 위계질서에서 한 칸이라도 위로 올라서는 것을 일생의 유일한 행복으로 삼게 된다. 위로부터 괴롭힘과 무시를 받게 되는 사람들은 자기 아래의 사람들을 괴롭힘으로써 위로부터 받은 좌절감, 분노를 아래로 분출, 해소하게 되는 메커니즘을 갖게 된다. 그리고 이러한 위계질서에서 최하층에 있는 구성원들은 일본 사회 안에서는 그 해소처를 찾지 못하게 됨에 따라 새로 정복한 식민지 주민들을 괴롭히고 착취하는 데에서 그간 쌓여왔던 분노와 좌절감을 해소하게 되며, 이러한 해법을 알게 된 그들은 이후 일본의 제국주의적 팽창에 적극적으로 동참하게 되었다는 것이다.

Ⅲ. 개인의 발견과 친밀한 가족

마루야마 마사오가 근대적 주체성의 부재와 초국가주의, 제국주의를 연결시킨 것은 그의 탁월한 업적이라 하겠지만, 문제는 그렇다면 어떻게 근대적 주체성을 형성시킬 것이냐는 것인데, 이 질문에서 마루야마는 확실하게 대답하지 않고 있다. 그의 초기 저작들에서는 단지 주자학을 사상적으로 극복하는 데에서 해답을 찾으려 한다는 인상을 줄 뿐이다. 물론 1960년대에 접어들어 마루야마는 좀 더 구체적으로 '외로움'(loneliness)이 개인적 주체성의 형성을 방해하는 근본적 원인일 수 있음을 시사하기도

했다.[8] 주자학에 초점을 맞추던 젊은 시절의 관점에서 좀 더 구체적으로 진일보했다고 할 수 있다. 그는 이렇게 설명한다. 사회적 인정밖에는 행복의 원천을 모르는 외로운 개인들은 국가의 압력과 국가가 던지는 유혹에 취약할 수밖에 없다는 것이다. 그에 따르면,

> [고립된 개인]은 외로움과 불안에서 도망치고 싶다는 생각에 골몰하기 때문에 권위적인 지도자에게 자기를 완전히 일치시키려 하거나 민족공동체나 영원한 민족문화 따위로 표현되는 신비로운 '전체'에 자신을 파묻고 싶어 한다.[9]

마루야마 마사오가 살짝 언급한 '외로움'의 문제는 좀 더 확대해 근대적 주체, 자율적 개인의 형성에 있어서 친밀한(intimate) '부부중심 가족'(conjugal family)의 등장이 중요한 배경이 되었음을 지적한 위르겐 하버마스(Jürgen Habermas)의 논의에 의해 좀 더 풍부해질 수 있는데, 하버마스의 이러한 논의는 초국가주의, 제국주의의 틀을 형성한 메이지 후기의 정치

---

8 하루투니언(H. D. Harootunian)은 메이지 후기에 접어들면서 강력해지고 있는 천황제 국가주의에 맞서 '개인적 주체'를 강조했던 키타무라 토코쿠(北村透谷, 1868−1894) 사상을 자세히 설명하면서 그가 '고립감'(sense of isolation)에 어떻게 맞서는지를 생생히 그렸다. 키타무라는 결국 메이지 국가주의를 극복하지 못하고 26살의 나이로 자살하고 만다. H. D. Harootunian, "Between Politics and Culture: Authority and the Ambiguities of Intellectual Choice in Imperial Japan," in *Japan in Crisis: Essays on Taishō Democracy*, ed. Bernard S. Silberman and H. D. Harootunian(Princeton: Princeton University Press, 1974), 112−138.

9 Maruyama Masao, "Patterns of Individuation and the Case of Japan: A Conceptual Scheme," in *Changing Japanese Attitudes Toward Modernization*, ed. Marius B. Jansen(Princeton: Princeton University Press, 1965), 496.

적 논의 및 정치적 변화에 비춰볼 때 적실성이 있다. 근대 일본에서 초국가주의, 제국주의의 틀이 마련된 것은 헌법(1889), 교육칙어(1890), 가족법을 담은 민법전(1898)의 제정을 거치고 난 이후였는데, 이 중에서 가장 장기간 치열한 논쟁이 이어진 것은 다름 아니라 가족법을 둘러싸고였다. 근대 일본의 가족관계를 어떻게 만들 것인가가 그 만큼 정치적, 사회적으로 중요했던 것이었는데, 일본에서는 일반적으로 '민법전 논쟁'이라 부르지만 핵심은 가족법을 둘러싼 논쟁이었다. 원래는 1893년에 시행할 방침이었는데, "이러한 민법이 나온다면 충효가 사라지고 만다"며 강력히 항의한 도쿄제국대학 헌법학교수 호즈미 야츠카(穗積八束, 1860~1912) 그리고 도쿄제국대학 철학교수 이노우에 테츠지로(井上哲次郎, 1856~1944) 등에 의해 시행이 저지되었다. 천황제를 정점에 둔 일본 국가주의의 완성에 있어서 가족의 형태와 내용이 얼마나 중요했는지는 메이지 후기 가족법논쟁의 치열함을 보면 짐작할 수 있을 것이다. 스파르타 정치체제를 묘사한『플루타르크 열전(또는 영웅전)』의 '뤼쿠르구스'전은 대부분의 내용을 스파르타의 독특한 가족제도에 할애하고 있는데, 이것을 보면 한 나라의 정치체제에 있어서 가족제도가 차지하는 위치와 무게를 알 수 있을 것이다. 가족은 그 어떤 것보다도 정치적인 제도인 것이다.

개인적 주체성의 형성과 가족의 중요성과 관련해 우리는 미국의 정치사상가 마이클 월쩌(Michael Walzer)가 '양심적 병역거부' 문제를 논의하면서 추적한 '양심'(conscience)의 형성과정에 대한 언급에 귀를 기울일 필요가 있다. 개인의 주체성 문제는 독립적인 양심의 존재 문제이기 때문이다. 월쩌는 양심적 병역거부 논쟁과 관련해 개인적 양심의 형성에는 국가에서 독립된 강력한 종교조직이 필요함을 언급하는데, 국가의 권위로부터 거리를 유지하는 데에는 종교조직만큼 가족 역시 힘을 가진다. 고대 그리스 비극 중 『안티고네』에서 주인공 안티고네가 국왕인 삼촌의 명령을 거역하고 친오빠의 시신을 거두는 장면이 나오는데, 버려진 오빠의 시신을 목숨을 걸고 수습하는 용기는 과연 어디서 나오는가라는 질문이 있을 수 있다. 피를 나눈 혈육이 아니었다면, 즉 가족이 아니었다면 그런 용기가 나올 수 있었을까? 월쩌는 국가에 맞서는 용기는 조직 속에서 만들어지는 것이지 개인의 고립 속에서 노력없이 자연적으로 발생하는 것이 아니라고 주장한다. 그는 양심을 뜻하는 conscience가 con과 science로 구성된 단어인데, 그 뜻은 '함께 나눈 도덕적 앎'(shared moral knowledge)을 뜻하며 여기서 '함께 나눈'(shared)이 설명하듯이 개인의 일견 독립적 양심은 사실 어느 조직 속에서 타 구성원들과 오랜 기간 '함께 나눈' 경험을 바탕으로 한다는 것이다.[10] 역사적으로 국가에 맞설 용기를 지탱한 조직으로 종교조직과 가족을 들 수 있는데, 중국의 유가사상은 조상숭배와 가족을 합치면서 종교와 가족이라는 두 가지 기능을 하나로 합쳐내 국가의 권위에 맞서는 강력한 저항권위를 만들어냈던 것이다. 중국과 조선의 사대부 학자관료 그룹이 왕권을 중심으로 하는 국가주의에 저항할 수 있었던 것은 바로 강력한 가족제도를 가진 덕분이었다.

위르겐 하버마스는 '공공성'(Öffentlichkeit)이 국가 중심의 공공성에서 시민사회 중심의 공공성으로 변화하는 과정을 추적하면서, '친밀한 부부 중심 가족'(intimate conjugal family)의 등장이 어떻게 주체적 개인을 만들어내고 또 어떻게 이렇게 만들어진 주체적 개인들이 시민사회를 만들어 국

10 Michael Walzer, *Obligations*(Cambridge, Mass.: Harvard University Press, 1970), 5.

가의 권위에 맞서나가는지를 그렸다.[11] 유럽에서는 이러한 과정을 통해 "위로부터 지시를 받는 신민(subjectum)은 통치기관에 맞서는 주체(subject)로 변해갔으며," 비판적인(richtend) 사인(私人)들로 이뤄진 근대적 공공영역은 이들에게 '이성의 공적사용'(öffentliches Räsonnement) 경연장을 제공했다. 이렇게 형성된 근대적 공론장은 귀족들이 서로 '좋은 말'(bon mots)이나 나누던 곳을 '비판적 사유'(critical reasoning)의 공간으로 만들었다. 즉, 근대 공론장은 국가에 맞설 수 있는 비판적 논의공간이 된 것이다.[12] 그런데, 국가에 맞서는 이러한 '비판적 이성'을 키우는 최초의 공간은 바로 공공의 눈길로부터 보호되는 '사적 공간'이다. 남들의 귀와 눈을 두려워하면서 자신의 생각을 단속하고 입을 다무는 곳이 아니라 남 눈치 보지 않고 자유롭게 말하고 자유롭게 생각하는 자신만의 사적 공간이 개인의 단단한 이성적 사유를 키워나간다는 것이다. "이렇게 보호를 위해 베일을 씌워 둔 이성의 빛"은 개인적 사생활, 보호된 가족생활–작은 살롱–시민적 공론장 식으로 한 단계 한 단계 공공에 드러나면서 성장하는 것이다.[13] 친밀한 가족이 제공하는 사적 공간은 이런 식으로 주체적 개인을 키우는 인큐베이터가 되는 것이다.

그런데, 이러한 논의를 뒤집어 본다면, 보수적 국가주의자들이 비판적 사유와 논의에 능한 주체적 개인의 등장을 차단하기 위해, 그리고 자율적인 시민사회의 등장을 사전에 차단하기 위해 취해야 할 가장 중요한 조치

11 Jürgen Habermas, *The Structural Transformation of the Public Sphere* (Cambridge: Polity, 1992), 51.

12 Jürgen Habermas, *The Structural Transformation of the Public Sphere*, 26–31.

13 Jürgen Habermas, *The Structural Transformation of the Public Sphere*, 35.

중 하나는 바로 친밀한 부부중심 가족의 형성을 저지하는 것이다. 즉, 주체적 개인이 자라날 공간을 애초에 막아 버리는 것이다. 자율적 가족 및 자율적 개인의 형성을 막고 국가의 권위를 최대한 높인 것이 메이지 후기 일본 국가주의자들이 가족법 논쟁을 통해 이뤄낸 것이다. 즉, 기독교와 같은 자율적 종교의 전파를 막고, 이와 함께 메이지 '가족법'을 통해 친밀한 가족 및 자율적 개인을 막는 작업이 이노우에 테츠지로 등 일본 국가주의 사상가들의 최대 현안이었던 것이다. 메이지유신 이후의 일본사상사는 주체적 개인의 형성과 저지를 둘러싼 투쟁이었다고 해도 과언이 아니다.

Ⅳ. 메이지 초기의 개인주의와 공화주의: 나카에 초민, 후쿠자와 유키치

구미 열강의 대열에 동참하기 위해 급속한 서구화에 분주했던 메이지 초기(1868~1880년대 중반)는 이념 여하를 불문하고 개인주의적 세계관이 관심을 끌었던 짧았지만 일본역사상 상당히 드문 시기였다. 진보적이었던 나카에 초민(中江兆民, 1847~1901)이나 당시는 중도적 입장을 취하고 있던 후쿠자와 유키치(福沢諭吉, 1835~1901) 모두 개인을 중시하는 사상을 전개했던 것이다.[14]

당시 일본에서 '동양의 루소'로 불렸던 나카에 초민은 루소의 '사회계약론'을 『민약석해』(民約釋解)라는 서명으로 번역 소개하는 등 '민권운동'(民

權運動)에 사상적 기반을 제공했다. 그가 루소를 소개하기 전까지는 주로 밀(John S. Mill)이나 스펜서(Herbert Spencer) 류의 영국 사상이 일본에 소개되었는데, 이렇게 결과적 '공리성'(功利性: utility) 또는 결과적 '효용'을 중시하는 영국사상과 달리 천부적 인권을 전제하는 프랑스사상, 특히 루소의 사상은 개인적 자유에 더욱 철저한 입장을 보였다. 나카에 초민의 루소주의 내지 프랑스식 공화주의는 훗날 그의 제자인 코토쿠 슈스이(幸德秋水, 1871~1911) 등에 의해 더욱 급진화된다. 루소의 천부인권론과 공화주의에 초민은 자신의 신유학적(新儒學的) 이념을 얹어 현실을 초월한 '지리'(至理: 지극한 도리)의 존재를 철저히 추구함으로써 현실권력인 국가에 저항할 수 있는 이론적 근거를 제공했다.[15] 또한, 초민은 라틴어인 '레스 푸블리카'(res publica)를 '공화정치'(共和政治)로 번역하면서, 이는 "군주(君主)의 유무(有無)를 묻지 않고" "정치권력을 전국인민(全國人民)의 공유물(公有物)로 하여 관리들에게만 맡겨두지 않는 것"을 의미한다고 설명한다. 이에 따라 일부에서 군주 없는 공화국을 만들겠다는 급진적 주장을 전개하는데 대해 그것은 '레스 푸블리카' 또는 '리퍼블릭'(republic)의 "이름에 현혹된 탓에 그 실질을 보지 못한 때문"이라고 비판하면서 프랑스식 공화정 대신 영국식 입헌군주정, 즉 "군민공치"(君民共治)를 일본상황에 걸맞은 공화정치로 제시했다.[16] 천황의 존재를 의식한 타협책이었다.

나카에 초민이 민권론자들이나 좀 더 급진적인 세력에 이론적 지원을

14 심지어 국가주의 이데올로그를 자처한 국가주의자 카토 히로유키(加藤弘之) 조차 토마스 홉스류의 개인주의 철학에 기반해 국가주의 이념을 형성해나갔다.

15 土方和雄, 『中江兆民』(東京: 東京大學出版會, 2007), 112.

16 土方和雄, 『中江兆民』, 72–74.

제공했다면 후쿠자와 유키치는 좀 더 폭넓게 일반 대중들에게 일본이 가야할 근대화의 길을 제시했다고 할 수 있다. 그가 비록 메이지 후기에는 사회진화론적 세계관에 좀 더 경도되면서 '탈아입구'(脫亜入歐)를 주장하는 등 제국주의에 동조하는 모습을 보였지만, 메이지 초기에는 개인이 국가에 의존하지 말고 '홀로서기'(獨立)를 할 수 있어야 결국 이런 개인들이 모인 국가도 '홀로서기'(독립)를 할 수 있다는 사상을 전개했다. 그의 이러한 독립론을 잘 해설해 놓은 저서가 바로 『학문의 권장』(學問のすゝめ)이다. 후쿠자와는 국가나 봉건영주에 의존해서 생존하는 신민(subject)이 아니라 시민 또는 공민(citizen)이 되어야 하며, 이런 시민/공민들이 더 이상 나라를 "잠시 빌린 여관처럼"(즉 남의 집처럼) 생각하지 않고 '자신의 나라'로 여겨 적극적으로 나라를 지키는 데 나설 것이라고 주장한다. 그는 다음과 같은 유명한 문장으로 인간의 천부적 평등과 자유를 이야기하면서 이 저작을 시작한다.

> 하늘은 사람 위에 사람을 만들지 않고 사람 밑에 사람을 만들지 않는다고 한다. (중략) 인간은 만물의 영장으로 심신의 활동에 의해 천지간에 있는 모든 것을 이용하여 의식주를 해결하고, 자유로이 생활하며, 서로의 생활을 방해하지 않고, 각자 편안하고 즐겁게 살아가도록 했다는 뜻이다.[17]

---

17 후쿠자와 유키치, 남상영·사사가와 고이치 역. 『학문의 권장』(서울: 소화, 2003), 21.

즉, 이렇게 자유롭고 평등하게 태어난 사람들이 이런 천부적 잠재성을 충분히 실현하게 되어 "일신(一身) 독립하고 일가(一家) 독립하면" 국가도 독립할 수 있다는 것이다. "사람은 태어날 때부터 누구에게도 얽매어 있지 않으며 어른이 된 남자는 남자로서, 그리고 어른이 된 여자는 여자로서 서로가 다 자유로운 몸"이며 이러한 천부적 본분에 따라 "하늘의 도리를 따르고 인간의 정에 따르며 다른 사람을 방해하지 않고 자신의 자유를 실현"해야 하는 것이다. 이러한 것이 가능한 나라를 만들기 위해서는 "절차를 밟아" "정부에 호소하고 기탄없이 이의를 제기해야"하며, 여의치 않은 경우 "천리와 인정에 따르는 일이라면 목숨을 아끼지 말고 항거해야" 한다. 이러한 주체성을 가진 공민들로 뭉친 나라라면 주인이 아닌 객(客)의 위치에서 국가를 남의 일처럼 생각하지 않게 될 것이다. 주인이 아닌 객으로 살고 있는 "무지하고 무력한 소민(小民)들이 비록 조국을 배반하는 일은 없을지라도 그들은 손님(客)의 입장이므로 생명까지 바쳐 나라를 지키는 일은 할 수 없다며 도망가는 자들도 많을 것이다."[18] 후쿠자와 유키치가 개인의 중요성을 인식했던 것은 분명하지만 궁극적인 국가 독립을 위한 수단 또는 조건으로서 개인의 독립을 주장했다는 점에서 그의 국가주의적 한계성을 보이며 메이지 후기에 들어서 서구열강과의 경쟁을 더욱 의식함에 따라 그의 국가주의는 더욱 강해지게 된다.

18 후쿠자와 유키치, 『학문의 권장』, 26-51.

V. 메이지 후기의 유기체론: 이노우에 테츠지로

이노우에 테츠지로(井上哲次郎, 1856~1944)는 일본인 최초의 도쿄제국대학 철학교수로서, 여전히 개인주의적 요소를 남겨놓은 채 메이지 국가주의를 옹호하던 그의 이론적 라이벌 카토 히로유키(加藤弘之, 1836~1916)를 제치고 메이지 후기의 대표적 국가주의 이데올로그로 활약했다. 그는 '절충주의자'라는 비난을 받을 정도로 유학(儒學), 선불교, 독일 이상주의, 핵켈(Ernst Haeckel), 스펜서의 사회진화론 등을 폭넓게 흡수하여 그 나름의 철학을 제시했다. 메이지 철학사의 권위자인 후나야마 신이치(船山信一)는 니시 아마네(西周) 등에서 시작된 메이지철학의 실증주의 경향은 이노우에 엔료(井上円) 등을 거쳐 결국 이노우에 테츠지로의 '현상즉실재론'(現象卽實在論)에 의해 완성되었으며, 이후 니시다 키타로(西田幾多郎)로 이어진다고 주장한다. 메이지국가의 대표적 이데올로그 이노우에 테츠지로의 활동은 단지 순수 철학에만 국한되지 않는다. 그는 천황중심의 절대국가 체제를 방어하기 위해 전방위로 활약하면서 메이지 국가의 이념적 주춧돌을 하나씩 놓아나갔다. 철학적으로는 '현상즉실재론'을 통해 국가에 맞서는 여러 철학적 요소들을 격파했는데, 천황제 국가라는 '현실'을 중심으로 하는 '일원론'(monism)에 도전하는 다양한 형태의 이원론(dualism)을 공격했다. 그는 국가 권위를 훼손할 위험성을 가진 기독교를 공격했으며, 또한 국가 외에 민중의 사랑을 빼앗아갈 수 있는 조직인 가족의 친밀성을 공격함으로써 천황가를 중심으로 하는 '상상의 가족' 즉 '가족국가'로 일본 전체를 재조직할 것을 주장했다. 이 모든 노력은 천황제 절대국가를 옹호하기 위한 것이었다.

이노우에 테츠지로의 절대국가 이데올로기로서의 활약상은 사적 윤리에 대한 국가의 개입을 천명한 메이지 천황의 '교육칙어'(1890)를 해설한 『칙어연의』(勅語衍義, 1891)에서 시작되었다. 1884~1890년간 독일 중심으로 국비유학을 다녀온 후 도쿄제국대학 철학교수로 임명된 그가 그 이듬해 정부의 요청에 부응해 작성해 제출한 저작이었다. 그는 '국가' 이외의 권위를 하나씩 공격했는데, 그는 곧 이어 우리에게는 '무교회운동'으로 익히 알려져 있는 당시 도쿄의 구제(舊制) 제1고등중학교(현 도쿄대학 교양학부의 전신) 교관으로 재직 중이던 개신교 목회자 우치무라 칸조(內村鑑三, 1861~1930)에 대해 교육칙어 봉독식(奉讀式)에서의 '불경'(不敬) 문제를 제기해 결국 우치무라를 교직에서 사퇴시켰다. 우치무라는 평소 자신은 '두 개의 J' 즉 예수(Jesus)와 일본(Japan)을 모신다고 주장하던 개신교 목회자였다. 이 이른바 '우치무라 불경사건'을 계기로 확장일로에 있던 일본 개신교가 주춤하기 시작했는데, 이노우에가 의도했던 대로 된 것이다. 이노우에는 일본 이외의 다른 'J'를 인정할 수 없었던 것이다.

이어 이노우에는 일본 '국가'에 저항할 가능성이 있는 다른 권위를 공격하기 시작했는데, 그것은 일본에서도 상당한 영향력을 가지고 있던 '이'(理)를 중심으로 하는 주자학적 세계관이었다. 주자학은 현상을 넘어선 보이지 않는 이(理)의 존재를 인정하는데, 주자학이 강한 중국이나 조선의 지식인들처럼 일본 지식인들이 서양의 '자연법'(natural law)과 유사한 이(理)에 대한 지식을 근거로 '군주' 중심의 국가 권위에 도전할 위험성이 있었던 것이다. 그래서 그는 일본 유학을 재편성하는 작업을 시작했는데, 그것이 『일본 양명학파의 철학』(日本陽明學派之哲學, 1900년 출간)을 위시한

‘일본유학 삼부작’이다. 그는 이노우에 엔료(井上圓了)와 미야케 세츠레이(三宅雪嶺) 등과 함께 양명학을 일본 ‘무사도’(武士道)의 이론적 기반으로서 내세우기 시작했다. ‘보이지 않는 것’을 ‘보이는 것’ 위에 놓게 되면 ‘보이지 않는 것’을 공부하는 지식인들이 권위를 갖게 되는데, 그렇게 되면 눈앞에 보이는 ‘현실권력’은 누추해보이기 시작한다. 그것이 현실권력에 대한 주자학, 즉 성리학의 위협인데, 메이지국가의 현실권력을 옹호하려는 이노우에 테츠지로로서는 이 ‘보이지 않는 것’에 대한 공격이 꼭 필요했던 것이다. 그래서 보이지 않는 성(性: 본성)이 아니라 보이는 ‘마음’(心)[19]을 앞세운 왕양명의 철학이 더 바람직해보였던 것이다. 성리학(주자학)의 ‘성즉리’(性卽理)에 맞서 왕양명은 ‘심즉리’(心卽理)를 주장했던 것이다. 그런데, 문제는 보이는 것인 ‘마음’(心)이 바깥세상을 소극적으로 재현(再現: represent)하기도 하지만 적극적으로 개인적 의지(意志: will)가 드러나는 곳이기도 하다는 점이다. 이미 자리 잡고 있는 현실 세상을 소극적으로 재현하는 데에만 머문다면 ‘마음’(心)은 메이지국가에 우호적인 것으로 남겠지만, 개인적 의지가 드러나는 ‘마음’이라면, 그리고 그것이 기독교의 ‘양심’과 같은 것이 된다면 메이지국가에게 상당한 위협이 될 수도 있는 것이다. 양명학을 보급하는데 열심이었으며 스스로 일본양명학회 회원이었던 이노우에 테츠지로가 훗날 나카에 초민의 제자인 무정부주의자 코토쿠 슈스이 등이 연루되어 사형에 처해진 ‘대역사건’(1910) 이후 코토쿠 슈스이에게 양명학적 요소가 있음을 지적하면서 양명학에 거리를 두기 시작한 것은 바로 양명학의 ‘심즉리’(心卽理)가 급진주의 내지 개혁주의와 연계될 가능

19 性과 달리 마음은 마음에 보여진다.

성 때문이었다.

이노우에 테츠지로의 최종적 철학이론인 '현상즉실재론'은 현상(phenomenon) '위'('形而上') 또는 '뒤'('meta–')에 숨어있는 진리란 없으며, 또한 보이는 것과 보이지 않는 것의 이원론(dualism)은 틀렸으며, 오직 실재(實在)인 전체(全體)와 현상(現象)인 부분(部分)의 관계만이 존재한다는 것이다. 즉, 부분인 현상은 초월적인 자연법이나 이(理)에 의해 부정될 것이 아니라 부분적 진리로서 긍정되어야 할 대상이 되는 것이다. '현상즉실재론'은 기정사실인 현실권력을 긍정하도록 하는 이론적 기제인 것이다. 한편, 국가는 개인보다 큰 현상이므로 더욱 진리에 가깝다. 즉, 국가는 진리의 위계에서 상위에 있다. 따라서 국가보다 작은 개인은 금욕적 '수양'(修養)을 통해 국가의 흐름, 당시 일본인들이 좋아하던 표현인 '대세'(大勢)를 정확히 파악해 이를 따라야 한다는 것이다. 이노우에는 선불교(특히 화엄사상)와 셸링류의 독일 이상주의에 따라 세상(또는 우주)은 하나이며 아(我)와 타(他)는 연결되어 있고, 정신(spirit)과 물체(matter) 동일한 것의 두 측면("方面")에 불과하다고 주장하면서, 이렇게 하나로 통일되어 있는 세상을 오직 의식(意識)이 여러 현상들로 나누는 것에 불과하다고 주장한다. 따라서 '현상즉실재론'은 의식/생각의 과잉은 '전체=실재=진리'를 파악하는데 방해가 될 뿐이라는 일종의 반(反)지성주의 요소를 가지고 있다. 의식을 넘어서서 주변의 분위기(일본적 표현으로는 '공기空氣')를 감지하고 이에 자신을 맞추는 것이 지혜로운 일이 된다. 자기 자신을 내세우지 말고, 너무 깊게 생각하지도 말고, 주변의 분위기에 '공감'해 하나가 되는 것이 일본 신민들이 해야할 도리이며 삶의 큰 지혜이라는 것이다.[20] 한편, 의식(意識)을 중심으로 하는 개인의 주체는 자신보다 '더 큰 자아'인 사회나 국가뿐만 아니라 더 작은 자아인 신체세포와도 주체성을 나눠가진다. 정신/주체성/의지는 '나'만이 아니라, 우주도, 인류공동체도, 국가도, 심지어 내 몸을 구성하는 각 세포들, 그리고 이 세포를 구성하는 원자(原子)들도 가지고 있다. 모든 물(物)의 움직임은 실제로 정신의 움직임이기도 하다는 것이다. 이노우에의 일원론에 따르면 우리의 머리카락을 날리는 산들바람조차 정신의 작용이다. 우주 전체는 물질과 정신의 통일체라는 스피노자셸링류의 철학이다. 이노우에는 마치 개인들이 모여 국가라는 유기체를 구성하듯이 '나'라는 개인 역시 그 나름 생각하고 의지를 갖고 있는 수많은 세포들의 '집합작용'의 결과에 의해 생각과 의지를 갖게 된다는 것이다. 이노우에는 이렇게 설명한다.

> 이러한 거력인력(拒力引力: 미는 힘과 끌어당기는 힘)이 감정(感情)이다. 그런데, 감정은 우리 인간의 육체를 구성하고 있는 세포들에도 존재하는 것이다. 또한, 세포를 구성하고 있는 원자(原子)에도 감정이 있고, 이런 원자에 존재하는 감정들이 모여서 세포의 감정상태를 구성한다. 우리 인간 개인은 수많은 세포들에 의해 구성되는데, 이것을 '세포국'(細胞國: 세포나라, Cellenstaat)이라 부른다. 백 명이 있으면 백 개의 세포국이 있다. 세포들이 모여 마치 국가처럼 개인을 구성한다고 한다. 그런데, 개개의 세포들이 가진 감정이 모여 우리 개인의 감정이 생기게 된다. 즉 우

20 모리시타 나오키(森下直貴)는 이노우에 테츠지로 철학을 '同=情'을 핵심으로 하고 있다고 규정하면서 영어로는 uni-pathy를 사용하는데, 획일성을 강조하기 위해 보통 사용되는 공감, sym-pathy 대신 채택했다. 森下直貴, 「井上哲次郎の〈同=情〉の形而上學」, 『浜松医科大學紀要 一般教育』, 第29号(2015) 참고.

리가 어떤 사람을 미워하는 감정 또는 좋아하는 감정은 무수하게 많은 세포들의 집합작용(集合作用)의 결과에 따라 생기는 것이다. 세포를 떠나서는 어떤 일도 생기지 않는다. 한 둘의 세포가 아니라 무수한 세포들이 욕망하는 바가 하나로 합쳐져 지향하는 곳으로 움직이는 것이다. 이렇게 감정의 원천은 유기체의 세포에 존재하고, 또한 세포에 존재하는 감정의 원천은 각 세포를 구성하는 원자들에 있다.[21]

이렇게 위로는 국가, 인류공동체, 우주와 연결되고, 아래로는 세포, 원자로 촘촘히 연결되어 있어 우리 개인의 절대적인 주체성이라는 것은 의식이 만든 환상에 불과하다는 것이 이노우에 테츠지로가 주장하려는 바이다. 따라서 개인이 이러한 착각을 버리고 취해야 할 태도는 개인적 의식이니 주체니 하는 것을 없애고 분위기("空氣") 즉 대세, 즉 '나 보다 더 큰 자아'의 움직임을 따르는 것이다. 이러한 '현상즉실재론'은 일본 국민들 사이에 수동적인 기회주의를 조성하는데 기여하게 된다.[22]

---

21 井上哲次郎, 『哲學と宗教』(東京: 弘道館, 1915), 73.

22 참고로, 레닌은 『유물론과 경험주의적 비판철학』(Materialism and Empirico−criticism)에서 일종의 '현상즉실재'論인 마흐주의(Machism: 당시 Empirico−criticism으로 불렸음.)를 현상 너머의 '실체'를 보지 못하고 현상만 추종한다면서 기회주의적인 반혁명주의로 단죄하였는데, 일본의 마흐주의인 '현상즉실재론' 역시 기존의 정치질서(현상)에 굴종한다는 점에서 기회주의적 요소가 강하다고 할 수 있다.

Ⅵ. 가족법 논쟁과 전국민의 사무라이화: 호즈미 야츠카

메이지 국가주의자들은 철학적 기제를 통해 개인의 주체성을 약화시키는 동시에, 개인적 주체성의 인큐베이터가 될 친밀한 가족, 특히 친밀한 부부 중심의 가족을 없애는 작업에 착수했다. 천황제 중심의 절대국가 건설에 있어서 가장 치열한 논쟁이었던 가족법 논쟁을 통해 이노우에 테츠지로, 호즈미 야츠카 등 국가주의자들은 도쿠가와막부 시절 총 인구의 5%에 불과했던 사무라이 계층의 관습가족법을 전 인구에 적용할 것을 추진했던 것이다. 이른바 전 국민의 사무라이화 계획이다. 1945년 일본제국의 패망이후 가족관계법에 대한 대대적인 개혁이 있었음에도 불구하고 여전히 일본 여성들은 '깊은 안쪽'(奧: 일본어에서 타인의 아내를 칭하는 '오쿠상'의 '오쿠'는 집안 깊은 안쪽을 의미한다)에 머물며 '양처현모'(良妻賢母)가 되어 '주인'(主人: 일본어에서 '고슈진' 즉 '주인'은 아직도 남편을 의미한다)의 기대에 부응해야 한다는 분위기가 사라지지 않았다. 그런데, 남편이 '고슈진'이 되고 아내가 '오쿠상'이 된 것은 메이지유신 이후이며, 그 이후에도 사무라이 계층이 아닌 상인들이나 농민들에게서는 좀 더 평등한 남녀관계가 오랫동안 유지되어 왔음을 보게 된다. 특히 서일본(西日本) 지역의 농민계층에서는 남녀가 더욱 자유롭게 연애를 하고 있었으며, 집안의 '깊은 안쪽'에 처박혀있지 않고 집을 떠나 자유롭게 세상을 구경하고 여행을 하는 미혼의 활기찬 젊은 여성들을 발견하게 된다. 일본의 민속학자 미야모토 츠네이치(宮本常一)는 서일본의 농민들을 관찰하고 인터뷰하면서 계층과 성별을 넘어 더욱 평등한 공동체적 삶을 이끌어왔던 '잊혀진 일본인들'과 그들의 잊혀진 일상생활상을 상세히 기록해두고 있다. 예컨대, 우리가 현재도 보고 있는 고분고분한 일본여성상은 과거 일본 농촌, 특히 서일본 농촌에서 만나는 여성들의 모습과는 큰 차이가 있다. 이들 농촌여성들은 농업생산에 적극적으로 참여하고 있었으며, 모내기 같은 빠른 손이 필요한 작업에서는 남성들보다 더 주도적이었다. 여성들이 주도적으로 모를 심으면 남성들은 옆에서 보조 역할을 할 뿐이었다. 어느 여성은 과거를 회상하며 이렇게 말한다.

> 모심기에서는 여자들이 남자보다 우수해. 남자들을 좀 더 빨리 일하라고 다그치는 것은 재미있어. 남자들이 일을 잘 못해 모판을 갖다주는 일이 늦어지고 다른 남자들의 손을 너무 많이 빌리는 모습을 보면, 우리 여자들은 도와주는 남자들에게 진흙을 막 던지고 마지막에는 그들을 논바닥에 넘어뜨려버렸지.[23]

이들 활기차고 외향적인 농촌여성들이 본격적으로 '오쿠상'으로 되기 시작한 것은 메이지 가족법이 일상생활에 자리를 잡아가던 타이쇼(大正) 시대 이후였다. 그 이전에는 세상구경을 위해 다른 여성들과 여행을 하고, 또 여행 중에 남자를 만나 연애하고 결혼하기도 했다.[24] 마을회의 등에 사

23 宮本常一, 『忘れられた日本人』(東京: 岩波書店, 1984), 107.
24 宮本常一, 『忘れられた日本人』, 115–126.

별한 남편 대신 참석하는 여성들도 있었다.[25] 사무라이 계층이 아닌 평민들의 가족은 상대적으로 평등했고 가족구성원들은 서로 친밀했다. 가장들은 가정 내에 '따뜻한 분위기'를 유지하려고 노력했고, 가족의 화목을 최우선시했다.[26] 상인계층의 여성들은 남편을 도와 가게를 운영하고 회계를 담당하기도 했다. 오사카나 다른 서일본 지역에서는 심지어 가장 역할을 맡기도 했다. 이혼에 있어서도 농민이나 상인계층의 여성들은 사무라이계층의 여성들보다 더 자유로웠다. 이 점은 사무라이 계층과 달리 이들 평민계층의 결혼이 좀 더 친밀함과 사랑에 기반한 것이었다는 것을 보여준다. 사무라이 계층의 경우, 이혼은 남성만의 특권이었다. 한 사무라이가 이혼을 원하는 경우 단지 '세 줄 반'의 짧은 문장의 편지로 아내에게 '의사'를 통보 하는 것으로 족하였다. 이 편지를 받은 여성은 지참금을 돌려받고는 친정으로 돌아가야 했고, 자식들은 남편쪽에 남겨졌다. 그리고 사회적으로 이혼녀의 재혼에 대해서는 부정적이었다. 반면, 평민들은 쉽게 이혼할 수 있었는데, 그냥 남편 집에서 나와 친정으로 돌아가면 그뿐이었고, 종종 자식들도 데리고 갔다. 19세기 초 오사카 근교의 마을들의 경우를 보자면, 결혼한 여성들의 15%가 그런 식으로 간단히 결혼생활을 끝냈다. 그리고 많은 경우 재혼을 했다. 또 흥미로운 예가 있다. 에도(지금의 도쿄) 근교 미나토(港) 지역 호상(豪商)의 딸인 한 여성은 미토(水戸)의 한 사무라이에게 시집을 갔다. 성공한 상인의 딸과 보수적인 사무라이와의 결혼

25 Sharon H. Nolte & Sally Ann Hastings, "The Meiji State's Policy Toward Women, 1890–1910," in *Recreating Japanese Women*, ed. Gail Lee Bernstein(Berkeley: University of California Press, 1991), 157.

26 牟田和惠, 『戰略としての家族』(東京: 新曜社, 1996), ii, 19.

이었다. 그런데, 이 여성은 첫 아이를 낳자마자 미토에서 도망쳐서 미나토에 있는 친정으로 되돌아갔다. 그녀는 "아무렇지 않게 연극을 보러 다닐 수도 있는" "도회지 여성의 마음 편한 생활로 돌아갔던" 것이다. 미토로부터 남편이 사람들을 보내 다시 돌아오라고 계속 간청을 했지만, 그녀는 "사무라이 집안 생활에 신물이 난다"고 단호하게 거부했다.[27]

평민계층 여성들에게 '신물이 날' 사무라이 계층의 관습가족법을 전국에 확대 적용했던 것이 바로 메이지 민법전이며, 특히 가족법(친족상속법)이었다.[28] 원래는 불평등조약을 개정하기 위한 우호적인 국제여론을 조성하기 위해 프랑스민법에 의거한 상당히 서구적인 민법전을 1893년에 도입하기로 했지만, 호즈미 야츠카를 위시한 국가주의자들이 프랑스식 가족법에 강력히 저항하게 됨에 따라 도입이 무기한 연기되었고, 이토 히로부미가 위원장을 맡은 재검토위원회가 발족되어 논의를 장기간 진행했다. 여기서 가장 영향력이 있던 인사는 도쿄제국대학 민법교수였던 호즈미 노부시게(穗積陳重)의 동생이자 같은 대학 헌법학교수인 호즈미 야츠카였다. 그는 프랑스식 가족법은 "충과 효를 완전히 파괴할 것"이라고 주장했다. 그리고 "애국의 감정과 충효의 정신으로 질서 잡힌 사회를 유지하려면, 조상숭배 외에는 방법이 없으며, 가족(家: 일본식의 '이에')은 가족구성원들에 대해 무제한의 권위를 지닌 가장의 지배와 통솔 아래 놓여야 한다"고 주장하면서, 고대 로마가 융성한 원인으로 이러한 가장의 강력한 지배

---

27 James L. McClain, *Japan: A Modern History*(New York: W.W. Norton & Company, 2002), 251–254.

28 Cheng M. Lo & Christopher P. Bettinger, "The Historical Emergence of a 'Familial Society' in Japan," *Theory and Society* 30/2 (April, 2001), 237–279.

에서 찾았다.[29] 호즈미 형제와 이노우에 테츠지로 같은 동맹세력의 분투 끝에 1898년에 개정된 민법전이 도입되었는데, 가족을 하나의 유기체적 조직으로 만들었고, 가장의 자리는 원칙적으로 장남에게만 상속되도록 했으며, 가장에게 절대적인 권한을 부여했다. 새로운 일본 가장은 집안의 중대사를 홀로 결정했는데, 집의 매매도 그의 배타적 권한이었고, 그의 동의 없이는 딸의 경우는 25세까지, 아들의 경우는 30세까지 제 맘대로 결혼을 할 수도 없었다. 아내는 민법적 지위가 '한정치산자'로 격하되었고, 아내의 첫 번째 의무는 남자상속자를 낳아주는 것이었다. 일단 결혼한 이상 여성은 남편의 동의 없이는 법정에서 증언을 할 수도 없고, 법적 거래를 할 수도 없으며, 원칙적으로 이혼소송을 제기할 수도 없었다.[30] 사랑과 친밀함이 아닌 하나의 유기적 조직으로서 '가족국가'의 한 부분을 담당하게 된 메이지 민법체계하의 일본가족에서 여성은 국가의 구성원으로서 역할을 해나가야 했다. 메이지 문부성이 발행한 『여대학』(女大學: 유교경전 『대학』의 여성판이라는 뜻)이라는 문건은 메이지민법이 생각하는 새로운 가족의 역할을 이렇게 정의했다: "가정은 하나의 공적 공간으로서 어떠한 사적 감정도 없어야한다."[31]

---

29 Fujiko Isono, "The Evolution of Modern Family Law in Japan," *International Journal of Law and the Family 2*(1988), 187–188.

30 McClain, *Japan: A Modern History*, 257. '家는 작은 國'이라는 프로젝트는 사실 메이지 민법전 제정 이전에도 조금씩 진행되어 왔다. 대표적인 것이 1871년의 '호적법' 제정인데, 메이지 정부는 '호주'(戶主)에게 '행정조직의 최말단으로서의 역할'을 기대했던 것이다. 예컨대 메이지 정부의 징병정책은 호주의 적극적인 협조를 전제로 추진되었다. 青山道夫 外(編), 『講座 家族 8: 家族觀の系譜』(東京: 弘文堂, 1974), 62–63.

31 Patrick Smith, *Japan: A Reinterpretation*(New York: Pantheon Books, 1997), 149.

Ⅶ. 외로운 사인(私人)과 제국주의

'홀로서기'를 할 수 있는 근대적 개인을 만들어 근대적인 국가를 만들고자했던 메이지 전기의 일본 계몽주의자들의 노력에도 불구하고 메이지 후기에 들어 '교육칙어'(1890) '제국헌법'(1890년 시행) '민법전'(1898년) 등의 제정을 거치면서 천황중심의 일본국가주의가 자리를 잡게 된다. 그리고 이 천황제적 국가는 친밀성이 결여된 가족을 만들어가면서 동시에 '전쟁하는 국가'인 일본제국이 되어갔다. 친밀성이 결여된 새로운 일본의 가족은 비록 '가정'(家庭)이라는 이름으로 근대적 사이즈의 핵가족으로는 변모되어 갔지만 서구의 근대가족이 가지게 된 '친밀성'(intimacy)이라는 핵심요소가 빠져버렸고, 그 결과 오직 욕망의 충족만이 유일한 행복이라고 느끼는 외로운 개인들을 만들게 되었다. 그리고 이렇게 고립되어 외로운 개인들은 국가와의 일체화에서 그 삶의 의미를 찾을 수밖에 없었다. 외로운 개인들은 너무도 쉽사리 국가주의에 현혹되었던 것이다.

이러한 상황을 대변하는 사상가로 우리는 타카야마 초규(高山樗牛: 1871~1902)를 꼽을 수 있다. 그는 '개인적 욕망'(특히 육체적 욕망)을 우선시하는 쾌락주의를 주창하는 동시에 일본국가에 대해 충성하고 그 충성에서 쾌감을 느끼던 국가주의자, 제국주의자, 일본주의자이기도 했다. 그는 "미적 생활(美的生活: 감각적, 탐미적 생활)이란 인성본연(人性本然)의 요구를 충족시키는 것"이라면서 쾌락적 사인주의(私人主義)의 기치를 들었고 일본사회는 그의 주장에 열광했다.[32] 그런데, 쾌락적 사인주의든 제국주의든 결국 "공격적인 에고이즘"일뿐이다.

자신의 본능적 충동을 따르고 힘에 의해 국제사회에서의 자신의 지위를 규정하고자 하는 국가는 사실 자신의 본능만을 따르고 개인적인 느낌(feeling)에 권위를 부여하는 개인과 실제로 아무런 차이가 없다. 강한 나라가 항상 약한 나라를 집어삼키듯, 창의력을 갖춘 엘리트는 우중(愚衆) 위에 서야 한다는 것이다.[33]

메이지 국가는 전시에는 제국주의자가 되고 평시에는 고립되어 쾌락적 사인주의자가 되는 국민을 만들고자 했는데, 타카야마 초규가 그 전형인 것이다.

이렇게 메이지 초기 사상가들이 추구했던 독립적 개인의 형성, 개인들 사이의 '사회계약' 그리고 공화정치는 메이지 후기의 제반 입법, 청일전쟁, 러일전쟁을 거치면서 일본국민들의 관심에서 서서히 사라져가다가 10년 뒤 요시노 사쿠조(吉野作造) 등의 '민본주의'(民本主義) 운동과 함께 이른바 '타이쇼(大正) 데모크라시' 논의로 잠시 부활했지만, 이 역시 짧게 끝나고 일본은 본격적으로 초국가주의군국주의라는 파멸의 길에 접어들었다.

32 高山樗牛. 1901「美的生活を論ず」. https://www.aozora.gr.jp/cards/000271/files/4603_7318.html.

33 H. D. Harootunian, "Between Politics and Culture," 140.

참고문헌

마루야마 마사오. 김석근 역. 1995.『일본정치사상사연구』. 서울: 통나무.

마루야마 마사오. 김석근 역. 1997.『현대정치의 사상과 행동』. 서울: 한길사.

후쿠자와 유키치. 남상영·사사가와 고이치 역. 2003.『학문의 권장』. 서울: 소화.

高山樗牛. 1901.「美的生活を論ず」https://www.aozora.gr.jp/cards/000271/files/4603_7318.html

宮本常一. 1984. 『忘れられた日本人』. 東京: 岩波書店.

牟田和恵. 1996.『戦略としての家族』. 東京: 新曜社.

森下直貴. 2015.「井上哲次郎の〈同＝情＞の形而上學」『浜松医科大學紀要 一般教育』第29号.

井上哲次郎. 1915.『哲學と宗教』. 東京: 弘道館.

青山道夫 外(編). 1974.『講座 家族 8: 家族観の系譜』. 東京： 弘文堂.

土方和雄. 2007.『中江兆民』. 東京: 東京大學出版会.

Bernstein, Gail Lee ed, 1991. *Recreating Japanese Women*. Berkeley: University of California Press.

Habermas, Jürgen. 1992. *The Structural Transformation of the Public Sphere*. Polity: Cambridge.

Harootunian, H. D. 1974. "Between Politics and Culture: Authority and the Ambiguities of Intellectual Choice in Imperial Japan." Bernard S. Silberman & H. D. Harootunian ed, *Japan in Crisis: Essays on Taishō Democracy*. Princeton: Princeton University Press.

Isono, Fujiko. 1988. "The Evolution of Modern Family Law in Japan." *Interna-*

tional Journal of Law and the Family 2.

Lenin, Vladimir. 1970. *Materialism and Empirico-criticism*. Moscow: Progress Publishers.

Lo, Cheng M. & Christopher P. Bettinger. 2001. "The Historical Emergence of a 'Familial Society' in Japan." *Theory and Society* 30/2.

Maruyama, Masao. 1965. "Patterns of Individuation and the Case of Japan: A Conceptual Scheme." Marius B. Jansen ed, *Changing Japanese Attitudes Toward Modernization*. Princeton: Princeton University Press.

Maruyama, Masao. 1983. *Studies in the Intellectual History of Tokugawa Japan*. Princeton: Princeton University Press.

McClain, James L. 2002. *Japan: A Modern History*. New York: W.W. Norton & Company.

Smith, Patrick Smith. 1997. *Japan: A Reinterpretation*. New York: Pantheon Books.

Walzer, Michael. 1970. *Obligations*. Cambridge: Harvard University Press.

6장 대한민국 임시정부 헌법과 '민주공화제'

신철희(서울대학교)

Ⅰ. '대한민국은 민주공화제로 함'

1987년에 9차 개정된 대한민국 현행 헌법의 제1조 1항은 우리나라의 국체를 '민주공화국'으로 규정하고 있다. 그런데 이 내용이 1948년에 제정된 대한민국 제헌헌법에 그대로 들어있다는 것은 그렇다고 쳐도, 일제에 의해서 국권을 침탈당한 상태인 1919년 4월 11일에 상하이에서 제정된 대한민국 임시정부의 헌장 제1조도 "대한민국은 민주공화제로 함"이라고 적고 있다는 것은 적지 않게 충격적이다. 오늘날에는 대한민국이 민주공화제(국)이라는 것이 너무 당연하게 받아들여지지만, 국권을 빼앗기고 왕정이 폐지된 지 불과 10년도 안된 상황에서 국체의 성격을 '민주공화제'라고 정한 것은 너무 급격한 변화처럼 보인다.

그런데 국체를 민주공화제로 규정하고 있는 것이 임시정부 헌장에서만 그런 것이 아니라 그 전후의 문헌에서도 마찬가지다.[1] 1800년대 말부터 공화제를 주장하는 지식인들과 단체들이 존재한 것은 사실이지만 왕정의 유산과 기억이 아직 분명하게 남아있는 상황에서 우리나라 지식인이나 국민들이 왕정의 부활을 시도한 것이 아니라 별다른 논란 없이 민주공화제를 수용했다는 것은 놀라운 일이다.

이 글에서는 구한말 이후 민주주의나 공화주의에 대한 논의를 정리함으로써, 어떻게 임시정부의 국체가 민주공화제로 정해지고 그 흐름이 거의 변함없이 100년이 지난 오늘에까지 내려오고 있는지를 밝힐 것이다.

1 한인섭. 2009.「대한민국은 민주공화제로 함—대한민국 임시헌장(1919.4.11) 제정의 역사적 의의—」,『서울대학교 法學』 50권 3호, 178.

역대헌법문서	반포연월일	제1조 내용
대한민국 임시헌장	1919.4.11	대한민국은 민주공화제로 함
대한민국 임시헌법	1919.9.11	제1조 대한민국은 대한인민으로 조직함 제2조 대한민국의 주권은 대한인민 전체에 재함
대한민국 임시헌법	1925.4.7	대한민국은 민주공화국임
대한민국 임시약헌	1927.3.5	대한민국은 민주공화국이며 국권은 인민에게 있다
대한민국 임시헌장	1940.10.9	대한민국의 국권은 국민에게 있되, 광복완성 전에는 광복운동자 전체에 있다
대한민국 임시헌장	1944.4.22	대한민국은 민주공화국임
민주의원안	1946	대한민국은 민주공화국으로 함
조선임시약헌	1947.9.2	조선은 민주공화정체임
유진오안	1948.5	조선은 민주공화국이다
권승렬안	1948.5	대한민국은 민주공화국이다
제헌헌법	1948.7.17	대한민국은 민주공화국이다

Ⅱ. 구한말 이후 공화제에 대한 논의

임시정부 헌장에 대한민국의 국체를 민주공화제로 정하고 있지만, 20세기 초에 그냥 공화제도 아니고 민주공화제를 명시하는 것은 세계적으로 봐도 유례가 없을 정도다. 그런데 그 이전에 공화제에 대한 고민이 없었던 것은 아니다. 비록 그 이해가 단편적이었지만 적지 않은 공화제에 대한 논의가 있었다.

그런데 정확하게 민주공화제를 논한 것은 그리 많지 않기 때문에, 민주공화제는 공화제의 한 갈래라고 봤을 때, 일단 공화제 자체에 대한 논의를 살펴볼 필요가 있다. 그래서 일단 1919년 임시정부 수립 이전까지 국내에서 논의된 공화제를 정리하겠다.

1. 개화파

국내에 공화주의(공화제)를 처음 소개한 사람들은 박영효, 유길준 등 개화파였다. 박영효의 개화사상과 공화제에 대한 이해는 그가 1888년 고종에게 제출한 상소문에 자세하게 나와 있다. 그는 세계 국가들을 야만과 문명으로 구분하고 야만 상태에서 문명국가로 바뀌는 것이 근대국가로 발전하는 것이라고 주장한다. 그리고 '야만미개지정'(野蠻未開之政)인 조선은 전제군주 국가인데 반해서, '문명개명지정'(文明開明之政)인 구미 국가들은 입헌군주제나 공화정치를 실시하고 있는 것으로 구분한다. 따라서 박영효의 생각은 조선이 문명국가가 되려면 전제군주국을 버리고 입헌군주제나 공화제를 해야 한다는 논리로 자연스럽게 연결된다.

그러나 박영효는 조선의 현실을 감안해서 미국식의 시민혁명, 다르게 말하면, 공화정치를 추진하는 것은 시기상조라고 선을 그었다. 박영효의 입장은 영국식의 입헌군주제가 최대치였다고 보는 것이 합리적이다.

또 다른 대표적인 개화파 인사였던 유길준의 1880년대 일본과 미국 유학 경험에 기초해서 쓴 『서유견문』에서 자신의 정치관을 피력하고 있다. 『서유견문』에서 유길준은 세계의 국가들을 임금이 마음대로 하는 정치체제, 임금이 명령하는 정치체제, 귀족이 주장하는 정치체제, 임금과 국민이 함께 다스리는 정치체제, 국민들이 함께 다스리는 정치체제로 분류했다. 그런데 유길준은 위의 다섯 가지 정치체제 중에서 임금과 국민이 함께 다스리는 정치체제, 즉 입헌군주제에 관심을 표했다. 그는 국민들이 함께 다스리는 정치체제(공화제)와 입헌군주제는 근본적인 운영원리를 같다고 보고, 영국식의 입헌군주제가 가장 좋다고 주장한다.

1900년 이전까지 공화제를 공개적으로 주장한 지식인이나 집단은 거의 찾아보기 어렵다. 입헌군주제를 지지하더라도 왕에게 상소를 올리거나 적극적으로 추진하는 경우도 드물었다. 수백 년, 수천 년 동안 내려온 왕정의 전통을 하루아침에 뒤엎고 군민의 공동 통치를 주장하는 것은 당시 조선의 상황에서 볼 때 어려운 일이었을 것이다.[2]

2 김현철, 「20세기 초 계몽운동가들의 사회진화론 수용」, 김현철 편, 『3·1운동과 대한민국 임시정부의 재조명I—군주제에서 민주공화제로』(서울: 동북아역사재단, 2019), 108.

그런데 1907년 미국에서 안창호의 주도록 결성된 비밀조직이었던 신민회는 분명하게 공화제를 표방했다. 신용하 교수에 따르면, 신민회의 궁극적인 목적이 국권을 회복해서 자유독립국을 세우고 그 정체를 공화제로 하는 것이었다.[3]

2. 1910년대 해외 독립운동가

1910년 일제에 의해서 강제 병합될 때까지는 여러 가지 한계 때문에 정체로서 공화제보다는 입헌군주제를 선호했다. 그런데 1910년대 들어서 분위기가 급격하게 바뀐다. 국왕이 사라지고 국권을 상실함으로써 이전보다 훨씬 자유롭게 국권 회복 후의 입헌정체로서 공화제를 논할 수 있게 된 것이다.

새로운 입헌체제에 대한 논의가 국내보다는 해외에서 더 활발하게 이뤄졌다. 특히 미주에서 한인 사회를 중심으로 논의가 활발했다. 그런데 미주 지역에서도 1910년 전에는 군주제에 대한 적극적인 부정은 찾아보기 힘들다. 하지만 1910년 이후에 분위기가 바뀐다. 《신한민보》의 주필 최정익은 '국가 인민을 대표하는 총기관이 된 대한인국민회 중앙총회는 대한인국민회를 대표하여 공법상에 허한 바 가정부의 자격을 방하여 법립[입법]행정사법 삼대기관을 두어 완전히 자치제도를 행하게 하자'라고 공화제

3 신용하, 1985, 『신민회의 창건과 그 국권 회복 운동, 한국민족 독립운동사연구』(서울: 을유문화사, 1985), 27.

에 기반한 임시정부 건설을 주장했다.[4]

최정익에 이어서 신한민보의 주필이 된 박용만은 최정익의 주장을 더 진전시켜서 본격적으로 임시정부 건설을 주장했다. 그는 '조선 민족을 한 헌법 앞에 관할하여 한 무형한 국가를 설립하자 함이니 가령 우리 시방 북아메리카와 하와이와 해삼위와 만주에 있는 조선 사람들은 … 다 일체로 그 공회에 속하게 하자'고 임시정부의 성격을 규정했다.[5]

한편, 중국 지역의 독립운동가들도 공화제를 논의했다. 그러나 이상설, 신규식, 박은식 등이 1915년 3월 조직한 신한혁명당 안에서는 공화파와 제정파가 공존했다. 박은식, 유동열 등 공화정치를 주장하는 사람들도 있었지만, 고종 중심의 망명정부[6]를 구상한 사람들도 있었다.

---

4 「대한인의 자치기관」, 《신한민보》, 1910.10.5.

5 박용만은 정치적 조직의 계획이란 논설에서는 임시정부 조직의 대강을 다섯 가지로 정리하고 있다. 첫째, 외국에 나온 조선 민족을 마땅히 무형한 국가와 무형한 정부 앞에 통합할 일. 둘째, 완전한 헌법을 정하여 일반 한인 법률상 공민이 될 일. 셋째, 사람마다 의무를 담당하고 권리를 이용하게 할 일. 넷째, 정치적 구역을 나누어 행정기관이 효력을 얻게 할 일. 다섯째, 중앙총회로 권리를 모아 법률을 의지하여 호령이 실현케 할 일. (「정치적 조직의 계획」, 《신한민보》, 1911. 5. 17, 24, 31.)

6 구주전쟁 후의 일본은 동양에서 고립되어 점차 위축당하고, 지나·독일의 연합군대와 대전해야 할 위기에 처하였다. 조선의 독립 회복은 바로 이 때니, 지금부터 지나·독일에 은밀히 내통할 준비가 필요하다 … 그런데 양국은 군주정치로서 종래와 같이 조선의 유지가 공화정치를 주장함은 불리할 뿐만 아니라 이 명의 때문에 마침내 목적을 달성키 어려울 것이므로 이왕가의 일인을 이 운동의 맹주로 하기로 결정했다.

3. '대동단결의 선언'

1919년 임시정부의 성격을 정하는 데 결정적인 계기를 마련한 것이 1917년 7월에 상하이에서 작성된 대동단결의 선언이다. 박용만, 박은식, 신채호 등 14인이 발기자로 참여했는데, 이 선언서는 임시정부의 성격을 공화제로 명확하게 하는 데 기여했다. 그 강령은 아래와 같다.

1. 해외 각지에 현존하는 크고 작은 단체, 겉으로 나타나 있거나 숨어 있거나를 막론하고 모든 단체를 모아 통일하여 유일무이(唯一無二)의 최고기관을 조직할 것.
2. 중앙 총본부를 상당한 지점에 설치하여 일체 한민족(韓民族)을 통치하며 각지에 지부를 두고 관할구역을 바르게 정할 것.
3. 대헌(大憲)을 제정하여 민정(民情)에 맞는 법치를 실행할 것.
4. 독립평등의 성권(聖權)을 주장하여 동화(同化)의 마력(魔力)과 자치(自治)의 열근(劣根)을 방제할 것.
5. 국정(國情)을 세계에 공개하여 국민외교를 실행할 것.
6. 영구히 통일적 유기체의 존립을 공고히 하기 위하여 동지간의 애정을 수양할 것.
7. 위의 실행방법은 이미 조직되어 있는 각 단체의 대표와 덕망이 있는 개인들이 모여 회의로 결정할 것.

「대동단결의 선언」이 등장할 수 있었던 것은 독립운동 진영의 여러 가지 시도와 실패의 경험, 그리고 그 해 2월에 발생한 러시아 혁명, 근왕주의

자였던 유인석, 이상설의 사망 등이 영향을 미쳤다고 볼 수 있다.[7]

Ⅲ. 헌법 제정 당시 '민주공화제'에 대한 이해

1919년 4월 11일에 발표된 임시정부 헌장의 조항은 다음과 같다.

> 신인일치로 중외협응하야 한성에 기의한지 삼십유일에 평화적 독립을 삼백여주에 광복하고 국민의 신임으로 완전히 다시 조직한 임시정부는 항구완전한 자주독립의 복리로 아 자손여민에 세전키 위하야 임시의정원의 결의로 임시헌장을 선포하노라.
>
> 제1조 대한민국은 민주공화제로 함
> 제2조 대한민국은 임시정부가 임시의정원의 결의에 의하야 차를 통치함
> 제3조 대한민국의 인민은 남녀귀천 및 빈부의 계급이 무하고 일절 평등함
> 제4조 대한민국의 인민은 신교·언론·저작·출판·결사·집회·신서·

7 윤대원, 「1910년대 해외 독립운동가의 국제 정세 인식 및 공화제 임시정부 구상」, 김현철 편, 『3·1운동과 대한민국 임시정부의 재조명I—군주제에서 민주공화제로』 (서울: 동북아역사재단, 2019), 258.

주소·이전·신체 및 소유의 자유를 향유함

제5조 대한민국의 인민으로 공민자격이 유한 자는 선거권 및 피선거권이 유함

제6조 대한민국의 인민은 교육 납세 및 병역의 의무가 유함

제7조 대한민국은 신의 의사에 의하야 거룩한 정신을 세계에 발휘하며 진하야 인류의 문화 및 평화에 공헌하기 위하야 국제연맹에 가입함

제8조 대한민국은 구황실을 우대함

제9조 생명형 신체형 및 공창제를 전폐함

제10조 임시정부난 국토회복 후 만 일개년내에 국회를 소집함

1. 조소앙

임시정부 헌장을 작성한 사람은 조소앙이다. 헌장의 내용과 방향이 조소앙 혼자만의 생각이 반영된 것이라고 말할 수는 없겠지만, 조소앙이 작성한 그 이전과 이후의 문서들이 임시정부 헌장의 내용과 상당히 유사한 것을 볼 때 그의 사상이 많이 반영됐다고 추측할 수 있다. 이시영이나 신익희의 영향을 주장하는 학자들도 있지만, 조소앙이 가장 중요한 작성자였다는 것이 학계의 대체적인 견해다. 한인섭은 10, 11일 양일에 걸쳐서 이루어진 회의에서 조소앙의 발언이 임시헌장의 대략적인 내용을 이미 담고 있고, 조소앙이 1917년에 작성한 「대동단결선언」과 1919년 2월에 작성했던 「무오독립선언서」의 내용과 상당부분 유사하며, 임시헌장의 내용이

일본의 메이지대학에서 법학을 전공한 조소앙이 아니면 담기 힘든 독창성을 갖추고 있다는 것을 근거로 제시하고 있다.[8]

조소앙은 메이지 대학을 졸업한 후 법학보다는 종교와 철학에 탐닉했다. 그는 기독교, 유교, 불교, 도교, 서양철학을 두루 섭렵해서 일신교라는 세계 통합종교를 구상하기도 했다.[9] 그래서 1919년 2월에 그가 작성한 「대한독립선언서」는 단군을 숭배하는 대종교와 일신교의 사해동포주의에 바탕을 두고 민족평등, 평균천하, 남녀평등, 빈부평등, 지우(지식)평등, 노유(세대)평등 등 평등주의를 한국 독립과 세계평화의 핵심가치로 제시하고 있다. 그는 이후 공화주의와 평화주의 사상에 기초한 한 살림당을 구상하기도 했고, 1930년대에는 그 유명한 삼균주의로 체계화되었다. 그리고 마침내 1940년대에는 삼균주의가 대한민국 건국 강령의 기본 이념이 되었다.[10]

2. 왜 '민주' 공화제인가?

정치학에서 민주정, 공화정, 군주정 등은 매우 흔한 개념이다. 그러나 민주와 공화가 결합된 민주공화제라는 표현은 드물다. 임시정부헌장이 작

8 한인섭, 앞의 글, 172–4.

9 김기승, 「20세기 초 독립운동가들의 사회진화론 극복과 평화사상 형성」, 김현철 편, 『3·1운동과 대한민국 임시정부의 재조명I–군주제에서 민주공화제로』(서울: 동북아역사재단, 2019), 157–8.

10 김기승, 위의 글, 161.

성된 1919년을 기준으로 헌법에 민주공화제를 명시한 경우는 서구 선진국을 살펴보더라도 매우 희귀한 경우다. 그렇다면 아직 서양문물과 제도에 대한 지식과 이해가 부족한 상황에서 그냥 공화제도 아니고 '민주'공화제를 새로운 대한민국의 정체로 규정하게 된 계기는 무엇일까?

공화국(제)의 기원은 고대 그리스와 로마 모두에게서 발견할 수 있다. 공화국(res publica)이라는 명칭과 구체적인 제도는 고대 로마 공화정에서 찾는 것이 정설이지만, 그 원리와 사상의 기원은 이미 고대 그리스에서 다수 발견할 수 있다. 고대 아테네의 민주정치가 과격해지면서 혼란을 야기하자 그 완화책으로 나온 것이 바로 혼합정의 논리다. 아리스토텔레스는 특정 계급이 권력을 독점하는 순수한 정체보다는 다양한 계급과 정체의 요소가 합쳐질 때 정치가 더 안정될 수 있다고 주장한다. 이러한 혼합정의 정신은 로마 공화정이 법과 제도를 완성해 나갈 때 반영이 된다.

고대 로마 공화정은 민주정에 대한 반대에서 등장한 그리스와는 달리 군주정에 대한 반감에서 나타났다. 로마 왕정이 참주정으로 변질되자 이에 반감을 품은 귀족들이 반란을 일으켜서 공화정을 세운 것이다.[11]

마키아벨리는 민주공화정이라는 말을 사용하지는 않았지만 공화정의 종류를 귀족적 공화정과 민주적 공화정으로 구분했다.『로마사 논고』 1권 5장에서 인민과 귀족 중에서 국가의 자유를 수호하는 세력으로 누가 더 적당한지를 논하면서 마키아벨리는 로마의 방식과 스파르타, 베네치아의

---

11 이병택, 「사회진화론과 공화주의의 동아시아 수용의 맥락」, 김현철 편, 『3·1운동과 대한민국 임시정부의 재조명I－군주제에서 민주공화제로』(서울: 동북아역사재단, 2019), 45.

방식을 비교한다. 스파르타와 베네치아의 방식은 자유 수호를 귀족에게 맡긴다. 이 방식의 장점은 귀족들의 야망을 더 잘 충족시킨다는 점과 인민들의 변덕스러움에 권위를 맡기지 않아도 된다는 점이다. 그런데 이런 방식은 국가의 팽창과 활력보다는 안정을 우선순위에 둔다.

반면에, 로마의 방식은 인민에게 국가의 권위를 맡기는 경우다. 마키아벨리에 따르면 인민은 귀족들에 비해서 자유에 대한 열망이 더 강하기 때문에 자유의 수호자로서 더 적합하다는 것이다. 그리고 외부에 개방적이기 때문에 국가의 팽창에 더 유리하다.

민주공화제라는 아이디어를 좀 더 구체적으로 찾을 수 있는 사상가는 몽테스키외다. 몽테스키외도 정확하게 민주공화정이라는 말을 사용하지는 않았지만, 『법의 정신』에서 그가 분류한 국가의 종류를 볼 때 공화국에는 민주정과 귀족정이 포함되어 있음을 알 수 있다.

> 정부에는 세 가지 종류가 있다. 공화정, 군주정, 그리고 전제정. 각각의 성격을 발견하기 위해서는 교육을 가장 적게 받은 사람들이 가지고 있는 생각만으로도 충분하다. 나는 세 가지 정의, 또는 세 가지 사실이 존재한다고 생각한다. 공화정은 인민 전체 또는 그 일부가 주권을 가지는 정부다. 군주정은 한 사람이 정해진 법에 따라서 통치하는 정부다. 반면에 전제정은 한 사람이 법과 규칙 없이 모든 것을 자신의 의지와 변덕에 따라서 다스린다.[12]

12 Montesquieu, *The Spirit of the Laws,* trans. and ed. Anne M. Cohler, Basia Carolyn Miller, and Harold Samuel Stone(Cambridge: Cambridge University Press,

한인섭은 민주공화제라는 표현이 조소앙의 독창적인 작품이라고 하는데, 결코 전례가 없었던 것은 아니다. 민주공화국 개념은 1848년 프랑스 제2공화국에서 'Republique democratique'라는 말로 인민주권과 정치참여를 강조하는 민주주의와 군주정에 반대하는 공화정의 결합을 표방한 것에서 비롯됐다.[13] 그렇지만 임시헌장 제1조의 민주공화제 규정은 일본 뿐 아니라 중국의 수많은 헌법문서 가운데에서도 유례를 찾아볼 수 없는 독창인 형식과 내용으로서, 우리의 현행 헌법 제1조에까지 그 명맥이 이어지고 있다는 점에서 큰 의미가 있다.[14]

그렇다면 임시정부 헌장에 나오는 민주공화제라는 표현은 구체적으로 무엇을 의미하는 것인가? 조소앙은 민주공화제는 국민의 이익을 기초로 하여 정치 권리를 민주적으로 균등화하고 국민을 균등하게 정치에 참여시키는 가장 좋은 제도라고 말한다. 조소앙은, 광복 후에는 어떤 계급이 정권을 전유하지 못하도록 하고, 광복한 정권을 국민전체에 돌려 균등하게 향유해야 하며, 이를 위해서는 먼저 민주공화의 국가체제를 완성해야 한다고 주장하고 있다.[15]

그렇기 때문에 임시정부헌장에 나오는 민주공화제는 이어지는 헌장 조문의 내용을 통해서 보다 정확한 의미를 찾을 수 있다. 임시정부헌장의 제

1989), Book II, Chapter 1.

13 곽준혁, 「민주주의와 공화주의: 헌정체제의 두 가지 원칙」, 『한국정치학 회보』 39집 3호(2005), 37.

14 신우철, 『비교헌법사: 대한민국 입헌주의의 연원』(서울: 법문사, 2008), 300. 신우철은 중국에서 '민주공화국'이란 명칭이 1925년 중화민국헌법초안 제1조에 처음 등장한다고 밝히고 있다.

15 신용하, 「조소앙의 사회사상과 삼균주의」, 『한국학보』 104호(2001), 26.

3조는 '대한민국의 인민은 남녀귀천 및 빈부의 계급이 무하고 일절 평등임'이라고 표명하고 있고, 이어서 제5조에는 공민자격이 있는 사람은 선거권과 피선거권을 보유하고 있다고 적고 있다. 또한 제4조는 인민이 신앙, 언론, 신체 등의 기본적인 자유권을 향유한다고 이야기하고 있다. 따라서 임시정부는 오늘날 민주주의 국가의 국민이라면 누구나 누려야 하는 자유, 평등 및 권리를 보장하는 국가를 지향하고 있음을 알 수 있다.

Ⅳ. 민주공화제(국)의 현재적 의미

우리나라에 공화주의 이론이 소개된 지 100년이 훨씬 넘었다. 공화주의는 단순히 지식인들의 지적 유희를 위한 소재가 아니라, 당시 세계사적 혼란기에 조선이 살아남기 위한 방책의 하나로서 논의된, 현실과 매우 밀접한 이론이었다.

1800년대 말부터 전개된 공화주의와 공화제에 대한 논의는 1910년 일제에 의한 강제 병합을 기준으로 입장이 크게 바뀐다. 1910년 이전에는 공화제가 최선의 정치체제라는 공감대는 있었지만 신민회 같은 비밀결사조직을 제외하고는 공개적으로 그것을 주장하지 못하고, 입헌군주제를 현실적인 대안으로 제시했다. 왕이 엄연히 존재하는 상황에서 군주제 폐지를 주장하는 것은 매우 위험한 일이었을 것이다.

하지만 1910년에 한일합방이후 국권을 상실하고 왕정이 폐지된 이후에는 큰 부담감 없이 공화제를 주장할 수 있게 되었다. 물론 이 때에도 복벽

파가 존재했지만 시간이 지나면서 점점 국권 수복 후의 정치체제로서 왕정을 주장하는 사람은 거의 찾아볼 수 없는 상황이 되었다.

이후 1948년 제헌헌법에 이르기까지 공표된 여러 가지 헌법은 거의 예외 없이 1조에 대한민국은 민주공화제라는 것을 명시하고 있다. 이렇게 공화제에 대한 합의가 결정적으로 공식화된 사건은 3·1운동 직후 상하이에서 건립된 임시정부였다. 임시정부의 헌장 1조는 '대한민국은 민주공화제'라고 천명하고 있다.

이렇게 공화제에 대한 합의가 비교적 빠른 시간 내에 정착된 것은 국권상실과 왕정의 폐지가 큰 영향을 미쳤다. 조선말 지식인들이 공화정을 단순히 왕이 존재하지 않는 정치체제로 이해하는 것에 대한 비판이 공화주의 이론가들 사이에서 일부 제기되었다. 그들의 주장이 결코 잘못된 것은 아니다. 그러나 오히려 사람들이 공화주의를 그렇게 이해했기 때문에 오히려 군주가 사라진 후의 정치체제로서 공화제가 보다 빠른 시일 내에 자리잡을 수 있었던 것이다. 역사의 아이러니라 아니할 수 없다.

참고문헌

《신한민보》.
「대한민국임시정부 헌법」.

강정인 외. 2002.『민주주의의 한국적 수용』. 서울: 책세상.
곽준혁. 2005.「민주주의와 공화주의: 헌정체제의 두 가지 원칙」.『한국정치학회보』 39집 3호.
김경희. 2007.「서구 민주공화주의의 기원과 전개—아테네에서 르네상스에 이르는 민주와 공화의 변증법」.『정신문화연구』 30권 1호.
김기승. 2003.『조소앙이 꿈 꾼 세계—육성교에서 삼균주의까지』. 서울: 지영사.
김기승. 2019.「20세기 초 독립운동가들의 사회진화론 극복과 평화사상 형성」. 김현철 편.『3·1운동과 대한민국 임시정부의 재조명I—군주제에서 민주공화제로』. 서울: 동북아역사재단.
김동훈. 2011.『한국 헌법과 공화주의』. 서울: 경인문화사.
김현철 편. 2019.『3·1운동과 대한민국 임시정부의 재조명I—군주제에서 민주공화제로』. 서울: 동북아역사재단.
김현철. 2019.「20세기 초 계몽운동가들의 사회진화론 수용」. 김현철 편.『3·1운동과 대한민국 임시정부의 재조명I—군주제에서 민주공화제로』. 서울: 동북아역사재단.
마키아벨리, 니콜로. 강정인·안선재 역. 2003.『로마사 논고』. 서울: 한길사.
박찬승. 1989.「3·1운동의 사상적 기반」.『3·1운동 70주년 기념 논문집』. 한국역사연구회. 역사문제연구소.
박찬승. 2008.「한국의 근대국가 건설 운동과 공화제」.『역사학보』 200.
박찬승. 2013.『대한민국은 민주공화국이다—헌법 제1조 성립의 역사』. 파주:

돌베개.
신용하. 1986.「19세기 한국의 근대국가 형성 문제와 입헌공화국 수립 운동」.『한국의 근대국가 형성과 민족 문제: 한국 사회사연구회논문집, 제1집』. 서울: 문학과 지성사.
신용하. 2001.「조소앙의 사회사상과 삼균주의」.『한국학보』 104호.
신우철. 2008.『비교헌법사: 대한민국 입헌주의의 연원』. 서울: 법문사.
신철희. 2019.「구한말 이후 한국의 서구 공화주의 수용과 입헌정치체제 지향」. 김현철 편.『3·1운동과 대한민국 임+시정부의 재조명I-군주제에서 민주공화제로』. 서울: 동북아역사재단.
유길준. 허경진 역. 2005.『서유견문: 조선 지식인 유길준, 서양을 번역하다』. 서울: 서해문집.
유길준. 한석태 역. 1998.『정치학』. 마산: 경남대학교출판부.
유영렬. 2003.「한국에 있어서 근대적 정체론의 변화 과정」.『국사관논총』 103.
윤대원. 2019.「1910년대 해외 독립운동가의 국제 정세 인식 및 공화제 임시정부 구상」. 김현철 편.『3·1운동과 대한민국 임시정부의 재조명I-군주제에서 민주공화제로』. 서울: 동북아역사재단.
이동수 편. 2013.『공화와 민주의 나라: 대한민국 정체성을 찾아서』. 고양: 인간사랑.
이병택. 2019.「사회진화론과 공화주의의 동아시아 수용의 맥락」. 김현철 편.『3·1운동과 대한민국 임시정부의 재조명I-군주제에서 민주공화제로』. 서울: 동북아역사재단.
이승현. 2006.「신민회의 국가 건설 사상: 공화제를 향하여」.『정신문화연구』 29권 1호.
장세윤. 2019.「1910~1920년대 초 만주 지역 독립운동 세력의 공화주의공화제 수용 양상」. 김현철 편.『3·1운동과 대한민국 임시정부의 재조명I-군주제에서 민주공화제로』. 서울: 동북아역사재단.

전상숙. 2017.『한국인의 근대국가관 '민주공화국' 제고』. 서울: 도서출판 선인.
한인섭. 2009.「대한민국은 민주공화제로 함–대한민국 임시헌장(1919.4.11) 제정의 역사적 의의–」.『서울대학교 法學』 50권 3호.

Montesquieu. 1989. *The Spirit of the Laws*, trans. and ed. Anne M. Cohler, Basia Carolyn Miller, and Harold Samuel Stone. Cambridge: Cambridge University Press.

7장 공화주의적 국가통합과 양원제

채진원(경희대학교)

Ⅰ. 민주공화국 선포 100년, 이후 국가통합은?

2019년도는 3·1운동 및 대한민국 임시정부가 민주공화국을 선포한 지 100주년이 되는 해로 향후 우리가 걸어가야 국정방향에 대해 건설적인 의견을 모으고 검토해야 할 때이다. 지난 19대 대선과정에서 제기된 적폐청산, 사회통합, 지방분권 개헌, 남북화해 등을 고려하는 국가통합의 상과 비전을 모색하고 공유하는 데 지혜를 모을 필요가 있다.

박근혜 대통령에 대한 국회 탄핵, 광화문 촛불시위, 5·9조기대선(19대 대선), 개헌운동의 분출 등 2017년도에 있었던 일련의 사건들 속에서 폭발한 민심은 그 어느 때보다 우리사회의 변화와 정치권의 변화를 촉구하고 있다. 특히, 2018년 남·북·미 정상회담에 따른 남북관계의 진전 속에서도 등장한 남남갈등의 해소와 함께 IMF 경제 이후 계층·지역·세대 간의 분열이 심화되고 있는 만큼, 바람직한 사회통합의 방법을 찾을 필요가 있다.

우리사회가 가야 할 사회통합과 국가통합의 방향과 관련하여 학계와 시민단체 그리고 정치권은, 우리 헌법 제1조 1항의 '대한민국은 민주공화국이다'라는 정체성의 의미를 통해 공화국과 헌법의 의미를 되찾을 필요가 있다는 쪽으로 어느 정도 공감대를 형성하고 있다. 이러한 공감대는 민주공화국의 이념적 정신인 '공화주의'(republicanism)에 대한 재발견으로 모아지고 있다.[1]

일반적으로, 공화주의(republicanism)는 시민적 미덕(civic virtue)을 구비한 유덕한 시민들이 적극적으로 정치에 참여하면서 공공복리를 추구하는 국가인 공화국(republica)의 정치이념노선을 말한다. 공화주의에서는 공화국의 존립을 위한 가장 중요한 핵심적 기초로 '시민적 미덕'을 강조한다. '시민적 미덕'을 위협하는 것은 '경제적 종속'과 '정치적 부패와 파당주의'이다. 시민적 미덕에 따라 시민들의 정치참여의 자유가 실현된다는 점에서, 그 시민적 미덕은 바로 시민들의 비지배적 자유(freedom as non—domination)와 동의어가 된다. 따라서 그것은 자유주의에서 말하는 사적(private)

1 안병진, "공화주의적 민주주의," 주성수·정상호 편저, 『민주주의 대 민주주의』(서울: 아르케, 2006); 이동수, "민주화 이후 공화민주주의의 재발견," 『동양정치사상사』 제6권 제2호(2007), 5−25; 채진원, 『무엇이 우리 정치를 위협하는가(양극화에 맞서는 21세기 중도정치)』(서울: 인물과 사상사, 2016); 채진원, "시민권 보장의 차이로서 공화주의 논의 민주주의, 민족(국가)주의, 세계시민주의와의 비교." 『동향과 전망』 105호(2019), 92−128.

인 자유와 권리들의 보호라는 '소극적 자유'와는 다르다고 할 수 있다.[2]

공화주의에 대한 개념 정의는 다양하고 다양한 사상적 조류가 있는 것이 사실이다. 하지만 현대 공화주의는 미국의 공화주의 정부와 헌법을 설계한 제임스 매디슨의 정치사상에서 상징적으로 드러난다. 매디슨은 "훨씬 더 넓은 영토와 훨씬 더 많은 시민"을 갖는 현대적인 공화주의 정부를 설계하면서 문제로 제기되었던 "다수결의 전횡"과 "파벌의 해악"에서 벗어날 수 있는 해법을 고민하였다.

그는 대안으로, '광역선거구에서 탁월한 대표자의 선출'과 '그에 의한 통치위임', '입법, 사법, 행정의 권력분립과 권력공유', '사법부의 최종적인 입법판단', '하원과 상원의 견제와 균형을 통한 양원제 의회', '지방자치-연방제 국가', '정당간의 경쟁' 등을 제시하였다. 그는 파벌의 해악을 막을 공공선 추구의 대변자로서, "공정하고 사심 없는 심판자"(impartial and disinterested umpire)[3]로서의 대표자를 설정한다.[4]

매디슨은 양원제 의회와 관련하여 상원의 필요성을 역설하였다. 그는 『연방주의논고』 제63호에서 "역사를 돌이켜 볼 때 상원이 없는 어떤 공화국도 오랫동안 지속되지 못했다"고 언급하면서 "최소한 상원의 존재가 대

---

2 M. Viroli, *For Love of Country: An Essay on Nationalism and Patriotism*(Oxford: Oxford University Press, 2003); 모리치오 비롤리, 김경희·김동규 역, 『공화주의』(고양: 인간사랑, 2006); 필립 페팃, 곽준혁 역, 『신공화주의(비지배 자유와 공화주의 정부)』(서울: 나남, 2012).

3 Madison to Washington, April 16, 1787, PJM, IX, 384. '공정하고 사심 없는 심판자(impartial and disinterested umpire)'라는 표현은 1787년 4월 16일자 매디슨이 워싱턴에게 보낸 편지(PJM IX, 384)에 나타난다.

4 A. 해밀턴, J, 매디슨, J. 제이, 이동역 역, 『페더랄리스트 페이퍼』(서울: 한울아카데미, 1995).

중의 동요를 억제해 준다는 점은 확실하다"고 평가하였다.[5]

그리고 매디슨의 공화주의 노선을 현대적으로 계승하고 있는 선스타인(Cass R. Sunstein)은, 자유주의와 공화주의가 서로 대립하는 시각이 아니라 토의(deliberation)를 통해 자유주의적 공화주의(liberal republicanism)로 절충하고 조화시키고 있다. 그는 자유주의적 다양성을 보장하면서도 공화주의적 공공선에 이르는 통로로 공적 토의(public deliberation)를 강조하고 있다.[6]

선스타인은 토의(deliberation)는 개인의 자유로운 선호를 표출하는 것과 함께 토론을 통해 수정할 수 있는 상호 설득의 과정으로서 개인의 자유를 공공선과 조화시키려는 광장(forum)으로 보고 있다.[7] 선스타인은 자유주의와 공화주의를 조화시키는 수단으로 토의(deliberation)를 통해 매디슨이 언급하고 있는 "공정하고 사심없는 심판자/대표자" 노선을 계승하고 있다.

마이켈만(Frank Michelman)은 선스타인처럼, 심의를 강조하는 자유주의적 공화주의의 맥락에서 미국 건국의 아버지들이 공유했던 공화주의 노선을 '대화적 공화주의(dialogic-republican)'으로 규정하면서 자유주의와 공화주의를 조화로운 것으로 인식한다. 그는 정치적 자유는 자기지배(self-

---

5 A. 해밀턴, J. 매디슨, J. 제이, 이동역 역, 『페더랄리스트 페이퍼』(서울: 한울아카데미, 1995), 380.

6 김석영, 2000, "선스타인의 토의민주주의 이론에 대한 이해와 평가." 『외법논집』 제 집. 447-480; Cass R. Sunstein, "Beyond the Republican Revival." *The Yale Law Journal*, Vol. 97, No. 8(1988). 1539-1590; Cass R. Sunstein, *Democracy and the Problem of Free Speech*(New York: Free Press, 1993a); Cass R. Sunstein. *The Partial Constitution*(Cambridge: Harvard University Press, 1993b).

7 Cass R. Sunstein, "Beyond the Republican Revival." *The Yale Law Journal*, Vol. 97, No. 8(1988), 1556.

rule)와 함께 인간이 아닌 법의 지배(rule of law)를 동시에 요구하며 이는 개인의 도덕적 자유가 달성될 수 있는 자기수정적인 규범적 대화(self-revisionary normative dialogue)를 통해 확보될 수 있다고 강조한다.[8]

이러한 공화주의에 대한 문제의식은 실천적으로 '87년 헌정체제'를 넘어서야 한다는 '개헌(改憲)논의'로 모아지고 있다. 특히, 지방분권형 개헌 논의와 관련해서는 국민의 대표기관으로서 국회의 기능약화가 국민불신을 받고 있는 만큼, 국회개혁을 근본적인 시각에서 획기적으로 제고할 필요성이 있다는 점에서 '양원제'(両院制, bicameral system) 도입이 제기되고 있다.

지난 2017년 7월 17일 제헌절 69주년을 맞아 열린 국가원로 개헌 대토론회에서 일부 국회의장들은 양원제의 도입을 주장했다. 박관용 전 국회의장은 "양원제를 도입하고 대통령 및 국회의원 선거주기를 일치시킬 필요가 있다"고 제안했다. 김형오 전 국회의장도 "국회에서 실질적인 회의는 안하고, 원내대표나 정당대표 간에 할 것이냐 말 것이냐 하는 기싸움만 하다가 법안이 졸속으로 처리되거나 미제가 된다"며 "소모적인 국회 문화를 보완해야 한다"고 지하면서 "단원제의 단점을 보완할 수 있는 획기적인 방안으로 양원제를 생각해볼 수 있다"고 제안했다.[9]

또한 2017년 11월 17일 국회 개헌특위 자문위원회는 여론정치에 동원되는 국회 다수파의 전횡에 대한 불신을 해소하기 위해 국회제도를 개혁

---

8 Frank Michelman, "Law's Republic." *The Yale Law Journal*, Vol. 97, No. 8(1988), 1493-1537.

9 조은정, "국회를 상·하원으로 나누…양원제 도입 목소리 꾸준한 이유?." cbs노컷뉴스(2017.8.12).

해야 한다며, 의회의 입법권 분산을 위해 양원제를 도입해야 한다고 권고했다. 특히 지방분권 강화를 위해 지역대표들이 참여하는 상원을 설치할 필요가 있다면서, 지역대표형 상원은 다수 인구 지역의 과다대표 현상을 방지하는 동시에 소수 인구 지역의 이익을 보호할 수 있다고 설명했다.

그리고 2017~2018년 국회의 개헌논의를 맡았던 개헌특위에서도 양원제를 하나의 안으로 적극 검토하였다. 개헌특위에 따르면 양원제는 ▷국가 의사 결정 신중성의 제고, ▷지방분권, ▷국가·지역 간 갈등해결, ▷입법부 내 견제, ▷남북통일 대비 등의 측면에서 도입이 필요하다는 의견들이 있었다. 특히, 지방분권에 발맞춰 국회 형태도 현행 단원제에서 미국처럼 상·하원으로 나뉘는 양원제로의 개헌이 필요하다고 지적이 그동안 나왔다. 지금의 단원제를 세분화해 '지역 대표성'을 갖는 상원과 '국민 대표성'을 갖는 하원으로 나눠 운영할 필요가 있다는 것이다.[10]

하원과 상원이 서로 견제와 균형을 추구하는 양원제도가 주로 미국과 영국 및 독일과 같은 연방제국가에서 친화적으로 발전했다는 점에서, 한국에서 양원제를 검토한다는 것은 여론을 동원하는 국회 다수파의 전횡을 견제하는 심의적 수단의 필요성을 별로로 하더라도 결국 현행 중앙집권의 국가형태를 '연방제에 준하는 지방분권국가'로 변경하고, 이에 따라 지방을 대표하는 상원의 존재를 전제할 때 국민적 공감대와 설득력이 커질 수 있다. 문재인 대통령은 후보자 시절은 물론 대통령에 취임한 이후에도 기회가 있을 때마다 "연방제에 준하는 지방분권국가"를 약속하여 지

10 조은정, "국회를 상·하원으로 나누 … 양원제 도입 목소리 꾸준한 이유?." cbs노컷뉴스(2017.8.12).

방분권형 개헌을 추진한 바 있다.

연방제에 준하는 지방분권이란 스위스나 미국, 독일과 같은 연방국가에 준하는 지방분권, 최소한 이탈리아나 스페인과 같은 지방분권을 의미한다. 연방제 수준의 지방분권국가의 큰 특징은 지방정부가 단순히 행정집행권뿐만 아니라 높은 수준의 입법권을 갖는다는 데 있다. 즉, 지방정부는 국가가 정한 법률과 명령을 집행하는 단순한 하급집행기관이 아니라, 입법권과 재정권에 있어서 스스로 주민 삶을 규정할 수 있는 정치의 주체적인 단위가 된다는 것을 의미한다.[11]

지금과 같은 지방정부의 열악한 재정난으로 상징되는 입법 및 재정권한의 부재는, 국가의 비효율적인 예산 집행과 낭비로 인해 지방과 국가의 균형발전을 더디게 한다는 점에서 "연방제에 준하는 지방분권국가"로의 지향은 불가피한 측면이 있다. 현재 지방정부는 중앙정부 업무를 40% 이상을 처리하는데도 국세:지방세 비율은 8:2에 불과해 재정자립도가 60%를 넘는 곳이 없는 실정이다. 우리나라 국세:지방세 비율은 79:21로, 프랑스는 75:25, 일본은 57:43, 미국 56:44, 독일 50:50으로 다른 선진국에 비해 큰 차이를 보이고 있다.[12]

이러한 지방재정의 열악성과 국가의 지방재정분배의 비효율성은 세계화와 지방화 시대상황에 부응하는 국가의 효과적인 대응부재를 보여주고 있다는 점에서, 균형적인 국가발전을 저해하고 있다고 평가된다. 왜냐하

11 안성호, 『양원제 개헌론: 지역대표형 상원연구』(서울: 신광문화사, 2003); 이기우, "이게 연방제에 준하는 지방분권인가?" 《인천일보》(2018.10.3).

12 이현숙, "지방세 비중 늘려 지방정부 재정자립도 높여야." 《한겨레신문》 서울살이 길라잡이 서울앤(2016.9.22).

면, 세계화와 세방화 및 세도화에 부응하는 시대에는 효과적인 국정운영의 방식으로 '거버넌스'라는 국가와 지방 간 그리고 민과 관의 협치 양식이 필요한 만큼, 지방이 독자적인 입법의 자율권과 예산의 분배권 없이, 중앙의 하부조직으로서 "중앙정부가 주도하고 지방은 따라야 한다"는 관행은 더 이상 거버넌스에 부응하는 국가발전을 도모할 수 없기 때문이다.[13]

하지만 정치권의 이러한 지방분권형 양원제 개헌논의와 공감대는 2018년 문재인 정부의 지방분권형 개헌안이 국회에서 거부되면서 추진되지 못하였다. 그 이유는 개헌논의와 관련하여 정당과 정파의 당리당략적인 이해관계가 복잡했을 뿐만 아니라 그 추진방식에 있어서도 시민사회단체와 이견이 많았기 때문이다. 특히, 학계와 시민단체들은 정치권이 위로부터 추진하려는 개헌시도에 대해 부정적인 여론이 강했다. 정치권의 개헌시도에 대한 학계와 시민단체들의 부정적인 여론은 그동안 매시기마다 위로부터의 개헌논의와 추진방식의 문제가 얼마만큼 불신의 대상이 되고 있는가를 상징적으로 보여주고 있다.

미국의 정치학자인 한나 아렌트(H. Arendt)는 아래로부터 참여와 대화를 통한 소통과 합의의 과정 없이 위로부터 정권과 정치권의 '의지'(will)를 관철시키는 것은 '권력'(power)이 아니라 '폭력'(violence)이라고 정의한 바 있다. 그렇게 정의한 이유는 폭력은 목적을 이루기 위한 수단이나, 권력은 사람들이 함께 모여 토론하고 행동하여 생기는 것으로 그 자체가 정당성을

13 채진원, "지구화시대 한국 정당의 거버넌스 모델과 전략," 『지구화시대의 정당정치』, 임성호 외(서울: 한다D&P, 2011).

갖기 때문이다. 따라서 권력이 폭력을 사용하면 이미 권력이 아니고 정당성도 없는 것으로 보았기 때문이다.[14]

한나 아렌트가 강조하고 있듯이, '폭력'이 아닌 '권력'의 개념에서 본다면, 헌법을 개정하는 문제 또는 헌법을 제정하는 문제는 새로운 나라의 형태로 재건하거나 창건하는 '건국의 정치행위'로 새롭게 인식될 필요가 있다. 왜냐하면 새로운 공화국으로 재건한다거나 공화국을 창건한다는 것은 국민의 참여와 시민적 역량을 모아가는 것으로, 국민적 참여와 소통 및 시민적 공론장이 없이는 불가능한 일이기 때문이다.

따라서 아렌트에게 있어서, 헌법의 제.개정이라는 건국의 정치행위에서 중요한 대목은 헌법의 내용이 위에서 하향식으로 제시되는 것이 아니라 반대로 그 내용이 상향식으로 제안되어 권력이 형성되고 자라나는 과정이다. 즉, 그에게 바람직한 제·개헌과정은 일종의 공동성(the common)과 공공성(the publicity)을 획득하는 권력의 형성과정이다.[15]

하지만 이러한 공화국의 창건과 재건의 과정은, 우리 헌정사와 정치사가 대체로 쿠데타와 시민항쟁으로 갈등을 빚어 드러났듯이, 권력(power)의 형성보다는 폭력(violence)에 가까운 방식을 선호하고, 선택했었던 것으로 보인다. 즉, 일제 식민지 이후 해방공간에서 남북한 지역에서 친미세력과 친소세력만이 건국과정에 주도적으로 참여했다. 특히, 남한지역에서는 이승만 세력, 박정희 세력, 전두환–노태우 세력, 김영삼–김대중–김종필 세

---

14 Hannah Arendt, *The Human Condition*(Chicago: The University of Chicago Press, 1968); 한나 아렌트, 홍원표 역, 『혁명론』(서울: 한길사, 2004).

15 Hannah Arendt, *The Human Condition*(Chicago: The University of Chicago Press, 1968); 한나 아렌트, 홍원표 역, 『혁명론』(서울: 한길사, 2004).

력 등이 건국과 헌법의 제정과 개정 과정에 주도적으로 참여했을 뿐, 대다수 국민과 시민은 수동적 자세로 임했던 것으로 보인다.

만약 건국의 리더들과 정치권이 헌법의 제정 또는 개정행위를 '폭력'이 아닌 '권력형성의 과정'으로 이해하고 실천했더라면, 우리 헌법에 대한 권위의 부재현상은 더 이상 없었을 것이다. 미국시민들이 자신의 헌법에 대해 무한한 '권위'를 부여하고 있듯이, 우리 국민들 역시 누구보다도 우리 헌법을 존중하고 사랑했을 것이다.

본 글의 목적은 민주화 이후의 국가통합에 대한 방법적 실마리로 공화주의적 접근을 모색하기 위하여, 양원제의 개념과 유형을 살펴보는 가운데 미국과 한국의 건국과정에서 토의와 국민통합 및 공화주의를 상징하는 '양원제 의회제도'가 어떻게 설계되고 채택되는가를 비교 분석하고 그 속에서 일정한 시사점을 얻는 데 있다. 이 같은 점에 주목하는 이유는 국가건설의 과정에서 국민의 대표기관인 양원제 의회가 어떻게 설계안으로 제기되어 채택되는가의 문제는 결국 국가의 일부인 양원제 의회가 국민을 통합시키는 '거버넌스'(governance)[16]의 기능적 역할에 얼마나 충실한가 여부를 보여주는 '결정적 지표'이기 때문이다.

또한 이 거버넌스의 성패여부가 결국 국가의 국민통합성 여부에 영향을 주기 때문이다. 결국 이러한 탐색작업은, 민주화 이후 탈냉전, 탈주권,

16 거버넌스에 대한 보다 일반적이고 추상적인 정의는 국가, 지방정부, 기업, 시민사회단체, 초국가적 지역기구, 초국가적 국제기구, 다국적 기업 등 다양한 이해관계자들이 참여와 연대, 소통과 신뢰를 중심으로 지식과 경험을 공유하면서 공동의 문제해결과 발전방안을 모색해 나가는 '협력적 공치양식'(mode of cooperative-public governing) 또는 '조종을 통한 공동의 목표추구 과정'(process of steering and pursuing common goals)이라고 할 수 있다.

탈산업, 정보화 등으로 표현되는 전환기적 시대상황에서 한국사회의 국민 통합과 남북의 국가통합시 절대적으로 필요한 신뢰의 필요조건인 토의적 거버넌스 그리고 공화주의적 실천행위의 중요성을 재인식하는 것이며, 아울러 이것에 입각한 국회운영모델의 모습을 찾는 과정이라는 점에서 의미가 있다.

Ⅱ. 양원제의 개념과 '토의적 거버넌스' 기능

1. 양원제의 개념

양원제(bicameral system)는 이원제(二院制)라고도 하며, bicameral system에서 bi는 둘이란 뜻이고, camera는 라틴어로 방을 뜻한다. 양원제는 의회가 두 회의체(의원)로써 구성되고 두 회의체가 각기 독립하여 결정한 의사가 일치하는 경우에, 이것을 의회의 의사로 간주하는 의회제도를 말한다.[17]

그렇다면 양원제를 채택하고 있는 국가는 몇 개국인가? 1997년 기준으로 국제의회연맹(IPU)에 속한 180개국의 의회 가운데 61개국(34%)이 양원제를 채택하고 있다. 그런데 비교정치학자 레입하트(Lijphart)에 의하면, 1996년 기준으로 인구 250만 이상의 국가 중 그 이전부터 19년 이상 지속

17 권영성, 『헌법학원론』(서울: 법문사, 2005).

적으로 민주주의를 유지해 온 36개국에서만 보면 절반 이상이 양원제를 실시하고 있다고 보고 있다.[18]

21개 선진민주주의 국가의 권력구조를 '의원내각제'와 '대통령제'라는 정부형태에 따른 단순한 구분이 아니라 정당과 선거 및 집행권의 5개 변수(집행부-정당차원) 그리고 정부의 중앙집권, 헌법의 연성, 양단원제의 3개 변수(연방적-단방적 차원) 총 8개의 변수로 '다수제 모델'(majority model)과 '합의제 모델'(consensus model)로 구분하는 레입하트는 양원제를 부르는 고유한 명칭이 각 나라마다 다르다(ex, House of Commons, House of Representatives, Senate 등)고 보고 있다. 따라서 그는 그러한 혼란을 피하기 위해서 일반적으로 제1원(하원)과 제2원(상원)으로 호명할 것을 제안하였다.[19]

또한 레입하트는 입법부의 권한분배와 관련하여, 순수한 다수제모델은 입법권이 단원(単院)인 의회에 집중되고, 순수한 합의제모델은 입법권이 2원(院)에 권한이 동등하게 나누어진 양원제의 입법부를 특징으로 한다고 보았다. 그러나 그는 그러한 순수한 모델은 현실에서 뉴질랜드(다수제)와 스위스(합의제) 경우뿐이며, 나머지는 순수한 모델에서 벗어난 '중간형태'라고 보고 있다.

또한 그는 각 나라들이 단원제 대신에 양원제를 채택하고 그것을 계속 유지하는 이유에 대해서 다음과 같이 밝히고 있다. 즉, 단원제는 다수제 모델과 그리고 양원제는 합의제 모델과 상관성이 크게 결부되어 있기 때

18 박찬욱, "국회 조직과 구성." 박찬욱·김병국·장훈 공편, 『국회의 성공조건』(서울: 동아시아연구원, 2004).

19 Arendt Lijphart, 최명 역, 『민주국가론』(서울: 법문사, 1985), 90-105.

문에, 양원제는 다원적 사회에서 그리고 단원제는 보다 동질적인 사회에서 발견되는 제도라고 밝히고 있다.

그리고 그는 양원제는 두 개의 다른 변수(인구규모, 연방주의)로 설명될 수 있는데, 많은 인구규모를 가진 큰 나라에서는 다양한 이익들을 대표하기 위하여 상원이 필요하다. 그리고 연방체제(federalism)에서는 그 구성단위(states, provinces, cantons 등)의 이익들을 대표하기 위하여 마찬가지로 제2원(상원)이 필요하다는 것이다.

〈표 1〉 양원제의 유형

양원권한 \ 양원역할	이질성(incongruent)	동질성(congruent)
대등/균형 (moderately asymmetrical)	강한 양원제: 독일, 미국, 스위스	약한 양원제: 네덜란드, 벨기에, 이탈리아, 일본
비대등/비균형 (extremely asymmetrical)	무의미한 양원제; 영국, 캐나다, 프랑스 4공화국, 프랑스 5공화국	약한 양원제: 아일랜드, 호주

*출처: 레입하트(Lijphart, 1985, 99).

아울러 레입하트에 의하면, 22개 민주국가 중 인구 1000만 이상을 큰 국가로 볼 때, 큰 나라 전부와 연방체제인 나라 전부는 모두 양원제도를 채택하고 하고 있으며, 연방–양원제 및 단방–단원제의 관계에서 일탈된 예는 벨기에, 프랑스의 4·5공화국, 이탈리아, 일본, 네덜란드, 영국 및 아일랜드 8개 나라로 모두 단방이지만 양원제도를 갖는다고 분석하였다. 또한 그는 양원제도를 채택한 국가들에 있어서, 입법부의 1원(하원)과 2원(상원) 간의 차이의 특징을 7가지 경향으로 다음과 같이 정리하였다.

첫째, 제한적인 선거권으로 선출된 상원의 주요한 기능이 보다 민주적으로 선출된 하원에 대하여 보수적인 브레이크 작용을 한다. 둘째, 상원은 모두 하원보다 규모가 작다. 셋째, 의원의 임기는 하원보다 상원이 길다. 넷째, 상원과 하원의 선거주기가 서로 엇갈린다. 다섯째, 공식적인 권한에 있어서 상원은 하원보다 처지는 경향이 있다(13개의 나라 중 4개국에서만 양원이 공식적으로 동등한 권한을 갖고 있다). 여섯째, 상원의 실질적인 정치적 중요성은 헌법이 부여하는 공식적인 권한뿐만 아니라 선출되는 방법에 의존하고 있다(하원은 직접선출, 상원은 간접선출). 일곱째, 상원이 일정한 소수자를 과대하게 대표시키기 위한 방법으로 디자인되었다는 것이다.[20]

〈표 1〉과 같이, 레입하트는 상술한 7가지 특징을 기초로 하여, 상원과 하원간의 역할에 따른 동질성 차이여부(incongruent vs congruent)와 선출방법에 기초한 양원간의 권한의 균형성 차이여부(moderately asymmetrical vs extremely asymmetrical)에 따라 양원제를 강한 양원제, 약한 양원제, 무의미한 양원제로 구분하여 유형화하였다.

2. 양원제와 거버넌스

양원제(bicameral system)를 채택한 국가들이 의회를 단원제가 아니라 양원제로 하는 이유와 정치적 배경에는 여러 가지가 있다. 하지만 그 핵심중의 하나는 다양한 생각과 이익, 선호들을 단순히 '집성'하는 것이 아니라 그것들을 '통합'하는 토의적 거버넌스 원리 또는 공화주의적인 원리 때문

---

20 Arendt Lijphart, 최명 역, 『민주국가론』(서울: 법문사, 1985).

이다.[21]

특히, 미국 건국의 아버지들은 독립혁명 이후 건국을 완수하기 위한 헌법제정과 비준과정에서 오랜 시간동안 토론과 설득, 타협과 합의를 통해 신뢰를 쌓아가면서 성공적으로 양원제도를 채택하였고, 그것의 결과는 미국의 헌정체제를 200년 이상 안정시켰다고 평가되고 있다.

뿐만 아니라 소수파의 거부권을 상징하는 상원에서의 '필리버스터'(filibuster)의 역할, '상·하원 합동위원회'(conference committee) 역할에서 드러나고 있듯이, 미국의 의회정치체제는 '다수제 모델'(majority model)이 아니라 토의와 합의 및 공화주의에 기초한 '합의제 모델'(consensus model)로 정착되었다는 점에서도, 양원제도는 미국 정치의 공화주의와 토의적 거버넌스에 많은 긍정성을 준 것으로 평가되고 있다.[22]

양원제도의 원활한 제도운영이 국가통합의 거버넌스적 기능에 좋은 영향을 줄 수 있다는 이론적 논의는 대체로, '토의민주주의'(deliberative democracy) 또는 '사회적 자본'(social capital)으로 대표되는 대안적 패러다임에 의해 뒷받침되고 있다. 즉, 대의민주주의(representative democracy)의 한계를 보완하기 위한 대안적 패러다임으로 토의민주주의와 거버넌스(governance)를 강조하는 연구자들은 신뢰, 규범, 연계망 등을 포괄적으로 의미하는 좋은 사회적 관계(사회적 자본)가 경제발전과 정치발전에 기여한다고 강조한다.[23]

---

21 김석영, "선스타인의 토의민주주의 이론에 대한 이해와 평가,"『외법논집』제9집 (2000). 447-480.

22 Arendt Lijphart, 최명 역, 『민주국가론』(서울: 법문사, 1985).

23 임성호, "거버넌스 핵심요소로서의 정치적 신뢰감과 대의과정: 미국과 한국의 비

이미 퍼트남(R. Putnam)은 『민주주의: 근대 이탈리아의 시민전통』이라는 저서를 통해, '사회적 자본'의 전통을 가진 북부 이탈리아가 그것을 소유하지 못한 남부 이탈리아에 비해 더 많은 정치발전과 경제발전을 이룩하였다는 것을 경험적으로 확인시켜주었다. 따라서 그는 보다 발전된 사회적 자본이 형성되기 위해서는 시민들이 사회단체에 가입하고 자발적인 참여를 해야 한다고 강조한바 있다.

또한 하버마스(J. Habermas)는 공론장(public sphere)을 '의사소통을 위한 네트워크'로 정의하고, 한계에 빠진 대의적 '권력정치'(power politics)를 '공론정치'의 부활을 통해 보완하고자 하였다. 즉, 여기서 공론정치의 부활이란 공론장에서 사회의 다양한 의견을 드러내어 토의를 거쳐 합의에 이르는 과정을 말한다. 공론장의 토의적 역할이 어떤 결정이 내려지든지 간에 그것이 사회적 통합력을 갖는 결정적 기능을 할 것이라고 강조한다.

그에 의하면, 토론과정에서 대화(dialogue), 토론(debate), 토의(deliberation)함으로써, 개인들이 자신의 의견과 선호를 계속 변화시키고, 공동으로 합의된 집합적 의견을 만들어가는 행위를 통해 사회통합(social integration)에 도달할 수 있으며, 그러한 과정은 정책의 정당성(legitimacy)과 효율성(efficiency)을 동시에 제고시킬 수 있다고 주장한다.[24]

아울러 임성호는 마치와 올센(March and Olsen) 등이 주장하는 거버넌

교분석," 『의정연구』 제12권 제1호(2006). 195–223; 임혁백, "민주주의의 새로운 패러다임,"『의정연구』 제6권 2호(2000), 72–93; 이동수, "한국의 정부와 시민사회: 거버넌스를 중심으로," 『NGO연구』 제3권 제1호(2005/6월), 191–218.

24 이동수, "한국의 정부와 시민사회: 거버넌스를 중심으로," 『NGO연구』 제3권 제1호(2005/6월), 191–218; 임성호, "거버넌스 핵심요소로서의 정치적 신뢰감과 대의과정: 미국과 한국의 비교분석," 『의정연구』 제12권 제1호(2006), 195–223.

스의 핵심요소로서의 '신뢰감'을 수용하여, 거버넌스의 정의를 "사회에 존재하는 다양한 구체적 혹은 추상적 이익과 생각이 정부와 정치권에 잘 전달되고 효과적으로 충족되어 정치체제에 대한 신뢰감이 기해지는 것, 그래서 체제의 여러 요소 간에 유기적이고 원활한 관계가 유지되는 것"으로 내린다.[25]

특히, 임성호는 토의를 통해 모색한 공동이익을 통해서 각자의 이익선호체계를 바꾸고 그러한 과정을 통해 국민에게 일반적 신뢰감을 고양시키는 것을 목표로 하는 토의민주주의적 대의체제는 과정을 더 중시함으로써 완전한 합의에 이르지 못해도 토의의 충실함이 국민의 일반적 신뢰를 제고시킴으로써 정치체제의 거버넌스를 고양시킬 수 있다고 강조한다.

이상의 논의를 적극 수용할 경우, 토의민주주의와 거버넌스 간의 길항적인 친화성을 '토의적 거버넌스'(deliberative governance)라고 개념화를 할 수 있다. 이러한 '토의적 거버넌스'는 충돌하고 갈등하는 이익과 선호를 가진 다양한 행위주체들이 토의를 통해 공론장(즉, 토의적 거버넌스)을 형성하고 그 속에서 서로간의 이익과 선호를 변화시켜 일종의 공동선(public good)이라는 사회적 합의(social integration)에 도달했을 때, 그것의 결과물(사회적 합의)이 역으로 행위자들에게 만족감(신뢰감)을 제고시킴으로써 전반적인 제도와 행위자간의 상호 부합성과 동학과정을 설명하는 데 유용성을 준다.

특히, 이것은 비제도화된 영역의 행위자들이 어떻게 제도화된 영역을

25 임성호, "거버넌스 핵심요소로서의 정치적 신뢰감과 대의과정: 미국과 한국의 비교분석," 『의정연구』 제12권 제1호(2006), 195-223.

만들어 내고, 거꾸로 제도화된 영역이 다시 비제도화된 영역에게 상호작용하는 것인지를 설명해주는 데 유용하다. 예를 들어, 근대적인 대의체제가 완성되지 않거나 성숙되지 않는 상황에서 또는 근대적인 대의체제를 형성하는 과도기 과정에서 다양한 행위주체들 간의 '갈등과 협력의 동학'(conflict integration dialectic)을 설명할 수 있다.

이러한 '토의적 거버넌스'라는 개념 틀은 미국과 한국의 건국과정에서 토의와 합의 및 공화주의를 상징하는 양원제 의회제도의 메커니즘과 동학을 설명하는 데 유용성이 크다. 즉, 양원제가 채택되는 과정과 그 결과 그리고 그 결과가 정치과정의 거버넌스에 미치는 영향력은 '토의적 거버넌스'의 성패여부와 그 효과의 정도를 표현해준다.

3. 양원제의 쟁점과 의미

일반적으로 양원제의 의미는 '입법의 능률성'(legislative efficiency)과 '정치적 대표'(political representation)라는 두 차원에서 평가되어야 왔다. 먼저, 전자의 측면에서 양원제는 입법의 질과 안정성을 제고시킨다고 옹호된다. 또한 양원제는 심의의 신중성, 일원의 과도함이나 경솔함에 대한 견제와 수정, 다수의 횡포억제, 사회각층의 여론 반영 등을 통해 입법의 질을 높인다고 옹호된다.[26]

그러나 양원제의 장점은 거꾸로 단원제의 관점에서 볼 때, 단점으로 연

26 박찬표, 『한국 의회 정치와 민주주의: 비교 의회론의 시각』(서울: 오름, 2002), 287.

결될 수 있다. 신속한 심의, 국정의 효율성, 국민다수 의사의 신속한 반영이 필요한 상황에서의 양원제는 중복과 지체를 초래하고, 상원에 의한 견제는 인민의 진정한 다수의사를 좌절시키거나 상하원의 갈등을 불러와 정치위기와 불안정을 초래한다는 견해다. 이러한 논쟁을 종합해 보면, '입법의 질과 능률성'이라는 측면에서, 단원제와 양원제는 서로 상충관계(trade-off)가 있다. 결국 단원제의 장점이 양원제의 단점으로, 단원제의 단점이 양원제의 장점이 되고 있기 때문에, 이 측면에서는 결코 양원제의 우월성을 논증할 수 없다는 것이다.[27]

따라서, 양원제의 진정한 의미는 '정치적 대표'의 차원에서 찾을 필요가 있다. '정치적 대표'라는 의미는 양원제가 근대국가를 형성하거나 대의민주주의 초기단계에서 국가권력의 장악을 둘러싼 계급과 계급간의 타협 또는 국가(nation)를 만들어 가는 과정에서 나라(state)와 나라(state) 간의 양보와 통합의 결과물로 제도화되었다는 것으로 이해할 필요가 있다. 예를 들어보자면, 영국과 프랑스의 경우가 계급간의 타협한 경우라고 한다면, 미국의 경우는 나라간 타협 즉, 큰 주와 작은 주간의 양보와 통합의 결과물에 해당한다.

---

27 박찬표, 『한국 의회 정치와 민주주의: 비교 의회론의 시각』(서울: 오름, 2002), 287.

Ⅲ. 미국의 양원제 채택과정과 거버넌스

1. 양원제 채택과정

현재의 '강력한 지도적 행정부'로 대표되는 미합중국(United States of America)이 1789년에 탄생되기 전에, 미국 행정부의 모습은 현재와는 전혀 딴판이었다. 즉, 당시 중앙집권적인 절대군주제 또는 입헌군주제 체제를 혐오하고 분권적 자치를 열망하였던, 독자적인 입법부, 행정부, 사법부를 가진 북미 13개 국가들(states: '주'가 아닌 '국가')이 서로 모여 어떻게 하면, 영국의 식민지 지배에 반기를 들고, 독립할 수 있나 등을 모색하는 정도였다.

이들은 1776년 독립을 선언하고, 독립전쟁을 효과적으로 수행하기 위해 1777년 '북미 13개 독립국가연합체 구성을 위한 동맹헌법'(Article of Confederation)을 제정하여 1781년 모든 나라가 비준하고 새로운 정부를 구성하였다. 그러나 '동맹헌법'하에서 탄생된 '독립국가연합정부' 즉, 연합회의(Confederance Congress: 행정부가 아닌 의회)는 독립전쟁을 효과적으로 수행할 만큼 중앙집권적이지도 강력하지도 위계적이지도 못했으며, 독립이후 내부반란을 효과적으로 진압하지 못할 만큼, 무능함과 허약함을 보여주었다.[28]

---

28 정경희, 『중도의 정치: 미국 헌법제정사』(서울: 서울대학교출판부, 2001); 김현우, 『미국연방의회론』(서울: 한국학술정보, 2009); 칼밴도렌, 박남규 역, 『THE

이에 '연합회의'는, 위기타개책으로 새로운 정부구성을 위한 헌법제정의 목소리가 높아지면서 1787년 헌법제정회의(Congress Convention)를 필라델피아에서 3개월간 소집하였다. 당시 '새로운 정부–새로운 헌법'을 놓고 치열한 논쟁이 있었는데, 크게 세 가지 안이 있었다. 첫째, 새로운 정부는 필연적으로 영국의 절대군주제와 같은 중앙집권적인 독재국가로 귀결되기 때문에 13개 국가들이 독립적 자유를 갖는 현행 '독립국가연합체제'를 유지하자는 안(제퍼슨 안)이다, 둘째는 현행 보다 강력한 정부를 만들기 위해서는 하나의 중앙집권적인 단일국가(Union, nationalism)하에 13개 국가를 종속시켜야 한다는 안(해밀턴 안)이다. 셋째는 현행보다는 강력하지만 완전한 중앙집권적인 단일국가(nation)는 아닌 '새로운 연방체제'(partly national partly federal: 부분적으로 국가이면서 부분적인 연방)안(매디슨 안)이다.[29]

그러나 당시 제임스 매디슨을 중심으로 한 연방주의자들의 연방제(Federalism)안이 다수를 점할 수 있었던 것은, 독재국가를 두려워했던 첫째(안)와 중앙집권적인 둘째(안)가 서로 극렬하게 대립하여 타협될 수 없었기 때문이었다. 연방제(Federalism)안의 최종 타협점은 결국 '양원제 체제의 입법부 구성'으로 귀결되었다. 그러한 타협점이 나올 수밖에 없었던 이유는 제시된 양원제 체제의 안이 당시 현행 헌법보다 강력하면서도 중앙집권적이지 않은, 중앙정부(U.A.S)와 지방정부(states)간의 권력관계를 보장해주었기 때문이다.

단원제인가 아니면 양원제인가, 양원제를 인구비례로 할 것인가, 아니

GREAT REHEARSAL(미국 헌법제정사)』(서울: 홍익출판사, 2010).

29 정경희, 『중도의 정치: 미국 헌법제정사』(서울: 서울대학교출판부, 2001).

면 국가별로 동등하게 할 것인가를 놓고, 이른바 버지니안과 뉴저지안이 격렬한 논쟁을 일으켜 타협되지 않았으나, 결국 코네티컷 대표들이 제안한 타협안(Connecticut Compromise)이 제시되어 합의될 수 있었다.

코네티컷 대타협안이란 상원은 뉴저지안의 내용대로 각 나라(state)가 동일하게 상원 2인씩 선출하고 하원은 버지니아안 내용대로 각 나라가 인구비례대표로 주민(州民: state people)이 선거한다는 것이다. 전자는 작은 나라(small state)가 만족하고, 후자는 큰 나라(large state)가 만족하게 되어 모든 나라가 다 같이 만족하게 되어 헌법제정의 위기를 넘기고 연방체제 연방제(Federalism)에 합의하게 되었다. 미국의 연방주의 제도는 결국 핵심적으로 양원제로 귀결되었다.[30]

미국의 독립혁명 이후 건국과정은 크게 세단계로 구분될 수 있다. 첫째, 연방헌법제정안을 기초하여 헌법제정회의(Congress Convention)에서 합의하는 시기(1781~1787.7.16)이다. 둘째, 그 이후 13개 나라 의회(state congress)에서 헌법을 비준 받는 시기(1787.7.16~8.9)이다. 셋째, 권리장전을 채택하고 비준하는 시기(1789~1791)로 구분할 수 있다.

하지만 직접적으로 미국에서 양원제를 채택하는 과정만을 살펴보기 위해서는 첫째, 둘째의 시기를 집중적으로 살펴볼 필요가 있다. 구체적으로 미국헌법이 제정된 1787년 7월 16일을 경계로 해서, 전시에는 '코네티컷 대타협'과 이후 시기엔 양원제를 내용으로 하는 연방헌법안의 비준을

---

30 정경희, 『중도의 정치: 미국 헌법제정사』(서울: 서울대학교출판부, 2001); 김현우, 『미국연방의회론』(서울: 한국학술정보, 2009); 칼밴도렌, 박남규 역, 『THE GREAT REHEARSAL(미국 헌법제정사)』(서울: 홍익출판사, 2010).

반대한 일명 반연방주의자(anti-federalist)와 연방주의자간의 논쟁과 설득 시기이다.

다시 말해서, 헌법을 비준하는 과정에서 헌법에 대해 찬성하는 사람들과 반대하는 사람들 간의 대립은 연방국가의 성립을 위한 찬반여부에 대한 것이지만, 연방제를 실시하려면 의회의 구성이 양원제이어야 하므로 그 대립은 양원제 채택여부에 대한 것에 연결된 것으로 해석할 수 있다. 특히, 양원제 채택 후 매디슨을 중심으로 한 연방주의자들이 반연방주의자들과 벌인 논쟁과 설득이 중요하다.

헌법비준을 둘러싸고 연방주의자와 반연방주의자 간에 대중이 읽는 신문 공간에서 치열한 설득 논쟁이 있었고, 주(state) 의회에서도 찬성자와 반대자간에 열띤 정치연설과 공방이 있었다. 결국, 이 같은 논쟁과 설득 속에서, 연방주의자들은 반연방주의자들이 주장하는 권리장전을 수용하는 것을 전제로 하여 무사히 비준을 통과시키는 지혜를 발휘하였다.[31]

2. 거버넌스의 특징과 효과

양원제가 채택되기 전 시기(코네티컷 대타협 및 합의기)의 거버넌스의 특징을 이해하기 위해서는 첫째, 거버넌스의 행위자가 누구인지 그리고 둘째, 주요 쟁점에 대해 어떻게 토의를 거쳐 합의되었는가를 살펴볼 필요가

31 A. 해밀턴, J. 매디슨, J. 제이, 이동역 역, 『페더랄리스트 페이퍼』(서울: 한울아카데미, 1995); 최명·백창재, 『현대 미국정치의 이해』(서울: 서울대학교 출판부, 2004).

있다. 전자인 행위자들을 살펴보면 다음과 같다. 필라델피아 헌법제정회의에 74명의 대의원이 파견되었으나 단 한번이라도 참석한 사람은 55명이었고 매일 참석한 사람은 30명 정도였다. 55명은 나중에 미국의 국부(Founding Father)로 알려지고 있다.[32]

제헌회의에 참가했던 인물들의 구성을 보면, 29명의 대의원은 대학교육을 받은 사람들이었으며 그 중 24명은 하버드(Harvard), 킹스(King's Columbia 대학의 전신), 펜실베이니아(Pennsylvania), 프린스턴(Princeton), 윌리엄 앤드 메리(William and Mary), 예일(Yale)대학 등에 다녔다. 나머지는 영국에서 교육을 받았으며, 2명은 대학총장이고, 3명은 교수였다. 제헌의회에 참여했던 대의원의 대부분은 기독교인이었고, 법조인이 34명, 선박이나 제조업에 종사하는 사람이 11명, 대농장주가 9명, 금융업자가 6명, 의사가 4명, 공직자가 4명, 노예를 소유하고 있는 사람이 15명, 정부발행공채를 소유한 사람이 40명이었다. 대의원의 연령분포는 평균연령 43세이고 7명이 40세 미만 최고령자 벤자민 프랭클린 82세, 최연소자 조나단 데이터 26세, 사회를 맡았던 조지 워싱턴은 55세였다.[33]

이어서 두 번째 측면을 살펴보면 다음과 같다. 상술했듯이 필라델피아 헌법제정회의에서 연맹규약을 수정하는 안으로 양원제를 채택하는 버지니아안과 단원제를 채택하는 뉴저지안이 제안되어 충분히 논쟁되고 토의되었다. 그러나 이견을 좁히지 못해 교착상태가 있었으나, 이 두 안을 타협

32 서정우, 『부조화의 정치: 미국의 경험』(서울: 법문사, 1989), 39−40.

33 서정우, 『부조화의 정치: 미국의 경험』(서울: 법문사, 1989), 39−40; 찰스 비어드, 정성일·양재열 역, 『미국 헌법 경제적 해석』(서울: 지만지, 2009).

시킬 코네티컷안이 제안되어 만장일치로 연방헌법안이 제정될 수 있었다.

그러한 과정을 통해 연방헌법안이 제정되었다는 것은 토의과정 속에서 종전의 선호와 이익을 변화시켜 공동선에 이르렀다는 측면에서, '토의적 거버넌스'가 어느 정도 잘 작동했으며, 그 결과가 성공적이었다고 이해할 수 있다. 양원제가 채택된 이후(반연방주의자 논쟁 및 설득기) 시기에 매디슨은 격한 헌법비준논쟁이 되고 있는 버지니아에만 헌법비준을 둘러싸고, 헌법에 찬성하는 연방주의자, 헌법에 대한 약간의 수정을 원하는 반연방주의자, 그리고 헌법에 반대하는 반연방주의자 3개의 당파가 존재한다고 보았다.

첫째는 워싱턴을 비롯한 헌법에 서명한 대표들이고, 둘째는 버지니아 지사인 랜돌프와 메이슨이다. 셋째는 패트릭 헨리가 이끄는 사람들로, "이들은 현재로서는 헌법수정의 옹호자들과 일치하지만, 장차 헌법에 의해 구성될 체제의 본질을 공격할 것을 주장함으로써, 기존의 연합체제를 고수하거나 아니면 연방을 몇 개의 연합으로 분할하려고 한다고 보았다."[34]

이 시기 거버넌스의 특징은 두 가지인데, 첫째는 헌법비준을 둘러싸고 연방주의자와 반연방주의자 간에 대중이 읽는 신문 공간에서 치열한 설득 논쟁이 있었다는 것이며, 둘째는 주 (state) 의회에서도 찬성자와 반대자간에 열띤 정치연설과 공방이 있었다는 것이다. 결국, 이 같은 논쟁과 설득 속에서, 연방주의자들은 권리장전을 포함하는 헌법수정을 전제로 하는 비준을 통과시킴으로써 제3안으로 타협하였다는 점에서, 이것 역시 토의적 거버넌스가 존재했었고, 작동했다고 평가할 수 있다.

---

34 정경희, 『중도의 정치: 미국 헌법제정사』(서울: 서울대학교출판부, 2001), 113.

이상과 같이, 미국에서 양원제가 채택되는 전후 과정에서 연방주의자와 반연방주의자간의 열띤 논쟁과 토론, 설득, 그리고 타협과 합의과정이 있었다. 이런 과정을 통해 연방헌법이 탄생되고, 각 주에서 비준됨으로써 그 효력을 발휘할 수 있었다. 이것은 미국의 양원제 채택과정에서 '토의적 거버넌스'가 어느 정도 성공적으로 작동했음을 의미한다.

그렇다면 이것의 효과는 무엇일까? 미국헌법은 세계 여러 나라의 헌법들과 비교해보면, 특이함이 잘 나타난다. 헌법의 양으로 본다면 성문화된 142개국 헌법의 3/4 이상이 6,000개 이상의 단어로 쓰여 있고 거의 12,000단어 이상인 것에 비해, 1787년에 만들어진 연방헌법은 4,300단어로 매우 간결하게 이루어져있다. 그럼에도 불구하고, 세계에서 가장 장수한 성문헌법으로 알려져 있다.[35]

즉, 미국헌법은 변화해 갈 시대를 예상하고 시대에 적응하도록 만들어졌기 때문이다. 특히, 많은 구절이 모호하게 쓰여 있는데, 이것은 헌법운영에 어려움을 초래하기 보다는 오히려 운영과 적용에 있어서, 신축성을 가져다준다고 할 수 있다.[36] 이것은 결국 헌정체제가 그만큼 안정되어 있음을 반증해주고 있다. 미국의 헌법은 "역사적 문서나 오래된 골동품 이상의 것이다. 비록 200년 이상 되었지만 강력한 현대국가의 정치를 관장하고 있다. 그것은 아직도 압도적인 지지로 재선된 대통령을 대통령직에서 물러나게 할 수 있는 힘과 정부를 위기에서 지켜주는 힘을 가지고 있다"

---

35 정경희, 『미국을 만든 사상들』(서울: 살림, 2004).

36 서정우, 『부조화의 정치: 미국의 경험』(서울: 법문사, 1989), 54–55.

고 볼 수 있다.[37]

Ⅳ. 한국의 양원제 채택과정과 거버넌스

1. 양원제 채택과정

미국의 건국과정과 헌법제정사가 영국의 식민지에서 벗어나기 위한 벗어나기 위한 독립혁명의 과정에서 13개 나라(state)들이 '독립국가연합'(Article of Confederation)을 맺거나 그것도 부족해 보다 강력한 연방헌법을 제정하는 과정에서 내부에 존재했던 다양한 생각과 이익들을 표출하고, 논쟁·토의·설득하면서 이른바 '토의적 거버넌스'를 통한 국가통합의 과정이었다.

하지만 한국의 경우는, 식민지배를 당하는 것은 미국과 유사하였으나 미국과 달리 매우 혹독한 '식민지 지배상황'을 경험했다는 것이 다르다. 따라서 독립과 자주적인 건국이 필요했다는 점은 그 수요적인 측면에서는 미국의 경우보다도 더 절박한 상황이었다. 하지만, 한국에게 닥친 객관적인 식민지 상황의 정세변화는 미국과 달랐다. 미국은 영국과의 독립전쟁을 통해 독립하여 자주적인 국가를 세웠지만 한국은 그렇지 못했다. 한국

37 케네스 잔다·베리 제프리·제리 골드만, 미국정치연구회 옮김, 『현대 미국정치의 새로운 도전』(서울: 한울아카데미, 1997), 93.

이 대면하고 있었던 객관적 변화는 일본의 식민지 지배를 대신하여 당시 제2차 세계대전 승전국인 미국과 소련의 패권국이 대신하는 것이었다.

한국의 대한민국 건국사와 헌정사에서 볼 때, 1945년 8월부터 1946년 6월 이승만의 단정수립 발언에 나오는 시기는 해방이후 한국민족의 정치적 운명을 결정하는 매우 중요한 시기로서, 이 시기의 가장 중요한 과제는 '자주독립'과 '국민통합 및 국가건설'이었다. 자주독립을 둘러싸고 한국인들의 대다수는 즉각적인 독립과 자치(self-rule)를 원했지만, 연합국 혹은 미국은 신탁통치(trusteeship)를 경과한 독립을 주장했다.

당시 김구 등의 임시정부세력과 이승만세력은 대한민국 임시정부의 즉각적인 승인을 원했지만, 미국을 비롯한 연합국은 이를 반대하였다. 이러한 과정에서의 갈등은 신탁과 반탁논쟁이라는 정치적인 분열을 낳았으며, 결국 건국의 문제에 있어서도 남북한이 따로 정부를 수립하는 것으로 나아가면서, 해방이후 숙원이었던 자주적인 독립국가 건설과 국민통합은 실패하게 되었다.[38]

〈표 2〉 남한의 헌법기초위원회 위원의 소속 정당

소속정당	위 원 명
한민당	김준연, 백관수, 이훈구, 서상일, 조헌영, 허정, 박해극, 이윤영
한민당-독립촉성회	김효석, 서성달
독립촉성회	유성갑, 오석주, 윤석구, 신현확, 최규옥, 김익기, 정도영, 김상덕, 김병회, 이청천

38 서희경, "현대 한국헌정과 국민통합, 1945-1948: '단정파'와 '중도파'의 정치노선과 헌정 구상," 『한국정치외교사 논총』(2007), 5-42.

무소속	김옥주, 오용국, 이종린, 유홍렬, 연병호, 이강우, 구중회, 홍익표, 조봉암
기타	김명인

*출처: 서희경 2006, 184.

〈표 3〉 역대 한국의 개헌시기와 내용

	공포일	주 요 내 용	비 고
제헌헌법	1948. 07.17	대통령중심제 대통령 국회간선 국회 단원제	처음에는 내각책임제 안이 었으나, 이승만이 대통령 간선제를 주장
1차 개헌	1952. 07.07	대통령, 부통령 직선 국회 양원제	발췌개헌, 계엄령 선포, 국회의원 감금파동
2차 개헌	1954. 11.29	대통령 연임제한 국무총리제 폐지	사사오입 개헌
3차 개헌	1960. 06.15	내각책임제 헌법재판소 설치 대통령 국회선출	제2공화국 탄생
4차 개헌	1960. 11.29	부정선거관련자, 민주반역자 처벌 특별재판부, 검찰부 설치	소급입법
5차 개헌	1962. 10.26	대통령중심제 국회단원제 환원 헌법재판소 폐지	공화당 정권 수립 구 정치인 규제
6차 개헌	1969. 10.21	대통령 3선 허용 국회의원겸직금지	3선 개헌안, 국민투표법안 공화당 단독 날치기 통과
7차 개헌	1972. 12.17	통일주체국민회의 신설 대통령 간선 국회권한 지위 축소	유신헌법 비상계엄선포 국민투표 실시
8차 개헌	1980. 10.27	대통령 7년 단임 비례대표제 국정조사권 신설	5공 정권 출범
9차 개헌	1987. 10.29	대통령직선제-5년 단임 국정감사권 부활	최초의 여야합의 개헌 국민투표 실시

다시 말해, 해방 후 대한민국의 건국은 일제의 식민지기간 동안 독립운동을 전개했던 다양한 정치세력이 자유롭게, 자신의 생각과 이익, 선호를 표출하고 '토의적 거버넌스'를 형성하면서, 해방광장과 건국과정을 준비하였다기보다는 〈표 2〉와 같이, 미국에게 수용되지 않는 세력들이 철저하게 배제되거나 축출당하면서, 친미세력만이 건국의 주체가 될 수 있었다. 마찬가지로 북한지역역시 친소세력만이 건국의 과정에 참여할 수 있었다.

당시 대한민국의 시대적 요구는 미소냉전과 좌우이념의 극단적인 갈등 때문에, 다양한 행위주체들이 더 진지한 토의와 설득, 타협과 합의를 통한 국민통합을 통한 국가건설이 더욱 필요했었음에 틀림이 없다. 특히, 사회의 균열적 갈등을 시스템과 제도적으로 통합해 줄 입법부 제도로서 양원제가 더욱 절실했다.

그럼에도 불구하고, 제1공화국이 4·19시민혁명에 의해서 무너진 다음인 제2공화국에서 비로소 민의원과 참의원이 실제적으로 선출되어 양원제가 실질적으로 구성될 수 있었다. 그러나 제2공화국의 양원제도는 만 13개월 만에 박정희세력에 의한 쿠데타에 의해 폐기됨으로써 제도정착에 실패하였다. 이것은 결국 〈표 3〉처럼, 잦은 헌법개정 등으로 이어져 한국정치의 거버넌스에 많은 약점을 드러냈다고 볼 수 있다.

한국에서 양원제의 등장은 공화국을 기준으로 볼 때, 제2공화국을 제외한 모든 공화국에서는 모두 단원제를 실시해왔다는 점에서 양원제가 생소한 측면이 있다. 하지만, 제헌헌법의 초안이 되었던 유지오안에서 양원제가 있었고, 이승만세력이 장기집권을 위한 목표로 한 제1차 발췌개헌안에도, 제2차 사사오입개헌안에도 양원제가 있었다는 측면에서 결코 생소하지 만은 않다.

이승만 세력은 자신들이 추진한 1·2차 개헌안에 "민의원의 임기는 4년으로 하고, 참의원의 임기는 6년으로 하되, 3년마다 2분의 1을 개선한다"고 하였다. 하지만 끝내 제1공화국에서 참의원이 구성되지 않았다는 점에서, 실질적이고 실제적인 양원제의 채택과 운영 시기는 1960년 4·19시민혁명에 의해 몰락한 제1공화국 뒤에 새롭게 등장한 제2공화국에서 가능할 수 있었다. 따라서 한국에서의 양원제 채택과정을 이해하기 위해서는 4·19시민혁명을 기준점으로 하여 다음과 같은 사정들을 살펴보는 것이 의미 있다.

양원제 채택 전(제1공화국~4.19시민혁명 전시기)은 첫째, 제헌의회를 구성한 의원들이 누구이며, 어떠한 과정을 통해서 제헌헌법안을 기초하고, 심의·토론하여 제정했는가를 살펴볼 필요가 있다. 둘째, 특히, 제헌헌법안의 초안에 있었던 양원제가 누구에 의해 무엇 때문에 단원제로 변경되었는지를 알아 볼 필요가 있다. 셋째, 제1·2차 헌법개헌안에 양원제가 있었는데, 개헌추진세력은 왜 양원제를 삽입했는지, 그럼에도 불구하고 참의원을 왜 뽑지 않았는지 살펴볼 필요가 있다.

양원제 채택 후(4·19시민혁명~제2공화국 시기)는 4·19시민혁명에 의해 새롭게 구성된 제2공화국 의회는 왜 양원제를 채택하였는지 그 배경과 절차 그리고 그 역할은 무엇이었는지를 알아볼 필요가 있다. 그리고 결과적으로 왜 박정희 군사정부에 의해서 양원제가 폐기될 수밖에 없었는지를 살펴야 할 것이다. 그 이유는 다음과 같다.

"박정희 군사정부는 제3공화국 헌법안을 마련하여 1962년 12월 17일에 국민투표를 통해 확정하였다. 이 헌법에서는 행정의 효율성과 신속성을 지향하여 국회의 조직과 운영을 간소화하기 위해 양원제를 단원제로 변경하였다. 그 이후 현행 6공화국 헌법에 이르기까지 단원제가 그대로 유지되었다"는 언급이 있기 때문이다.[39] 즉, 이러한 언급을 볼 때, 박정희 정부는 군사정부답게 다양성과 숙의성을 통한 국민통합보다는 효율성과 신속성을 추구하기 위해 양원제를 폐기하였다고 볼 수 있다.

2. 거버넌스의 특징과 효과

한국에서 양원제가 채택되기 이전 시기(~4·19시민혁명 전)의 거버넌스의 특징과 효과는 무엇일까? 상술했듯이, 식민지 독립운동을 전개하던 다양한 정치세력이 함께 모여 공론을 형성하면서, 해방 후 건국과 헌정을 준비했다기보다는 친미국적이고 친소련적인 세력이 남북 지역에서 일방적인 건국과정을 밟을 수밖에 없는 구조적이고 객관적인 요인 속에 있었다는 점에서, 이 시기의 '토의적 거버넌스'는 형성되거나 작동될 수 없었다고 평가할 수 있다.

그렇다면, '토의적 거버넌스'가 작동하지 않은 구조적인 이유는 뭘까? 그것은 제헌국회의원을 선출하는 1948년 5·10선거에 김구, 김규식 세력이 선거를 보이콧하고 불참한 것에서 극명하게 드러나게 되었듯이, 그들이 불참을 명분으로 하여, 남한만의 단독정부의 수립을 반대했기 때문이

39 박찬욱, "국회 조직과 구성." 박찬욱·김병국·장훈 공편, 『국회의 성공조건』(서울: 동아시아연구원, 2004).

다.[40]

그리고 제헌국회에서 양원제의 채택이 무력화되는데 결정적으로 주요한 역할을 한 인물들은 이승만을 따르는 세력이라고 볼 수 있다. 제헌국회에서 어떻게 양원제가 무력화되었는지를 살펴보면 다음과 같다:

> 새로 건설될 나라의 입법부(국회)를 단원제(単院制)로 구성하느냐 양원제(両院制)로 구성하느냐 하는 것은 제헌 과정에서 가장 중요하게 다루어진 문제 중 하나였다. 대한민국 제헌국회헌법 기초위원이었던 유진오는 애당초 헌법안을 기초할 때, 양원제안을 취하였으나, 이승만은 하루빨리 정부를 세워야 하는 판국에 참의원 선거를 치를 겨를이 없으며 또 참의원 신설은 국가 재정에 부담이 된다는 이유로 양원제를 반대하고 단원제를 주장하였다. 1946년 6월 7일 이승만은 기자회견에서 양원제에 대한 반대 의사를 처음으로 표명했다. 그러나 6월 10 유진오를 비롯한 헌법기초위원회가 자기의 의사를 무시하고 양원제를 택했다는 소식을 듣고 6월 17일에 독립촉성회의 성명서를 통해 단원제안을 지지한다는 사실을 다시 한 번 세상에 알렸다. 그러고 나서 후 6월 21일 그는 헌법기초위원회 회의에 나타나 양원제 반대 의사를 재천명했다. 이승만의 완강한 반대에 직면한 헌법기초위원회는 결국 6월 22일 오전 회의에서 양원제를 단원제로 번안하여 처리하였다.
>
> 국회 본회의에서 일부 의원들 간에 국회에 상정된 단원제안을 양원제안

40 김홍우, "제헌국회에서의 정부형태론 논의연구," 『한국정치와 헌정사』(서울: 한울아카데미, 2001).

으로 번안할 움직임을 보이자 이승만은 '정부를 수립한 뒤에 내일 모레 라도 그것을 고쳐서 권리를 보호할 수 있으니 그것을 길게 토론하지 말고 하루 바삐 통과시켜서 정부를 조직하자'는 요지의 연설을 했다. 이 연설에 이어 치러진 표결에서 재석의원 176명 중 찬성 14표, 반대 119표로 양원제가 부결되고 단원제가 최종적으로 채택되었다. 요컨대, 제헌국회는 이승만의 강력한 주장에 따라 국회 단원제를 채택한 것이다.[41]

양원제가 채택된 이후 시기(4·19시민혁명~박정희 쿠데타) 거버넌스의 특징과 효과는 한마디로 양원제가 도입되기는 하였지만, 그 도입과정에서의 심의와 전 국민적 공감대 부족과 박정희 군사쿠데타 후의 제도의 졸속적인 폐기처분으로 평가할 수 있다.

즉, 이 시기는 제1공화국 이승만세력의 부정부패와 폭정에 불만이 4·19 시민혁명에 의해 분출되면서, 시민사회의 분출된 욕구를 혁신적으로 반영하는 새로운 정치세력에 의해 국민적 합의를 형성하면서 새로운 공화국을 건설하는 시기였다는 점에서, 양원제를 포함한 그 어떤 제도개혁은 성숙한 시민의 광범위한 토론과 공론장속에서 진행될 필요가 있었다.

하지만, 시민사회의 분출된 욕구를 성숙하게 반영시킬 수 있는 대안적 정치세력이 이승만 정권의 반공주의 노선하에서 이미 고사되거나 압살당한 상태였기 때문에, 대안세력은 존재할 수 없었다.

따라서 그 빈자리를 잔존했던 구세력인 민주당세력이 반대이득을 챙겼

41 유영익, "대한민국 헌법 제정과정에서 이승만의 역할," 『한국사 시민강좌』 제38집 (서울: 일조각, 2006).

기 때문에, 이시기에 집권세력이었던 민주당정권은 양원제를 채택하기는 하였으나, 이를 통해 시민사회의 다양한 욕구를 수렴하거나 광범위한 공론장을 형성하는 것으로 나아가지는 못하였다. 민주당정권하에서의 양원제도의 거버넌스는 잘 작동하지 않았으며, 이것은 결국 원활한 국정운영으로 나아갈 수 없었다.

제2공화국의 성립과 몰락과정에서 양원제의 토의적 거버넌스는 실패하였다. 그 실패의 원인은 양원제도 그 자체라기보다는 제도를 운영하는 주체의 문제라고 할 수 있다. 즉, 민주당 세력의 무능과 구태가 개선되지 않았기 때문으로, 이것이 국정실패로 나타나 결국 박정희 군부세력의 쿠데타 명분으로 작동되게 되었다. 쿠데타에 성공한 박정희 세력 역시도 양원제를 효율성과 비생산성이라는 미명하에 국민적 합의도 없이 졸속으로 폐기처분하였다.

상술한 바대로, 한국의 건국과정에서도, 그리고 제2공화국 시기에도 양원제 채택은 실패하였고, '토의적 거버넌스'도 실패하였다. 이러한 실패는 제1공화국의 몰락, 제2공화국의 몰락, 박정희 군부세력의 쿠데타로 이어지면서 계속되는 정치체제의 불안정과 헌정의 위기 및 시민사회 통합의 실패를 보여주었다. 결국 '토의적 거버넌스'의 실패는 양원제 채택의 실패와 더불어 정치체제의 정당성 실패를 자초했다고 볼 수 있다.

V. 미국과 한국의 건국과정 차이와 시사점

본 글은 공화주의의 제도적 장치의 하나인 양원제의 개념과 유형을 통해 한국적 시사점을 찾고자 하는 데서 출발하였다. 글의 목적은 미국과 한국의 건국과정에서 공화주의를 상징하는 양원제 의회제도가 채택되는 데 있어서, '토의적 거버넌스'가 결정적 성패요인이고, 이것의 성패여부가 다시 '정치체제'의 안정성 여부라는 정치적 효과를 가져왔다는 가정하에서, 양국의 양원제 채택과정을 분석하고, 토의적 거버넌스의 유사성과 차이성, 그리고 정치적 함의를 찾아보고자 하였다.

하지만 본 글이 매우 실험적이고 탐색적이라는 점에서, 방법론적으로 많은 약점을 가지고 있다. 비교연구에서 중요시되어야 할 단위동질성(unit)의 문제가 충분하게 통제되지 못하였다. 비교가 되는 대상인 미국과 한국이 국가의 크기라든지, 분권화 정도 등 제도의 차이라든지 등 비교단위가 어느 정도는 유사해야 하는 데, 비교단위의 차이가 크다는 점이다.

특히, 미국과 한국의 식민지 상황이 유사해야 하는데 실제로는 일치하지 않은 조건하에서 비교함으로써 발생하는 바이어스(bias)의 차이를 충분히 통제하지 못했다. 그리고 미국과 한국에서 양원제 채택과정의 유사성과 차이성을 드러내는데, 충분한 데이터를 가지고 서술하지 못하였다. 추후 부족한 부분은 비판적으로 채워나갈 필요가 있다. 하지만 이러한 많은 한계에도 불구하고, 민주화 이후 제기되고 있는 개헌논의와 관련하여 양원제도의 채택과정 여부와 시사점을 제기하였다는 실험적인 의의가 있다.

그것을 요약해보면 다음과 같다. 미국과 한국은 영국과 일본의 식민지라는 악조건적 상황에서, 자주적인 독립과 함께 국민통합을 통한 새로운 공화국 건설의 필요성을 절감하였다는 시대상황의 수요측면에서 유사성이 어느 정도 있었다. 하지만 이 두 나라 사이에 존재하는 시대상황의 차이점도 있었다. 미국의 경우는 영국과의 독립전쟁에서 승리한 이후 13개 나라들이 보다 바람직한 건국의 방향을 합의하기 위해 다양한 세력들이 참가하는 가운데, 논쟁과 토론, 설득을 통해 연방헌법과 그 핵심인 양원제를 탄생시키는 데 성공하였다.

하지만, 한국의 경우는 미국의 경우와 다르게, 패권적 미국과 소련의 이데올로기적 영향력하에서 다양한 세력이 참여할 수 없는 가운데, 공론을 형성하여 양원제를 합의하여 정착시켜내는 데 실패하였다. 미국의 건국과정에서 연방제도와 양원제가 결정적 역할을 하였다는 점, 그리고 한국에서의 양원제의 실패의 경험은 민주화 이후 민주주의 이상의 과제인 국민통합 그리고 남북한의 국가통합을 준비해야 한다는 점에서 많은 시사점을 주고 있다.

첫째, 미국과 한국의 양원제 채택과정에서 '토의적 거버넌스'의 성패여부는 정치제도를 만들어 가고 구성하는 행위자들의 창조적 노력의 결과물의 차이를 극명하게 보여준다. 다시 말해서 상향식으로 공론의 힘을 통해 제도의 산물을 탄생시킨 미국의 경우와 단순히 선진민주국가의 좋은 제도를 수입하여 강제적으로 이식했던 한국의 경우는, 제도를 만들어 가는 과정뿐만 아니라 그 결과의 차이를 극명하게 보여주고 있다.

둘째, 토의민주주의와 거버넌스를 합친 토의적 거버넌스 개념의 중요성에 대한 재발견이다. 탈냉전, 탈산업, 탈주권화라는 시대전환적 상황의 도래는 산업화와 국가중심적 사회의 기본적 패러다임인 다원민주주의 모델과 거버먼트 모델의 한계를 극명하게 보여주고 있다. 즉, 이러한 두 모델들은 폭발하는 사회갈등과 충돌을 조정하는데 그 한계에 봉착했다는 점이다. 따라서 토의적 거버넌스 개념은 시대전환적 상황을 능동적으로 맞이하는 새로운 패러다임이라고 할 수 있다.

셋째, 한국에서 민주화 이후 민주주의적 과제인 지방분권과 국민통합 그리고 남북한의 국가통합을 추진하는 데 있어서 '토의적 거버넌스'와 공화주의 개념의 유용성을 적극 적용할 필요성이 있다. 이것은 구체적으로 한국에서의 지방대표형 양원제 부활과 연방주의 도입으로 구체화될 수 있다. 남한에서부터, 토의민주주의와 공화주의에 입각한 양원제 국회운영에 기초하여 국민통합을 이루어내고 이것을 통해 남북한 민관간의 교류를 활성화하는 것이다. 양원제와 연관되어 있는 연방주의도 적극적으로 검토할 필요가 있다.

연방주의는 그동안 수도권과 영남권 중심의 중앙집권적인 근대화 개발논리에서 소외된 각 지역이 실질적으로 균등하게 발전할 수 있도록 입법권과 재정권 및 자치권이 실질적으로 이양될 수 있는 '획기적인 지방분권'과 '주민자치'와 직접적으로 연결되어 있기 때문이다.

국회가 상하원으로 토의와 합의에 기초하여 잘만 운영되면, 지역불균형과 지역감정을 해소하는 데 유용하다. 왜냐하면 미국과 같이 지방대표형 상원이 특성상 지역크기와 상관없이 동등하게 선출된다면, 상하원이 동시에 합의가 되지 않으면, 국가 재정과 예산은 집행될 수 없기 때문이다. 이 같은 생각이 결코 이상주의가 아니라는 것은 동서독의 통일과정 사례에서 분명하게 보여주고 있다.

서독에서 먼저 정착된 개방형의 연방주의와 양원제가 붕괴된 동독의 주들을 자연스럽게 수용하면서, 필연적으로 겪을 수밖에 없는 통일비용과 통일갈등을 줄이는 데 결정적 역할을 했기 때문이다. 특히, 한국에서 양원제 부활은 공론장을 형성하지 못해 폭력과 오욕으로 얼룩진 우리 헌정사와 정치사를 성찰하고 대한민국의 정체성인 공화국의 공론장을 되찾는데 큰 의미가 있다.

우리에게 양원제는 1948년 5·10총선으로 구성된 제헌국회에서 토론되었지만 대통령제와 단원제가 채택되었고, 1950년 북한의 6·25남침전쟁으로 어지러워진 10년간은 정부형태나 의회 제도를 논란할 겨를이 없었다. 1960년 4·19학생혁명으로 출범한 제2공화국에서 개헌을 통해 내각제와 양원제가 채택되어 233명의 민의원(하원)과 58명의 참의원(상원)으로 구성하는 양원제가 시동되었다.

그러나 1961년 5·16군사쿠데타로 시작된 제3공화국에서 다시 대통령제와 단원제로 회귀하는 개헌이 이루어진 후 지금까지 35년간 단원제를 실시해왔다. 내각제와 양원제를 최초 실험해 본 제2공화국 의회는 불과 13개월이라는 짧은 기간과 무경험한 정당정치로 인해 파벌과 당파싸움으로 일관하다가 쿠데타로 해산되었다. 그 이후로 시작된 군사독재의 연장은 1980년 광주민주항쟁과 1987년 시민항쟁을 경험하고 나서야 비로소 멈출 수 있었다.

1987년 이후 민주화 진전으로 권위주의 정권이 사라지고, 시민사회가 활성화되었다고는 하나, 탈산업화와 탈냉전화 및 탈주권화의 급진전으로 과거에 비해 남북갈등, 계급갈등, 계층갈등, 이념갈등, 세대갈등, 정파갈등이 폭발하는 가운데, 사회통합과 국민통합이 힘들어지고 있다. 이러한 상황 속에서 국민의 대표기관인 국회의 변화된 역할이 필요한 것은 당연하다. 무엇보다도 국회를 '시민적 공론장'으로 변화시키는 일이다. 이념 간의 대립, 계급 간의 대립, 이익 간의 대립, 세대 간의 대립, 지역 간의 대립을 넘어서 사회통합과 국가통합을 이루고, 이를 위해서는 다양한 의견을 지닌 시민들이 공론장에 참여하여 말과 토론을 통해 합의를 도출하도록 노력해야 한다. 국회를 시민적 공론장으로 바꾸는 핵심에는 양원제 부활논의가 있다.

참고문헌

권영성. 2005.『헌법학원론』. 서울: 법문사.

김석영. 2000. "선스타인의 토의민주주의 이론에 대한 이해와 평가."『외법논집』 제9집, 447–480.

김현우. 2009.『미국연방의회론』. 서울: 한국학술정보.

김홍우. 2001. "제헌국회에서의 정부형태론 논의연구."『한국정치와 헌정사』. 서울: 한울 아카데미.

박찬욱. 2004. "국회 조직과 구성." 박찬욱·김병국·장훈 공편.『국회의 성공조건』. 서울: 동아시아연구원.

박찬표. 2002.『한국 의회 정치와 민주주의: 비교 의회론의 시각』. 서울: 오름.

비롤리, 모리치오. 김경희·김동규 역. 2006.『공화주의』. 고양: 인간사랑.

비어드, 찰스. 정성일·양재열 역. 2009.『미국 헌법 경제적 해석』. 서울: 지만지.

서정우. 1989.『부조화의 정치: 미국의 경험』. 서울: 법문사.

서희경. 2007. "현대 한국헌정과 국민통합, 1945–1948: '단정파'와 '중도파'의 정치노선과 헌정 구상."『한국정치외교사 논총』, 5–42.

아렌트, 한나. 홍원표 역. 2004.『혁명론』. 서울: 한길사.

안병진. 2006. "공화주의적 민주주의." 주성수·정상호 편저.『민주주의대 민주주의』. 서울: 아르케.

안성호. 2003.『양원제 개헌론: 지역대표형 상원연구』. 서울: 신광문화사.

유영익. 2006. "대한민국 헌법 제정과정에서 이승만의 역할."『한국사 시민강좌』 제38집. 서울: 일조각.

윤용희·윤이화. 2005. "미국의 건국정신과 헌법정신의 함의."『사회과학』 제17집, 1–38.

이기우. 2018. "이게 연방제에 준하는 지방분권인가?"《인천일보》(10.3).

이동수. 2005. "한국의 정부와 시민사회: 거버넌스를 중심으로." 『NGO연구』 제3권 제1호(6월), 191-218.
이동수. 2007. "민주화 이후 공화민주주의의 재발견." 『동양정치사상사』 제6권 제2호, 5-25.
이현숙. 2016. "지방세 비중 늘려 지방정부 재정자립도 높여야." 《한겨레신문》 서울살이 길라잡이 서울앤(9.22).
임성호. 2000. "의회와 거버넌스." 김석준 외. 『거버넌스의 정치학』. 서울: 법문사.
임성호. 2006. "거버넌스 핵심요소로서의 정치적 신뢰감과 대의과정: 미국과 한국의 비교분석." 『의정연구』 제12권 제1호, 195-223.
임혁백. 2000. "민주주의의 새로운 패러다임." 『의정연구』 제6권 2호, 72-93.
잔다, 케네스·베리 제프리·제리 골드만. 미국정치연구회 역. 1997. 『현대 미국정치의 새로운 도전』. 서울: 한울아카데미.
정경희. 2001. 『중도의 정치: 미국 헌법제정사』. 서울: 서울대학교출판부.
정경희. 2004. 『미국을 만든 사상들』. 서울: 살림.
조은정. 2017. "국회를 상·하원으로 나누…양원제 도입 목소리 꾸준한 이유?" cbs노컷뉴스(8.12).
채진원. 2011. "지구화시대 한국 정당의 거버넌스 모델과 전략." 『지구화시대의 정당정치』. 임성호 외. 서울: 한다D&P.
채진원. 2016. 『무엇이 우리 정치를 위협하는가(양극화에 맞서는 21세기 중도정치)』. 서울: 인물과 사상사.
채진원. 2019. "시민권 보장의 차이로서 공화주의 논의 민주주의, 민족(국가)주의, 세계시민주의와의 비교." 『동향과 전망』 105호, 92-128.
최명·백창재. 2004. 『현대 미국정치의 이해』. 서울: 서울대학교 출판부.
칼밴도렌. 박남규 역. 2010. 『THE GREAT REHEARSAL(미국 헌법제정사)』. 서울: 홍익출판사.
페팃, 필립. 곽준혁 역. 2012. 『신공화주의(비지배 자유와 공화주의 정부)』. 서울:

나남.
해밀턴. A, 매디슨. J, 제이. J. 이동역 역. 1995.『페더랄리스트 페이퍼』. 서울: 한울아카데미.

Arendt, Hannah. 1968. *The Human Condition.* Chicago: The University of Chicago Press.
Arendt, Hannah. 김정한 역. 1999.『폭력의 세기』. 서울: 이후.
Lijphart, Arendt. 최명 역. 1985.『민주국가론』. 서울: 법문사.
Michelman, Frank. 1988. "Law's Republic." *The Yale Law Journal*, Vol. 97, No. 8., 1493–1537.
Sunstein, Cass R. 1988. "Beyond the Republican Revival." *The Yale Law Journal*, Vol. 97, No. 8., 1539–1590.
Sunstein, Cass R. 1993a. *Democracy and the Problem of Free Speech*. New York: Free Press.
Sunstein. Cass R. 1993b. *The Partial Constitution*. Cambridge: Harvard University Press.
Viroli, M. 2003. *For Love of Country: An Essay on Nationalism and Patriotism*. Oxford: Oxford University Press.
Madison, James. 1981. *The Papers of James Madison(PJM)*, Vol I–17. Chicago: University of Chicago Press. vol. 1–10. Charlottesville: University Press of Virginia. Vol 11–17.

8장 공화주의적 외교안보 비전

김동규(케임브리지 대학교)

Ⅰ. 공화주의와 안보

'시민전사'(citizen-warrior)는 공화주의적 안보정책의 핵심요소이다. 그래서 근대 공화주의의 비조(鼻祖)라고 할 수 있는 마키아벨리는 『군주론』에서 '자주적 역량'을 뜻하는 '비르투'(virtù)를 설명하면서 한 나라가 용병이나 외국군대에 의존하지 말고 시민을 무장시켜 이에 의존할 것을 일관되게 주장한다. 물론, 이후의 전쟁방식이 애국심으로 무장된 시민군보다는 기율로 무장된 용병군에게 유리하게 전개되어 한동안 마키아벨리가 꿈꾸는 시민군은 역사의 무대에서 사라지고 꿈으로만 남게 된다. 그리고 이와 함께 공화정이라는 정치체제 역시 용병중심의 상비군과 관료제에 기반한 군주정들에 밀려 역사의 뒤안길로 사라진다.[1] 하지만, 프랑스혁명과 함께 마키아벨리가 꿈꿨던 공화국의 시대가 열리게 되었고, 이와 함께 시민전사도 역사에 등장하게 되었다. 시민전사는 진정한 의미의 공화국에 있어서 필수요소이다. 나라의 국방을 시민(citizen)[2]이 직접 걸머지고, 또 그 책임감을 가지고 정치에도 적극 관여하는 것이 바로 공화국인 것이다.

해방 후 한국에서는 '시민'과 '전사'가 결합되지 않고 따로따로 논의되어 왔다. 중앙관료와 장교단을 중심으로 국가를 이끌고자했던 보수세력은 시민을 배제하고 '전사'가 될 것만을 강조했고, 이에 반해 국방의 문제보다는 민주적 참여만을 이야기해 온 진보·리버럴 세력은 '시민'만을 강조해왔다. 근래 진행되어왔던 정치학계의 공화주의 관련 논의에서도 공화주의와 군사 내지 안보의 관련성은 깊게 다뤄지지 않고 있다.[3] 본 논문은 이러한

1 Felix Gilbert, "Machiavelli: The Renaissance of the Art of War," in *Makers of Modern Strategy*, ed. Peter Paret(Princeton: Princeton Press, 1986), 11–31.

2 본 논문은 한국의 현대사에서 '국민'이라는 어휘가 수동적 '동원'(動員)의 뉘앙스가 있을 수 있음을 고려, 좀 더 능동적인 느낌의 '시민'이라는 표현을 사용한다. '국민'이라는 어휘를 만든 일본의 경우, 민권운동이 아직 힘을 발휘하고 있던 메이지 후기나 다이쇼기에는 '국민'도 아직 능동적이고 참여적인 의미를 가지고 있었다. 토쿠토미 소호(德富蘇峰)가 『國民之友』(나중의 國民新聞)를 발행했을 때 그 '국민'은 능동적인 '국민'을 의미했다. 하지만, 일본에서도 '국민'은 시간이 흐르면서 수동적이며 동원되는 객체라는 의미를 띠게 되었다. 도쿠토미 소호의 『國民新聞』이 다이쇼 데모크라시 시기에 민중데모에 의해 수차례 공격받은 사실이 이러한 변화를 상징적으로 잘 보여준다. 본고에서는 'citizen'을 주로 '시민'으로 번역한다.

3 진정한 공화국의 시민은 원래 평화주의적이어서 "자기 나라의 자유와 독립을 위해서는 기꺼이 싸우려고 하지만 가능한 한 조속히 전쟁이 끝나기를 바란다." 로마공화국의 장군들과 군인들은 전쟁이 끝나면 전공을 내세우기보다는 하루라도 빨리 귀가해 평화로운 삶을 만끽하려했다. 진정한 '시민'이 전쟁을 싫어하는 것은 너무나도 자연스러운 것이기는 하지만, "모든 국가의 주춧돌은 좋은 법과 좋은 군대인

공백을 메우면서 '시민전사'라는 개념에서 시작해 한국의 외교안보 비전을 공화주의적으로 재구성하는 방안을 모색한다.

Ⅱ. 시민전사의 공화국

1. 군사적 기여와 시민권

아리스토텔레스는 『정치학』에서 경보병과 수병(바다에서는 노를 젓다가 상륙해서는 전투를 하는 병사)이 전투의 중심인 경우 그 나라는 민주정이 되고, 기병과 중장보병이 중심인 경우에는 귀족정이 된다고 했다.[4] 또, 막스 베버는 『일반경제사』에서 민주주의란 항상 '규율 있는 보병'(disciplined infantry)의 부상(浮上)과 관련된다고 단언했다.[5] 전투방식, 특히 전쟁노력에의 기여도와 정치체제의 관련성에 대해서는 오랫동안 이야기되어 왔는데, 그 중에서도 한스 델브뤽(Hans Delbrück)의 관찰은 매우 상세하므로 특기할 필요가 있다. 그는 베를린대학 교수로 재직하면서 전쟁사 등에 대해 주로

데, 좋은 군대가 없는 경우엔 좋은 법을 가지는 것이 불가능하지만, 좋은 군대가 있다면 필히 좋은 법을 가지게 된다"는 마키아벨리의 관찰이 보여주듯, 공화국의 시민은 좋은 군대를 만드는 것을 소홀히 해서는 안된다(Machiavelli, *The Prince*, (Oxford: Oxford University Press, 2008), 42–43; 비롤리, 『How to read 마키아벨리』(서울: 웅진씽크빅, 2014).

4 Aristotle, *The Politics*(Oxford: Oxford University Press, 1995), 243–244.

5 Max Weber, *General Economic History*(New York: Collier Books, 1961), 240.

연구, 강의하였는데, 훗날 그의 문서고를 관리하던 구 동독정부는 그를 '역사 유물론'의 대가로 찬양하기도 했다. 다만, 그의 '역사유물론'은 '생산력'이 아니라 '전쟁기술'에 주안점을 둔 것이다.

델브뤽은 프랑스혁명 전후에 이뤄진 총기의 혁신이 이후 전쟁방식, 그리고 정치체제에 미친 영향에 대해 상세하게 조명한다. 델브뤽에 따르면, 총기의 '분당 발사속도'의 혁명적 개선이 전쟁양식을 혁명적으로 바꾸었고, 이에 따라 정치체제에 혁명적 변화를 가져왔다는 것이다. 총탄을 장전해 쏘는 시간이 상당히 걸리는 구형 총기로 무장된 군대는 주로 오(伍)와 열(列)을 맞춰 속보로 전진하는 전술에 의존했는데, 적의 첫 번째 일제사격과 그 다음 사격 사이에 상당한 '시간적 간격'이 있다는 점에 착안해, 일정한 희생을 감수해가면서도 속보로 전진해 적과 백병전을 벌이는 방식을 택했던 것이다. 이를 위해서는 고도의 군기(軍紀)가 필요했는데, 당시 외국인 용병들을 오랫동안 강도높게 훈련시켜 최강의 군기를 자랑했던 프로이센의 프리드리히 대왕 군대가 이러한 전투방식을 잘 보여줬다. 하지만, 새로운 총기가 개발되면서 분당 발사속도가 빨라지자 더 이상 이러한 방식으로는 취약해졌고, 병사들 각자가 스스로의 판단에 의해 은폐, 엄폐를 해가면서 '각개전투'를 벌여나가는 전투방식이 필요하게 되었다. 하지만, 오와 열이라는 틀에 가둬 '전장이탈' 즉 '탈영'을 막았던 용병중심의 군대는 '자율성'을 필수로 하는 새로운 전투방식에는 맞지 않았다. '각개전투'는 애국심이 전무한 용병들에게 전장이탈을 허용할 뿐이었으며, 결국 군대의 와해를 의미한다. '각개전투'는 군기가 아니라 애국심(patriotism)에 의존한 전투방식이므로, 돈을 목적으로 복무하는 용병에게서는 이러한 애국심을 기대할 수 없는 것이다. 혁명에 반대하는 유럽전체에 맞서 혁명 프랑스가 연승을 거듭했던 비결은 바로 혁명이후 시민들이 가지게 된 애국심, 그리고 이 애국심에 기반한 새로운 전투방식의 채택이었는데, 프랑스군은 각개전투뿐만 아니라 탈영의 위험 때문에 용병군대로는 수행할 수 없었던 '야간전투'와 '추격전'(hot pursuit)까지도 자유자재로 구사했던 것이다. 추격전은 프랑스군의 '전과 확대'에 큰 도움이 되었다.[6]

혁명 프랑스의 유럽제패는 프로이센을 위시한 구체제 국가들이 군사 및 정치의 개혁을 통해 프랑스의 전쟁방식을 택하게 됨에 따라 저지될 수 있었다. 예나전투에서의 굴욕적 패배에 의해 유럽최강의 육군국에서 프랑스의 종속국으로 전락한 프로이센이 군대개혁과 함께 정치개혁을 논의했던 내용을 보면 군대와 정치의 밀접한 관계를 엿볼 수 있다. 패전 이후 와신상담 중이던 프로이센왕 프리드리히 빌헬름 3세는 슈타인(Stein)를 총리로 임명한 후 샤른호르스트(Scharnhorst), 그나이제나우(Gneisenau), 클라우제비츠(Clausewitz) 등 개혁파 장군들과 함께 군사개혁을 맡기는데, 이들은 농노제도를 폐지하고 프로이센 주민들에게 정치적 권리를 부여해 프로이센이라는 국가의 운명과 자신들의 운명을 동일시하는 '시민'(citizen)으로 만들어야 한다고 조언한다. 이러한 애국적 시민이 없는 한 새로운 전쟁방식을 받아들일 수 없다는 것이다. 프로이센 개혁파는 시민으로서의 권리를 부여하지 않는 한 프로이센 주민들이 애국심을 가지고 자발적 병역의무를 지려 하지 않을 것임을 잘 알고 있었던 것이다. 시민의 정치적 권리

6 Hans Delbrück, *The Dawn of Modern Warfare*(Lincoln: University of Nebraska Press, 1990), 387–414; 귄터 블루멘트리, 『전략과 전술: 페르시아전쟁에서 20세기 핵전쟁까지』(서울: 한울아카데미, 1994), 224–235.

는 전쟁노력에 대한 기여와 긴밀한 관계를 갖는다.[7] 하지만, 프로이센의 정치·군사 개혁은 프랑스가 예상보다 일찍 무너지자 어중간한 상태로 중단되고 마는데, 이후 프로이센은 진정한 시민들의 '진정한 공동체'를 만드는 '공화주의적' 해법 대신 불충분한 권리만을 가진 시민들을 국가와 민족의 영광(榮光)이라는 눈부심으로 눈을 멀게 해 '상상의 공동체'에 잡아두는 '민족주의적' 해법을 추구하게 된 것이다.

2. 징병(徵兵)에서 시민전사로

애국심으로 충만한 시민들로 구성된 군대는 혁명 프랑스 군대처럼 군기에 의존할 필요가 없다. 애국심이 부족하기에 군기로 대신하는 것인데, 이러한 군기에의 의존은 과거 일본제국주의 군대나 다른 비민주적 군대들에서 일상적으로 나타나는 현상이다. 하지만, 델브뤽이 상세히 관찰했듯이 프랑스혁명 이후의 전투는 개별 병사들의 자발적 전투행위를 요구하며, 이들 병사들이 전장이탈 없이 열의를 가지고 국가의 전쟁노력에 참여

7 Gordon A. Craig, *The Politics of Prussian Army*(Oxford: Oxford University Press, 1964), 38–43. 일본의 경우에도 러일전쟁에서 엄청난 희생을 감수한 일반 국민들이 전쟁이 끝난 후 투표권을 포함한 정치적 권리의 확대를 적극적으로 요구하기 시작했는데, 바로 이러한 요구에서 이른바 '다이쇼 데모크라시'가 시작했던 것이다. 러일전쟁 이전에는 '재산' '납세' 액수에 따라 선거권을 부여했었는데, 선거권이 없던 일반 국민들이 '우리들은 돈 대신 피로써 세금을 납부한 셈이다'라는 유명한 '혈세'(血稅)론을 앞세워 정치적 권리를 요구했다. 松尾尊兌, 『大正デモクラシー』(東京: 岩波書店, 2001), 7–22.

하기 위해서는 무엇보다 애국심이 필요하다. 이러한 애국심은 정훈교육 수준의 것으로는 만들어질 수 없고, 국가의 운명을 자신의 것으로 받아들여야 생기는 것인데, 이를 위해서는 국가 구성원들이 충분한 정치적, 사회적, 경제적 권리의 향유를 통해 진정한 '시민'이 되어야 한다.

진정한 '시민'은 강제로 '징병'되기에 앞서 스스로 참전을 결정한다. 1차 세계대전 개전 당시 지원병제였던 영국에서 너무나 많은 청년들이 최전선에 스스로 뛰어들었는데, 전쟁이 장기화됨에 따라 영국정부는 무기의 개발과 생산에 필요한 엔지니어들을 후방으로 빼내기 위해 '산업체 특례' 제도를 도입했다. 즉, 후방의 산업체 근무에도 '병역'이라는 '명예'를 부여해 엔지니어들을 최전선에서 빼낼 수 있었던 것이다. 물론, 다수의 자발적 참전이 하나의 사회적 압력(peer pressure)이 되어 참전에 주저하던 청년들까지도 전선으로 내몰기도 했다. 애국열이 고조된 분위기에서 전쟁참여를 거부한다는 것은 보통 어려운 일이 아니다. 그런 점에서 민주주의의 확대 심화를 통해 애국심으로 충만한 '시민 만들기'가 성공하고 있다는 자신감만 있다면 '양심적 병역거부'를 제도적으로 도입하는데 주저할 필요는 없을 것이다. 현재처럼 병역 '거부'를 인정하지 않는 상황에서는 모든 병역이행이 '강제'에 의해 마지못해 한 것으로 착색되는 경향이 있는데, 이러한 이미지는 진정한 '시민전사'에게는 불명예스러운 것이다. 그런 점에서 '양심적 병역거부'를 인정해 '선택'의 요소를 도입하는 것은 '양심에 따른 병역이행'이라는 관념을 만들어내는데 일조하게 될 것이다. 군대를 안 가도 되었지만 스스로 선택해서 병역이행을 하게 되었다는 의식과 자부심이 생기게 될 것이다.[8]

물론, 이 제도가 도입되면 많은 청년들이 특히 전시에 입대를 거부하게 될 위험성이 있다는 반대론도 있다. 하지만, 정치사상가 마이클 월쩌(Michael Walzer)는 전시에 고양되는 전쟁열(war fever)과 참전해야 하는 사회적 압력에 일반 개인들이 맞서는 것이 얼마나 어려운지를 설명하면서 정치공동체의 의무라는 엄청난 압력에 맞설 수 있는 것은 오직 '여호와의 증인' 교파나 퀘이커 교파 같은 종교조직 안에서 오랫동안 동료들과 약속과 의무를 첩첩이 쌓아온 소수만이 가능하다고 주장한다. 즉, 정치공동체에 대한 의무를 교회, 교파에 대한 의무가 이길 때만 개인이 감히 병역거부를 실행에 옮길 수 있는 것이지, 이런 교회, 교파에 대한 의무감이 전혀 없는 일반적인 개인이 어떻게 정치공동체에 대한 의무를 저버릴 용기를 낼 수 있겠냐는 것이다.[2] 앞으로 대한민국이라는 정치공동체가 진정한 시민전사들로 구성된 공화국이 되어간다면, 그에 따라 공화국에 대한 시민들의 의무감이라는 것이 커져감에 맞춰 의무이행에 '자발성'의 요소를 점차적

1 고대 그리스나 로마공화정의 경우엔 여러 열을 중첩시킨 밀집보병(phalanx) 형태로 전쟁을 치렀는데, 이 경우 가장 어린 시민들이 앞에, 그리고 나이가 많은 시민들은 뒤에 배치했다고 한다. 그래서 두 부대가 맞부딪히게 되면 뒷열은 주로 앞으로 미는 역할을 하고 결국 앞열 병사들이 창을 앞으로 겨눠 적과 싸우게 된다. 이 경우엔 살인에 대해 양심적 가책을 느끼더라도 살기 위해서는 적을 찔러야 할 것이다. 하지만, 근대 이후의 '소화기'(small arms: 소총류) 전투의 경우엔, 아무리 정확히 표적을 겨냥해도 명중률이 그리 높지 않다. 더욱이 적을 살해하고 싶지 않은 병사에게 사격을 시킨다면, 상관이나 동료들 몰래 조금만 조준을 흐트러뜨려도 명중을 피할 수 있게 된다.

2 월쩌는 특히 '양심'(conscience)을 설명하면서, 어원상 con-science는 shared(con)+science(knowledge), 즉 '공유'된 선악에 대한 이해인데, 이 어원 그대로 주변사람들, 여기서는 같은 교회, 교파 사람들과 오랫동안 '공유'해온 것이므로, 이러한 공유가 없는 사람에게서 단지 개인적으로 병역거부를 위한 '양심'이 생길 수는 없는 것이라고 주장한다. Michael Walzer, *Obligations: Essays on Disobedience, War and Citizenship*(Cambridge: Harvard University Press, 1970), 121-145.

으로 강화하는 것이 바람직할 것이다. 그리하여, 병역에서도 '양심에 따른 병역거부'를 시작으로 해서 군대 구성원들을 엄격히 강제하고 있는 현행 군법의 처벌규정을 좀 더 완화할 필요가 있을 것이다. 중동지역에서 최강의 군대를 자랑하는 이스라엘의 경우, 종교적 양심에 따른 병역거부를 인정하고 있을 뿐만 아니라 종교가 아닌 정치적 이유로 특정 전투에 참전을 거부해도 가벼운 처벌을 받을 뿐인 것을 보면, 군법의 완화가 강한 군대를 만드는데 방해가 되지 않음을 알 수 있다.[3] 오히려 군법의 완화는 자발성의 요소를 강화함으로써 더욱 강한 군대를 만드는데 도움이 될 수 있을 것이다. 애국심이 약한 징병들을 엄격한 군법으로 통제하는 것은 한스 델브뤽이 관찰했듯이 프랑스혁명 이전의 용병군대에나 필요하며 자발성에 의존한 현대적 군대에는 걸맞지 않는 방식이다.

3 2002년 3월 23일자 CNN.com의 "More Israeli troops refusing to serve" 기사. 동 기사에 따르면, 이스라엘의 팔레스타인 자치지구 점령작전에 대해 복무 거부하는 예비군들의 숫자가 늘고 있는데, "예비군 장교들이 운영하는 한 인터넷 사이트에 의하면 … 약 두 달 사이에 350명으로 불어났다"고 한다. 또, 동 작전을 비난하는 대표적인 단체 'There's a Limit'의 회장을 맡고 있는 Ishai Menuchin 소령은 "이 지역 점령은 부도덕하고 비민주적인 행동이다"라고 비판했다고 한다. 이러한 복무거부에 대해 "Shaul Mofaz 이스라엘 합참의장은 이들 복무거부자들 가운데 고위 장교들에게는 직위해제 및 징계를 내릴 것이라고 말했다"고 한다.

Ⅲ. 마키아벨리의 2가지 공화국 모델-스파르타 vs 로마

시민전사를 핵심 구성원으로 하는 '공화국'에도 시민자격(또는 시민권: citizenship)의 범위 및 개방 여부에 따라 여러가지 형태가 있을 수 있다. 마키아벨리는『로마사 논고』에서 스파르타와 베네치아공화국을 대표격으로 하는 귀족적이면서 폐쇄적인 공화국 모델과 로마공화국을 대표격으로 하는 민주적이며 개방적인 공화국 모델을 가장 이상적인 2가지 유형으로 제시한다. 각 나라가 처한 상황에 맞춰 둘 중 하나를 선택할 수 있다는 것이다.

먼저, 스파르타/베네치아 모델은 섬이거나 거의 섬에 가까울 정도로 방어에 유리한 지리적 이점을 가진 경우에 적합한 모델이다. 이러한 경우 군대의 규모가 너무 클 필요는 없기 때문에 '시민의 자격'(시민권)을 주민들 중 소수에게만 부여해도 충분하며, 그 나라의 기존 규율과 풍습을 흐트러뜨리지 않도록 외부와의 접촉도 적극적으로 통제해야 한다. 외국인들의 이질적인 풍습이 함부로 들어와서는 기존 질서를 교란해서는 안 된다는 것이다. 그래서, 소수의 시민들이 철저하게 단결하고 시민으로서 고도의 훈련을 받아 현명한 정치를 하고, 또한 전사로서도 고도의 전쟁술과 기율을 갖춰야 한다는 것이다. 이러한 '귀족적 공화국'(aristocratic republic)은 스파르타와 베네치아가 그러했듯이 매우 안정적인 외교안보 정책을 이끌면서 오랫동안 독립을 유지하고 정치적 영향력을 가질 수 있다. 즉, 위대한 국가, 대국으로 성장할 수는 없지만, 오랫동안 독립을 유지할 수 있다.

이에 반해, 로마공화국 모델은 대륙에 연접한 반도국에 특히 적합한 모델이다. 이러한 대륙연접 반도국에게는 스스로 대국이 되거나 대륙세력에 합병되거나하는 2가지의 선택지밖에 없으므로, 마키아벨리는 '대국'이 되는 로마공화국의 길을 선택하라고 권한다. 이 모델은 나라 안에 사는 주민들과 나라밖에 사는 외국인들을 적극적으로 공화국 '시민'으로 포섭해나가면서 나라의 규모를 키워나가야 한다고 한다. 말하자면, 마치 300만 명으로 시작한 미합중국이 2세기 후에 3억 명 이상의 인구를 가진 대국이 된 것과 같은 방식이다. 로마는 외부의 침략을 받으면서 단련되었고 대국으로 자라났는데, 이러한 전쟁들을 극복한 후에는 오히려 로마가 멸망시킨 나라의 주민들에게 로마시민권을 부여하는 독특한 포용정책을 추진했다. 로마가 겪은 최초의 대규모 전쟁은 사비니족의 침략에 따른 방어전쟁이었는데, 라틴족의 로마는 사비니족의 침략을 성공적으로 막아냈으며, 전쟁 직후 자신들이 격퇴한 사비니족에게 오히려 로마시민권을 부여했던 것이다. 또한, 로마는 로마공화국 최대의 시련이라고 할 카르타고의 침략, 즉 포에니전쟁에서도 한니발의 카르타고군을 격퇴하고 북아프리카로 해군을 파견해 카르타고 본국을 파괴했다. 이때도 로마공화국은 카르타고라는 국가시스템은 철저히 파괴했지만, 그 주민들에게는 로마 시민권을 부여했다. 로마공화국과 같은 '민주적 공화국'(democratic republic)은 시민단(市民団)을 안팎으로 확대하는 것을 정치의 핵심 메커니즘으로 가지고 있기 때문에 시간이 흐르면서 어쩔 수 없이 '제국'으로 성장하게 된다.[4]

---

4 Machiavelli, *Discourses on Livy*(Chicago: The University of Chicago Press, 1996), 20–23.

마키아벨리의 2가지 공화국 모델은 세계 최대인구를 가진 중국과 1,300km이 넘는 긴 국경을 접하고 있는 한반도에게 로마공화국 모델을 피할 수 없는 선택지로 제시한다. 물론, 남북이 분단된 현재의 상태에서는 남한[5]이 대륙으로부터의 압력에 상대적으로 덜 노출되겠지만, 그럼에도 좁은 코린토지협(폭 6km)에 의해 그리스 본토와 사실상 분리되어 있던 스파르타(펠로폰네소스반도), 그리고 바다로 둘러싸인 섬나라 베네치아와 달리 남한은 현재 248km의 휴전선으로 북한과 연결되어 있다. 현재의 상태에서도 그러하지만, 장기적으로 통일한국을 준비하기 위해서라도 우리는 스파르타/베네치아 모델이 아닌 로마공화국 모델을 택해야 할 것이다. 즉 작은 반도국을 가진 우리는 스스로 대국으로 성장하는 길 외에는 장기적으로 대륙 쪽에서 오는 지속적 군사적 압력을 버텨낼 방도가 없다. 이렇게 자주적 역량, 즉 '비르투'에 기반해 대국의 길을 선택하는 대신 강대국들 사이에서 '포르투나'(fortuna), 즉 요행을 바라며 세력균형이라는 외교적 외줄타기에만 의존하다가는 어느 순간 나의 실수로 또는 어쩔 수 없는 불행으로 추락해 멸망할 수밖에 없다는 것이 마키아벨리의 가르침이다. 하지만, 여기서 말하는 '대국(大國)의 길'은 군사 '강국'(強國)이 되는 것이 아니며, 이러한 대국 개념은 맹자가 상세히 설명해놓았다.[6]

5 일반적인 예를 따라 대한민국을 '한국'으로 약칭할 수도 있지만, '통일한국'과 혼동되는 것을 피하기 위해 본고에서는 통일 이전의 대한민국을 '남한'으로 약칭한다.

6 본 논문에서는 군사력을 중심으로 국가의 팽창을 추구하는 제국주의를 '강국', 이민 등을 통해 국가적 매력으로 '큰 나라'를 추구하는 '제국'을 '대국'으로 편의상 구분하는데, 여기서 '대국'의 '대'(大)는 비롤리가 고대 로마를 설명하면서 사용한 'great'을 번역한 것이다. 비롤리, 『How to read 마키아벨리』 참조. 제국(empire)과 제국주의(imperialism)의 구분은 Hannah Arendt가 자세하게 해 놓았다. Hannah

Ⅳ. 한반도 안보환경과 공화주의적 방안

1. 한반도의 지정학과 국민중심의 국방

앞에서 설명한 것처럼 스스로의 판단에 의해 '각개전투'를 벌여나가는 현대 전투방식은 육군에만 해당하며, 고가의 무기에 의존하는 기술군인 해군과 공군에는 그다지 해당되지는 않는다. 병을 중심으로 하는 육군과 달리, 해군은 부사관들이, 공군은 장교들이 주축이다. 거기에 기계화되어 있는 함정과 항공기를 주축으로 하는 해공군은 많은 인원이 필요하지 않는 '자본집약적' 군대이다. '노동집약적'인 육군의 전쟁노력에는 국민의 다수를 차지하는 노동자 계층의 기여가 가장 크다고 한다면, '자본집약적'인 해공군의 전쟁노력에는 가장 많은 세금을 내는 자본가층을 포함한 부유층이 크게 기여한다. 그런 점에서, 육군이 국가방위의 주축인 국가에서는 '피라는 이름의 세금' 즉 '혈세'(血稅)를 내는 노동자층의 권위가 크고, 반면 해·공군이 주축인 국가에서는 돈 즉 세금을 많이 내는 부유층의 권위가 상대적으로 크다.

바다 건너에 있으며 우리와 미국을 매개로 한 동맹시스템에 함께 속해 있는 일본보다는 긴 지상경계선 너머 세계 최대의 인구를 가진 중국에 직면할 통일한국은 어쩔 수 없이 원칙적으로 육군이 국가안보의 주축이 될 수밖에 없다. 그런 점에서 통일한국은 국민의 대다수를 차지하면서 육군

Arendt, *The Origins of Totalitarianism*(New York: Harvest, 1973), 124–134.

병력을 담당할 노동자층에 국가안보를 의존할 수밖에 없다. 물론, 통일한국의 동맹관계가 어떻게 될지는 국가적 결정이 필요한 대목이지만, 국제정치학의 오랜 원리인 '원교근공'(遠交近攻: 먼 쪽과 한편이 되어 가까운 쪽에 대적한다)에 따라 한반도에 대한 영토적 야욕이 상대적으로 약한 미국과의 동맹관계를 유지하는 것이 국가독립을 유지하는데 더욱 유리할 것이다. 통일한국이 미국과의 동맹관계를 계속 유지하고, 중국을 '최대위협'으로 상정하여 안보정책을 짜는 경우, 국가안보의 주축은 육군이 담당하게 될 것이며, 국민의 다수인 노동자계층이 가장 큰 기여를 하게 될 것이다. 물론, 국방의 자주화를 추진하게 된다면 해군, 공군, 정찰위성 등의 정보자산 등을 강화할 필요가 있겠지만, 일본, 영국, 미국 등 해군국가에 비하면 육군이 비중이 높을 수밖에 없을 것이다.

2. 국방의 자주화와 민주주의의 심화

한미동맹과 주한미군에 국가안보의 일부를 의존하고 있는 현재의 상황에서, 미군에 대한 의존도에 남한의 정치체제가 영향을 받는 것은 피할 수 없는 일이다. 만약, 남한의 국가안보에 대한 최대 기여가 미국에서 오는 것이라면, 남한의 안전보장은 미국의 군사력과 남한의 관료시스템의 협력만으로도 상당 부분 커버될 수 있는 것이며, 이 경우 남한의 일반국민들은 국가안보에 대해 지분을 주장하기 어렵게 된다. 미국에 의존한 안보정책은 일반국민들을 국가안보로부터 소외시키는, '군사의 민주화'에 부정적인 결과를 가져온다고 볼 수 있다. 그런 점에서, 전시작전권 조기 환수를 포함한 국방의 자주성 강화는 국방의 국민의존도를 높여 남한의 민주주의 심화에도 크게 도움이 될 것이다. 즉, 국방의 자주성이 강화됨에 따라, 국가안보가 일반국민의 자발적 기여에 더욱 의존하게 될 것이며, 이러한 자발적 기여 즉 애국심의 확보를 위해서는 일반국민들에게 더욱 큰 정치경제사회적 지분이 주어져야 할 것이다.

3. 통일의 필수조건으로서 완충지대

공화주의와 직접적인 관련은 없지만, 한반도의 평화적 통일과 통일한국의 안정적 독립유지를 위한 준비에 대해 간단히 다뤄볼까 한다. 한반도가 어떤 과정을 거쳐 통일이 되든 세계 최강인 미국과 동아시아 최강인 중국의 동의를 얻지 못하는 한 '평화적인' 통일은 불가능하다. 독일통일에 몰타회담에서의 미소 정상간 '합의'가 있었듯 한반도통일에도 비슷한 미중 정상 간의 '합의'가 꼭 필요하다.[7] 하지만, 현재로서는 미국세력과의 사이에 '완충지대'(buffer zone)를 원하는 중국이 한반도 통일에 선선히 동의해줄 가능성은 거의 없다고 하겠다. 중국이 자신들에게도 성가신 존재인 북한이 붕괴하지 않도록 해야 하는 이유가 여기에 있다. 그런 점에서 중국이 동의할 수 있는 한반도통일 방안을 준비해야 할 것이며, 이를 미국과 중국

---

7 헬무트 콜 총리의 외교안보보좌관이었던 호르스트 텔칙(Horst Teltschik)은 그의 독일통일과정 회고록에서 미소정상이 어떻게 영국, 프랑스 등 주변국들의 반대를 물리치고 독일통일에 합의해주었는가를 상세하게 기술했다. 호르스트 텔칙, 『329일 베를린장벽 붕괴에서 독일통일까지』(서울: 고려원, 1996).

에 제시해야 할 것이다.

먼저, 동서독 통일 당시 합의되었던 방안을 중국 쪽에서 제시할 수 있을 것이다. 여러 방안들 중에서 '현상변경'이라는 점에서 가장 약한 방안이다. 이것은 통일 이후 주한미군이 '구 북한지역'에 절대 진입하지 않겠다는, 즉 주한미군이 현재의 휴전선을 넘어 북쪽지역에 발을 디디지 않겠다고 약속하는 방안이다. 이 제안에 대해 중국이 여전히 받아들이지 않을 때 제시할 수 있는 두 번째 방안은 주한미지상군의 규모를 축소한 후 부산·진해 지역으로 이동시키는 방안이다. 해군국인 미국은 해양의 길목(choke—point)를 지키는 것을 주된 군사전략으로 여기고 있는데, 그런 점에서 대한해협을 지키는 부산·진해 지역을 주둔지로 내주는 것이 미국으로서 수긍할 만한 제안이며[8] 동시에 중국지역으로부터 가장 멀리 떨어지도록 해 중국 역시 수긍할 만한 제안이 될 것이다. 뿐만 아니라, 유사시 미군의 한반도 증원에 가장 중요한 교두보인 부산항을 미국이 확보하도록 한다는 점에서도 미국이 받아들일 가능성이 높은 제안이다. 만약 이 방안조차도 중국이 받아들이지 않으려 한다면, 주한미군의 전면철수도 고려해볼만 하다. 물론, 한미동맹의 유지는 협상의 대상이 될 수 없는 협상의 마지노선이라 하겠다. 한미동맹 체제 속에서 벗어나 외교적, 군사적으로 고립되는 순간, 한반도는 중국의 군사적 압력 앞에 완전히 노출되어 독립을 훼손당하거나 상실하게 될 위험성이 크기 때문이다. 만약, 중국이 한미

8 해군국인 미국은 해상의 주요 길목을 통제한다는 군사전략을 가지고 있는데, 파나마운하, 수에즈운하 등의 국제운하와 터키해협, 대한해협, 말라카해협 등 국제해협이 그 길목이다.

동맹의 연장선에 있는 통일한국의 군사력조차도 위협시해 통일에 반대한다면, 마지막으로 압록강-두만강으로 구성되는 한중국경선에서 남쪽으로 폭 200km 정도의 비무장지대(DMZ)를 우리가 자발적으로 설정할 것을 중국 쪽에 제시할 수도 있을 것이다. 즉, 이 비무장지대에는 중무장된 군 병력이 들어갈 수 없으며, 단지 경무장된 경찰력에 의해 치안을 유지한다. 통일한국군이 만에 하나 중국경내로 기습해 들어가려면 전차가 시속 50km정도로 진격한다고 할 때 아무리 빨라도 4시간 이상이 걸릴 것이므로 중국 측으로서는 이에 대비할 어느 정도 시간적 여유를 가질 수 있을 것이다. 물론, 항공기 역시 이 비무장지대 상공에는 들어갈 수 없다.[9] 헨리 키신저가 한국전쟁 첫해 미국이 평양-원산 라인 이북으로 들어가지 말고 그곳에서 멈췄더라면 중국의 참전 없이 이 평양-원산 라인이 군사분계선이 되면서 전쟁이 조기 종식되었을지도 모른다는 생각을 비친 적이 있는데, 1950년이나 지금이나 중국은 압록강-두만강 경계선에서 200km 내지 150마일(키신저가 제안한 폭) 정도의 폭을 가진 군사적 '완충지대'에 만족할지도 모를 일이다. 이 평양-원산 라인은 마오쩌둥이 저우언라이에게 언급했던 것이라고 한다.[17]

9 Henry Kissinger, *World Order*(London: Penguin, 2014), 291 참조. 이 비무장지역은 통일한국의 주권이 훼손된 곳이 아니라 통일한국 스스로 주권 일부(군사력 배치)를 '자제'(自制)한 것에 불과하다.

4. 평화의 필수조건으로서 한미 '방어동맹'

역사상 세계정치의 규범을 누가 주도할 것이냐를 둘러싼 최강국들 간의 '패권전쟁'은 끊임없이 발발했다. 현실 정치를 담당하는 사람들로서는 미국과 중국이 어떤 형태로든 '패권전쟁'을 벌일 것임을 반드시 전제해야 할 것이다. 이는 만일을 대비해 '최악의 상황'을 미리 그려보는 것이 아니라, 우리로서는 어쩔 수 없는 미래에 반드시 발생할 일로 보아야 할 것이다. 어쩌면, 이미 이 패권전쟁은 시작되었는지도 모른다. 핵전쟁에 의한 '공멸' 가능성을 고려해, 미국과 중국이 어쩌면 5년 정도의 기간에 거쳐 수천만이 희생되는 20세기 전반기의 양차대전식의 전쟁을 피하고 대신 대리전쟁, 저강도전쟁 형식으로 치러지는 '100년 전쟁'을 시작하고 있는지도 모른다. 한반도는 이미 한차례 미국과 소련의 '대리전쟁'을 경험했다. 미국과 중국이 또 다시 한반도에서 대리전쟁을 치르지 않으리라는 보장은 어디에도 없다. 대륙과 해양의 다리와도 같은 한반도가 또 다시 전화에 휩싸이지 않기 위해서는 2가지 정도의 조건이 충족되어야 할 것이다.

첫째, 한반도가 군사적으로 '힘의 공백'에 빠져서는 안 되며, 어느 정도의 군사력 침투를 격퇴해낼 수 있을 정도의 국방력을 갖춰야 한다. 둘째, 한반도가 해양세력의 대륙공격의 통로가 되지 않을 것임을 중국에 약속해야 한다. 남북이 분단된 현재로서는 이른 감이 있지만, 통일의 과정 중에는 한미동맹이 방어적 목적으로만 운영될 것임으로 미국과 합의를 봐

10 키신저에 따르면, 마오쩌둥은 저우언라이에게 "미국이 평양-원산 라인 아래에 머무는 한 중국이 즉각 공격할 필요가 없다"고 말했다고 한다.

야 하며, 이러한 합의결과를 중국에 설명해야 할 것이다. 그리고 이에 맞춰 한반도는 '방어적' 군사태세로 재정비해야 할 것이다. 무기나 전비태세 등이 공격형, 방어형으로 명확히 구분될 수 있는 것은 아니지만, 가급적 최대한 한반도 군사태세를 방어형으로 만들어야 할 것이다. 공격형 무기라고 할 수 있는 전차의 수를 줄이면서 방어형 무기라고 할 수 있는 대전차 미사일의 수를 늘리거나, 공격형 무기라고 할 수 있는 전투폭격기의 수를 줄이면서 요격기 중심으로 공군력을 개편한다거나 하는 식이다.[11] 이러한 동맹성격 재규정, 군사태세 재정비에 더해 앞에서 언급한 200km 폭의 비무장지대 설치 등을 실행한다면 중국이 불안한 마음에 한반도를 선제공격할 가능성을 줄일 수 있을 것이다. 한반도가 강력한 방어적 군사력으로 대륙과 해양 사이에서 일종의 '방파제' 역할을 하면, 자연스럽게 미국은 한미일 삼각동맹의 역할을 재조정해서 일본에게 '공격'의 역할을 맡기려 할 것이다. 즉, 한반도가 한미일 삼각동맹체제의 방패(방어)가 되고, 일본이 창(공격)이 되는 것이다. 미국이 꼭 반대할 제안은 아닐 것이다.

11 George H. Quester, *Offense and Defense in the International System*(New York: John Wiley & Sons, 1977); Jack S. Levy, "The Offensive−Defensive Balance of Military Technology: A Theoretic and Historical Analysis," *International Studies Quarterly* 28(1984); Stephen Biddle, *Rebuilding the Foundation of Offense-Defense Theory*(Oxford: Oxford Univesity Press, 1995); 장성욱, 「北韓의 '攻擊優位 神話'와 先軍政治」(고려대학교 박사학위 논문, 2009) 등이 '공격−방어 이론'(offense−defense theory)을 따르고 있다.

V. 비르투(virtù)의 안보전략을 위하여

공화주의는 자체역량을 뜻하는 '비르투'(virtù)의 안보전략을 추구한다. 이를 위해서는 남의 선의(善意)와 요행에 자신의 운명을 맡기는, 즉 '포르투나'(fortuna)에의 의존을 줄여야 한다. 이러한 비르투의 안보전략을 위해서 무엇보다 우리는 국가방위에 있어서 미국에의 의존을 줄여야 한다. 이에 덧붙여 한미동맹과 관련한 중국의 안보우려에 선제적으로 대응함으로써 통일 이후의 한중관계에 불필요한 긴장이 발생하지 않도록 상황을 만들어가야 할 것이다. 그 구체적 방안으로 우리의 군대가 중국에 대한 공격에 사용되지 않을 것임을, 즉 한미동맹이 순전히 방어적 성격만을 가질 것임을 미국과 합의하고, 이를 중국에 보장하는 것을 고려해볼 수 있다.

본 연구는 주로 내정을 중심으로 진행되어 온 공화주의 논의를 안보, 군사의 영역으로 확대하는 여러 시도 중 하나이다. 거기에 외교안보 전반을 하나의 체계로 다루다보니 공화주의와는 느슨하게만 연결된 통일 문제까지 다루게 되었다. 그런 점에서 논의가 어쩔 수 없이 너무 소략하게 되었고, 또한 방대한 주제를 한꺼번에 다루다보니 각각의 주제에 대해 많은 이견의 가능성까지 고려한 엄밀한 전개가 이뤄지지 못 하였다. 이러한 명확한 형식적, 내용적 한계를 가지고 있지만 본고가 공화주의와 안보, 군사의 관계에 대해 향후 공론장에서 좀 더 활발하고 엄밀한 논의가 이뤄지는데 약간이나마 기여할 수 있었으면 한다.

참고문헌

블루멘트리트, 귄터. 1994.『전략과 전술: 페르시아전쟁에서 20세기 핵전쟁까지』. 서울: 한울아카데미.

비롤리, 모리치오. 김동규 역. 2014.『How to Read 마키아벨리』. 서울: 웅진씽크빅.

장성욱. 2009.「北韓의 '攻擊優位 神話'와 先軍政治」. 고려대학교 박사학위논문.

텔칙, 호르스트. 1996.『329일 베를린장벽 붕괴에서 독일통일까지』. 서울: 고려원.

松尾尊兊,2001.『大正デモクラシー』. 東京: 岩波書店.

Arendt, Hannah. 1973. *The Origins of Totalitarianism*. New York: Harvest.

Aristotle. 1995. *The Politics*. Oxford: Oxford University Press.

Biddle, Stephen. 2001. "Rebuilding the Foundation of Offense–Defense Theory". *The Journal of Politics* 63/3.

Craig. Gordon A. 1964. *The Politics of the Prussian Army*. Oxford: Oxford University Press.

Delbrück, Hans. 1990. *The Dawn of Modern Warfare*. Lincoln: University of Nebraska Press.

Gilbert, Felix. 1986. "Machiavelli: The Renaissance of the Art of War." Peter Paret ed, *Makers of Modern Strategy: from Machiavelli to the Nuclear Age*. Princeton: Princeton University Press.

Glaser, Charles L. & Chaim Kaufmann. 1998. "What is Offense–Defense Balance and Can We Measure It?." *International Security* 22/4.

Harootunian, Harry D. 1999. "Between Politics and Culture: Authority and the Ambiguities of Intellectual Choice in Imperial Japan." Bernard S. Silberman. ed, *Japan in Crisis: Essays on Taisho Democracy*. Ann Arbor: University of Michigan Press.

Kissinger, Henry. 2014. *World Order*. London: Penguin.

Levy, Jack S. 1984. "The Offensive–Defensive Balance of Military Technology: A Theoretic and Historical Analysis." *International Studies Quarterly* 28.

Machiavelli. 1996. *Discourses on Livy*. Chicago: The University of Chicago Press.

Machiavelli, 2005. *The Prince*. Oxford: Oxford University Press.

Plato. 1997. *Plato Complete Works*. Indianapolis: Hackett.

Quester, George H. 1977. *Offense and Defense in the International System*. New York: John Wiley & Sons.

Walzer, Michael. 1970. Obligations: *Essays on Disobedience, War and Citizenship.* Cambridge: Harvard University Press.

Weber, Max. 1961. *General Economic History.* New York: Collier Books.

저자 약력

김경희

서울대학교 정치학과를 졸업하고, 독일 베를린 훔볼트대학교에서 "마키아벨리의 정치적 역량개념" 연구로 정치학 박사 학위를 받았다. 현재 이화여자대학교 정치외교학과 교수로 재직 중이다. 역서로 비롤리의 『공화주의』(공역), 마키아벨리의 『군주론』(공역), 저서로 『근대국가개념의 탄생』, 『공존의 정치』, 『공화주의』 등이 있다.

김동규

서울대학교 정치학과를 졸업하고, 외무고시 합격 후 외교부에서 대북정책, 북한핵문제 등을 담당하였고, 영국 케임브리지대학에서 동아시아 정치사상사 관련 박사논문 작성 중이다. 동서양 정치사상 비교연구, 국제정치와 정치사상의 관계, 민족주의, 공화주의 등에 관심을 갖고 연구 중이다. 역서로 비롤리의 『공화주의』, 『How to read 마키아벨리』가 있다.

신철희

서울대학교 정치학과에서 「마키아벨리와 스피노자 민(民) 개념 비교 연구」로 박사학위를 받았다. 현재 한강문화연구소 소장 및 서울대학교 한국정치연구소 연구원으로서, 마키아벨리, 스피노자, 공화주의, 민의 정치사, 지방자치 등에 관심을 가지고 연구하고 있다. 저서로는 『3·1운동과 대한민국 임시정부의 재조명 I—군주제에서 민주공화제로』(공저) 등이 있고, 역서로는 마키아벨리의 『군주론』이 있으며, "『맥베스』를 통해 읽는 정치와 인간의 한계", "출애굽(Exodus)과 사회계약론의 재조명", "스피노자와 공화주의" 등의 논문을 썼다.

채진원

2009년 경희대학교 일반대학원에서 「민주노동당의 변화와 정당모델의 적실성」이란 논문으로 정치학 박사학위를 받았다. 2011~2019년 경희대 후마니타스 칼리지의 교수로 '세계와 시민(시민교육)', 'NGO와 정부관계론', '정당과 선거' 등을 강의했으며, 현재 경희대 공공거버넌스연구소 연구원으로 일하고 있다. 논문으로 "시민정치의 흐름과 네트워크정당모델의 과제"(2016) 등 다수가 있다. 저서로는 『무엇이 우리정치를 위협하는가』(2016), 『공화주의와 경쟁하는 적들』(2019) 외 다수가 있다.
ccw7373@hanmail.net

공화주의의 이론과 실제

발행일 1쇄 2019년 10월 30일
지은이 사단법인 한국정치평론학회 엮음
펴낸이 여국동

펴낸곳 도서출판 인간사랑
출판등록 1983. 1. 26. 제일 - 3호
주소 경기도 고양시 일산동구 백석로 108번길 60 - 5 2층
물류센타 경기도 고양시 일산동구 문원길 13 - 34(문봉동)
전화 031)901 - 8144(대표) | 031)907 - 2003(영업부)
팩스 031)905 - 5815
전자우편 igsr@naver.com
페이스북 http://www.facebook.com/igsrpub
블로그 http://blog.naver.com/igsr
인쇄 인성인쇄 **출력** 현대미디어 **종이** 세원지업사

ISBN 978 - 89 - 7418 - 396 - 7 93340

이 도서의 국립중앙도서관 출판시도서목록(CIP)은 서지정보유통지원시스템 홈페이지(http://seoji.nl.go.kr)와 국가자료공동목록시스템(http://www.nl.go.kr/kolisnet)에서 이용하실 수 있습니다.(CIP제어번호: CIP2019040624)